SETENTA Y SIETE

Paulina Pérez Fernández

Derechos de autor © 2020 Paulina Pérez Fernández

Todos los derechos reservados

Ninguna parte de este libro puede ser reproducida ni almacenada en un sistema de recuperación, ni transmitida de cualquier forma o por cualquier medio, electrónico, o de fotocopia, grabación o de cualquier otro modo, sin el permiso expreso del editor.

ISBN: 9798681955078

Diseño de la portada de: Ana Paula Zueck
Editor: Camilo Fernández Otálora

A mi hija, Ana Paula

CONTENIDO

Página del título
Derechos de autor
Dedicatoria

MIS PRIMEROS RECUERDOS	1
LA LLEGADA A MEXICO	17
VIDA LABORAL	36
MI NUEVA VIDA	75
VOLVER A EMPEZAR	117
LOS VIAJES I	150
MI FAMILIA	180
LOS VIAJES II	215
LA VIDA EN MÉXICO	231
LOS VIAJES III	253
OAXACA	315
EPÍLOGO	347

MIS PRIMEROS RECUERDOS

Terminaba el año de mil novecientos cuarenta y siete, habían pasado ocho años después de la terrible guerra civil, vivíamos en Madrid, en la calle Donoso Cortés número 18, en el barrio de Chamberí; mis padres tenían una frutería, de donde vivíamos con las carencias propias de la postguerra.

Viene a mi mente, en blanco y negro, la figura de mi madre embarazada. Por más que lo intento, no veo su rostro, camina hacia mí entre las cajas de fruta, dispuestas a los lados de un pasillo central. Allí se me pierde la historia; mi imaginación la reconstruye y mi madre me abraza.

La siguiente imagen de aquellos días es del 31 de diciembre. En España, comer las doce uvas es tradición, veo a mi padre transformándolas en un jugo, que le da luego a mi madre en un pequeño vaso de vidrio transparente. Ella estaba en cama.

Llega el doce de enero, mi cumpleaños. Pasamos a comprar unos pastelillos y después vamos al hospital. Desde una pequeña banca en el descanso de una escalera, veo subir y bajar a mi padre, apresurado. Supongo que por mi edad no me permiten entrar a ver a mamá, mi padre agota todos los procedimientos para lograrlo. Al fin estamos en el cuarto con mi madre, su cama arrinconada contra la pared, algo difícil de ver en la actualidad en un hospital. Le presumo a mamá un juego de 7 pulseras, "semanario", que me había regalado una vecina. Escucho como si fuera hoy la conversación entre mis padres: mamá se queja de la comida, le habían dado unas lentejas insípidas.

Era la hora de partir y nos encaminamos hasta la puerta. Antes de llegar al quicio, algo me hizo voltear hacía mi madre y vi que sonreía siguiendo mis pasos.

Fue la última vez que la vi.

Doce días después, mi casa amaneció llena de gente, supongo que vecinos y amigos de mis padres, yo corría entre ellos sin tener idea de la gravedad de la ocasión. No me decía nada la puerta de acceso al edificio, que estaba a medio cerrar, costumbre madrileña para mostrar duelo.

Pasaron los días y, en un viaje en el metro junto a mi padre, con un ramo más grande que yo, un señor se levantó y me cedió el asiento, no sin antes preguntarme a dónde llevaba las flores. Entonces no entendía lo grave y transcendente de la muerte de mi madre, pero repetí lo que papá me había dicho: "Voy al cementerio a ver a mamá".

La niña que nació al morir mamá, doce días después de mi cumpleaños, se llamó Pepita, como ella. Fue prematura. La conocí en un pequeño moisés entre algodones. Por consejo de toda la familia mi padre decidió que tía Isabel, su cuñada, la cuidaría.

Tía Isabel, conocida por su generosidad, había tenido 8 hijos y era experta en esos menesteres. Vivían en Arnedillo, un precioso pueblo de la Rioja con aguas termales. No sé cuánto tiempo vivió la pequeña Josefa, tal vez semanas, no mucho. Fue comprensible, dado el clima frío de enero en el norte de España, sin calefacción y con las limitaciones de ser prematura.

Días después, papá nos llevó a un estudio fotográfico en la calle Carretas. Era importante para él tener el recuerdo impreso de tan tristes acontecimientos. Ascen, mi hermana menor, y yo, lucimos hermosos vestidos hechos especialmente para la foto, peinadas con grandes moños. Ascen, sentada en un taburete, con su mirada triste y su cara regordeta; yo, posando coqueta y con los calcetines comidos.

Mi padre, quién era tan detallista, escribió al reverso:

El 24 de enero de este año

En la flor de la infancia, nuestra madre nos dejó

con nuestra hermanita Pepita, recién nacida,

para subir al cielo, al reino del Señor.

Ella nos vela y bendice, nosotras le rezamos;

papá nos cuida y enseña a alabar su
dulce nombre con cariño y amor.

En su memoria, esta foto le dedicamos
a nuestro querido papá

para poder contemplar lo pequeñitas
que quedamos,

sin el cariño más grande de nuestra madrecita

que día y noche adoramos

PAULINA PÉREZ FERNÁNDEZ

Paulina: 6 años y 12 días
Ascensión; 2 años 8 meses y 14 días

Luego mi padre me colocó la pluma entre el pulgar y el índice, sentí la calidez de su mano mientras llevaba la mía para que, al final de la nota, garrapateara mi nombre: Paulina. El dolor por la muerte de mamá vino después, al pasar los años, cuando tenía que tomar decisiones, cuando necesitaba un abrazo o un consejo, todavía en mi vejez ese dolor me acompaña.

No sé la razón por la que no iba a una escuela con otros niños. En alguna ocasión oí decir que no había podido entrar a un colegio formal porque tenía piojos. Nunca había contado esto a nadie, siempre me ha dado vergüenza. Me veo sentada al fondo de un salón vacío, lleno de pupitres pero sin niños. La maestra me ponía una muestra de lo que tenía que repetir, no pasaba de la primera palabra y comenzaba a borrarla con el dedo, resultado, un hoyo en la hoja. La profesora se acercaba a mí, rompía la hoja y, con toda paciencia, me ponía otra muestra. Esta "escuela" estaba muy cerca de mi casa, para regresar, tenía que cruzar sólo una calle. Mi padre me había enseñado que tenía que ir a la tienda de verduras de unos amigos y ellos me ayudaban a cruzar.

También había diversión. En Madrid se acostumbraban las verbenas en los barrios. Una joven vecina me llevó una tarde, nos subimos a los carritos chocadores, ¡qué emocionante!, también me llevó a los caballitos que suben y bajan y comimos churros. El ambiente era festivo, lleno de gente, todos lucían contentos. A veces también salía con papá. Un domingo me llevó a la plaza de la Cibeles, cómo me gustaba dar de comer a las palomas, ¡eran tantas!, casi las podías tocar, y, además, una linda foto para recordar, con el edificio de Comunicaciones al fondo. En otra ocasión fuimos al Parque del Retiro, dimos una vuelta por el estanque en una lancha grande de motor, supongo que a papá le parecía más segura que una de remos. En ocasiones lo acompañaba a visitar amigos, recuerdo a un matrimonio mayor, la señora era muy cariñosa conmigo, me regaló un dedal de plata que todavía conservo. Otra de las familias que visitábamos tenía dos hijas jóvenes, muy preocupadas por su apariencia. Años después las vi en Arnedillo, en la pequeña plaza junto a la iglesia, yo estaba desarreglada y sucia, me escondí, avergonzada.

Cerca de la casa, en la misma calle, había un cine. Un día, junto con otras niñas, entré, por supuesto, sin pagar, no había casi nadie, corríamos por la sala, nunca había estado en un cine. La película era para adultos y yo, de repente, me quedé paralizada viendo la pantalla, jamás lo olvidaré: María Felix y Carlos López Moctezuma, él le presumía su casa y la regadera con abundante agua. Muchos años después con más calma vi la película: RIO ESCONDIDO.

En ocasiones, una joven, no sé si vecina o alguien a quién mi papá contrataba, me llevaba al parque de la Moncloa. Íbamos caminando desde la casa con otros niños. La fuente me parecía maravillosa, tenía unas cabezas de piedra, con forma de león, de cuyas bocas salían los chorros de agua, ¡que divertido era empaparse!

Muchos años después, en uno de mis viajes a Madrid, fui a buscar la fuente, ya no estaba, pero tuve la suerte de sentarme en una banca junto a un señor mayor muy amable, con quién rápidamente entablé conversación. Él recordaba todo lo que había cambiado, según me contó, originalmente el parque que yo visitaba era pequeño, tenía una gran barda que lo separaba de los jardines de la casa de Franco. El agua de mi fuente la habían entubado.

He de haber tenido unos 7 años cuando "Los Reyes" dejaron de ser magos. En aquellos tiempos, los papas iban a comprar los juguetes la misma noche del 5 de enero. Estaba acostada, pero no dormida, escuché ruido y, en la oscuridad, vi a papá entrar a la habitación y dejar, sobre un arcón, una mochila para el colegio. Acompañado de tía Isabel, su hermana, había salido a comprar los juguetes. Como todos los niños, guardé el secreto con la esperanza de seguir recibiendo más regalos cada año.

No recuerdo en ese tiempo a Ascen, mi hermana. Yo vivía en Madrid con papá y ella saltaba de Madrid a Arnedillo, era muy pequeña, 3 o 4 años. Debió de ser una época muy difícil para nuestro padre, lo fue para nosotras.

Los tiempos eran difíciles en la postguerra, en las ciudades los alimentos escaseaban, todo estaba racionado, arroz, frijol, hasta el pan, teníamos unos cuadernillos con timbres que entregábamos además de pagar por los productos. Quién tenía dinero compraba en el mercado negro, de ahí surgieron fortunas, pero se tenía que tener estómago, papá era la honestidad en persona.

En 1949, tío Bonifacio, hermano de mi abuela, quien vivía en México desde 1905, escribió a sus hermanos para ver cómo estaban, hacía 40 años que nadie sabía de él. Mi abuela ya había muerto y el encargado de contestar fue papá. Así comenzó esta relación epistolar que años después nos llevaría a México. Al escribir esta carta, tío Bonifacio tenía 82 años; no había hecho fortuna, pero sus hijos habían estudiado, todos eran brillantes ingenieros. Al llegar a México, su primer trabajo fue como administrador en una hacienda en Rincón de Romos, Aguascalientes. Después de pocos años, se instaló en Tlalpujahua, donde vivió el resto de su vida. Era un hombre muy inquieto, en Madrid tuvo varios negocios, una fábrica de papel, un depósito de carbón. Al emigrar a México dejó a su joven esposa Rafaela y a su pequeña hija Rafaelita en Madrid, mientras se organizaba. Tuve la suerte de conocer a Rafaelita, quién vivió hasta los 103 años.

De las cartas de tío Miguel, hijo de Bonifacio, se fue armando la idea de que papá se fuera a México a probar suerte. No podía lanzarse a esa aventura con dos hijas pequeñas, así que la solución fue que tía Isabel y su esposo Gabriel, quienes no tenían hijos, se hicieran cargo de nosotras. Los tíos vivían en Arnedillo, pero papá quería que nos educáramos en la ciudad, así que la solución fue instalarnos en Logroño, capital de La Rioja, actualmente una comunidad autónoma, pequeña, pero con todos los medios para que estudiáramos y estuviéramos cerca de la familia.

Papá traspasó la frutería y nos instaló en Logroño en un lindo piso de la Av De la Vía, llamada así porque, literalmente, por ahí pasaba el ferrocarril. Muchos años después, cuando hice mi primer viaje desde México, la calle había cambiado de nombre por el de "Jorge Vigón", y ya no había tren en medio de la via, la estación había sido reubicada en las afueras de la ciudad.

Antes de partir para México el 10 de julio de 1950 por Aerovías Guess, papá nos llevó al colegio de las madres Adoratrices. Nos atendió la Hermana Lucía, y así, por primera vez, fui a un colegio con otras niñas, tenía 8 años. Tengo recuerdos aislados de lo sucedido en este colegio. No hice ninguna amiga. En las mañanas, las clases eran de cultura general, matemáticas, historia, español. Y en las tardes, al regresar de comer en casa, nos enseñaban labores. Todavía conservo algunos de los bordados, un juego de sábanas que mi mamá hizo y que después yo bordé, me cuesta trabajo creer que fui capaz de hacer cosas tan delicadas y bellas, las conservo como un tesoro.

Recuerdo una mañana, como una pesadilla, la monja nos enseñaba quebrados, escribía y escribía en el pizarrón, sumas, restas, y yo sólo veía números, no entendía nada. Las cosas mejoraron para mí poco a poco, lo que se necesitaba era tiempo. A veces la monja decía: "Al corro", eso significaba que nos formáramos alrededor de los pupitres en el orden en que íbamos ganando posiciones según las respuestas correctas. Yo estaba en el segundo lugar y, siempre, delante de mí, Margarita del Rio, mi pesadilla. Al llegar a fin de mes, la niña que tenía el primer lugar ganaba la banda roja y el segundo lugar, la banda azul. Un día contesté una pregunta que Margarita no sabía y la pasé, cómo ansiaba llegar a fin de mes en primer lugar. Me esforcé muchísimo para conservarlo, pero ahí aprendí por primera vez lo que son los favoritismos y las influencias. Días después, al estar sentada en mi pupitre, la monja me hizo una pregunta que no supe contestar, no estábamos en el corro, pero de inmediato dio la orden y volvió a hacer la pregunta y Margarita tuvo su banda roja ese mes.

En las tardes, mientras bordábamos, la monja nos llamaba, supuestamente, para ayudarnos con la labor, en realidad nos confesaba, preguntaba qué hacíamos los fines de semana, si salíamos con chicos. Yo nunca fui inquieta, era demasiado formal, mi cabeza acumulaba muchas preocupaciones, ¿sería cierto que mi papá nos había abandonado, como a veces escuchaba? Mi familia no era muy religiosa, no recuerdo asistir a la iglesia con regularidad, tan solo a la capilla del colegio, pequeña, pero bonita. En aquellos tiempos se puso de moda en la ropa la manga japonesa, era continuación del delantero y espalda, generalmente corta en el verano. Para las monjas esto era un descaro, un pecado, pobres de las niñas que en un festejo en fin de semana llegaran presumiendo la novedad.

Hice mi primera comunión, con un vestido precioso, prestado por la familia de María Luisa Cuadra. No recuerdo detalles, pero las fotografías son un testimonio muy valioso, ahí estoy, acompañada de mi hermana Ascen, mi prima Ester y todos los niños Cuadra. Al fondo, los rosales del parque del Espolón. Años después supe de la relación de amistad entre la familia Cuadra y mis padres, el vestido había asistido a todas las comuniones anteriores y lo haría a todas las siguientes.

En España era obligatorio estudiar solo hasta los 16 años. En casa, para ayudarnos económicamente, papá mandaba dinero, aunque a veces no llegaba. Teníamos hospedado a un joven abogado, Don Ramiro, que estudiaba para alguna especialidad. El me observó y le dijo a tía Isabel que deberían prepararme para estudiar en el Instituto, que yo era una chica lista. Ese verano no fui a Arnedillo de vacaciones, tía Isabel les pidió a las monjas que me prepararan para el examen de ingreso al Bachillerato Elemental. Constaba de una prueba escrita, que con una falta de ortografía quedabas fuera, y otra parte oral. Presenté con diferencia de días tanto el examen de ingreso como el de primer año, y a la semana siguiente ya estaba cursando el segundo año de Bachillerato en el Instituto Sagasta. Allí no usábamos uniforme ni había "corro". Tenías que estudiar, y a mí me gustaba. El resultado estaba en los exámenes. Cada materia tenía su profesor, me gustaba mucho la historia, el profesor que la daba, Felix Ros Martinez, era muy serio, todo el mundo le tenía miedo. Me siento orgullosa de haberlo tenido como maestro, fue director del Instituto muchos años, Vicepresidente de la Diputación y director honorario al jubilarse en 1971. En su clase había un lugar vacío al centro de la primera fila, estaba reservado para la alumna a quién él llamaba para preguntarle sobre la lección. Un día el tema era la Segunda Guerra Mundial, acontecimiento relativamente cercano. La noche anterior tío Gabriel me ayudó a estudiar, aunque no era una persona preparada, tenía el recuerdo de los hechos. Y fui elegida para hablar del tema, me sentí muy segura y, además, expuse de una forma no tan literal como el libro de texto describía los hechos. El profesor se deshacía en elogios hacia mí, poniéndome de ejemplo. Esto me ayudó a ganar una beca para esta materia, lo que significaba que el siguiente año no tendría que pagar. También tuve como maestra de gimnasia a María Nieves Sainz de Aja, toda una institución en La Rioja. Gracias a su labor de recopilación, muchos de los trajes típicos permanecen vivos, llenando de colorido las fiestas de San Bernabé y San Mateo (vendimia). Todas las procesiones se abren con los gigantes y cabezudos, ella está representada en la figura de uno de los gigantes.

    El Bachillerato Elemental (equivalente a la Secundaria en México) era de cuatro años. En ese tiempo hice amistad con María Luisa, hija de unos amigos de papá y mamá. Su mamá era de Santa Engracia, del mismo pueblo que la mía. Los domingos iba a su casa después de comer y su papá nos dictaba de un libro, al azar, luego corregíamos la ortografía y nos regalaba dinero para los helados. Salíamos a pasear al parque del Espolón en el centro de Logroño. Todo lo hacíamos caminando, la ciudad era pequeña, muy bonita.

Papá nos mandaba vitaminas en capsulas, y cuál era nuestra ignorancia que tía Isabel compraba unas cajitas de oblea, abría las cápsulas y vaciaba los chochitos en las cajitas, era difícil tragarlas y muchas veces se rompían.También nos mandaba plumas estilográficas que yo "perdía" en el instituto, novedades difíciles de tener en España. Eran tiempos difíciles, recuerdo que fuimos a un taller donde hacían jerseys, me tomaron medidas y, a la semana, al volver a recogerlo, no lo habían hecho. "Creo que tomamos mal las medidas", dijeron. Volvieron a medirme y, oh, sorpresa, todo estaba bien. Ahí aprendí que tengo los brazos más largos que la mayoría. También soy de huesos delgados, los chicos se burlaban y me decían "palillos de tambor". Siempre he sido delgada, pero en aquellos tiempos estar delgada era no tener para comer.

El invierno en España es muy frío, usar abrigo no es un lujo sino una necesidad, y cuando estas creciendo, no te sirve el del año anterior. Nos heredábamos la ropa, pero yo encabezaba la cadena. Un año la solución fue teñir una cobija de lana, su función de calentar las noches cambió a calentar los días. Era rojo coral, y a la fecha, es un color que me sigue gustando.

Tía Isabel tenía un arreglo con la tía Isabel de Arnedillo, ella compraba los puerquitos y tía Isabel de

Arnedillo los engordaba, después nos reuníamos en el pueblo para la matanza. Todo se aprovechaba, los cerdos se convertían en jamones, chorizos, morcillas, costillitas. No teníamos refrigerador, pero todo se guardaba en botijas de barro con grasa del mismo animal. Era una gran ayuda para la economía familiar.

Los veranos los pasábamos en Arnedillo. La madre de tío Gabriel comía durante dos meses en casa de cada uno de sus hijos, todos vivían en el pueblo y nosotros nos hacíamos cargo de ella durante el verano. Cómo disfrutaba esos meses, las verbenas en el balneario, los bailes en la plaza. En agosto, el día de la Virgen, la misa era en la ermita de la carretera, la costumbre era vestir de blanco. Venía gente de los pueblos de la sierra. De las casas, con las puertas siempre abiertas, dispuestas a recibir a los visitantes, emanaban olores de los deliciosos guisos. Las cocinas eran el centro de reunión familiar, una gran chimenea donde se cocinaban en pucheros de barro patatas, chorizos, costillas, judías, caparrones, generalmente un sólo plato, pero muy nutritivo. Al frente de la chimenea, en un espacio amplio donde había sillas bajitas, convivíamos y nos calentábamos en invierno. "Pauli, cierra la puerta", siempre olvidaba hacerlo al salir, había que cuidar el único lugar caliente de la casa. Es probable que al llegar el calor del verano ya lo había aprendido, pero entonces debía dejar la puerta abierta.

Cuenta la familia que junto a la cocina de la casa de la abuela, donde también vivía tía Consuelo, había un cuarto en donde se guardaban los chorizos y jamones. Tenían también un gato muy bien alimentado, y muy listo. Al lado de la puerta de la despensa había una mesa desde donde el gato podía levantar el pestillo y entrar a darse sus banquetes. La solución que tía Consuelo encontró fue hacer un estofado de gato. Mi abuela Melchora, enferma en cama, lo reconoció en su plato, pero se lo comió. Llegó Fany, hija de tío Fonso, y tía Consuelo no dudó en ofrecerle compartir su estofado, era muy delicada para comer, no comía cabrito porque pastaban cerca del cementerio. Al día siguiente, llegó peguntando si todavía quedaba el rico manjar, tía Consuelo, quien tenía un carácter alegre y era muy guapa, no se aguantó y, cuando le dijo que era gato, Fany salió haciendo vanos esfuerzos por vomitar.

Frente a la casa de mi abuela vivía el cura del pueblo, Don Pedro Pérez Regadera, con su sobrina Consuela, quién me veía jugar con los gatos de la casa envolviéndolos en trapos de cocina a manera de muñecos. Debió enternecerse y por eso me regaló una muñequita.

Tenía 10 años cuando me enviaron de vacaciones a Valtrujal, una aldea de 14 familias en la sierra, al margen del rio Jubera, sin carretera, ni luz eléctrica, ni agua corriente en las casas. Apiñadas unas junto a otras, emergían, pintadas de blanco, con sus techos de tejas rojas. Eran para mí un espectáculo nuevo. Algunas tenían al frente una parra que trepaba en la fachada y, además de regalar deliciosas uvas, embellecía la casa. El último piso de las casas se llamaba alero, era una azotea techada donde ponían a secar los tomates partidos a la mitad y los pimientos ensartados en una cuerda para poder usarlos en invierno. Como tampoco había luz eléctrica y, por consiguiente, refrigeradores, los chorizos y costillas los guardaban con grasa de puerco en unas tinajas de barro.

Disfruté muchísimo ese verano. A veces acompañaba a uno de mis primos a llevar al rebaño de cabras a pastar al monte. Los campos estaban tapizados de amarillo, manzanilla por doquier, que yo recogía en una canasta. Los aromas del tomillo eran embriagadores. Nada se parecía a la ciudad. Comíamos pan de hogaza, jamón y queso fresco, acompañado de leche recién ordeñada. A veces, mi primo, conocedor de cada espacio de la montaña, recogía fresas silvestres que los dos devorábamos.

La montaña estaba terraceada, en esos pequeños espacios sembraban trigo y centeno y algunos árboles frutales, manzanos y albaricoques. También tuve la oportunidad de jugar a que segaba, todo era nuevo y emocionante. El día de la siega iba la familia completa, todos ayudaban, usaban unas pequeñas hoces con gran habilidad, unos segaban y otros juntaban la mies y la ataban en gavillas para al final de la jornada llevarla a la era del pueblo ayudados por las mulas. Las mujeres se cubrían la cabeza con un pañuelo blanco hormado con un junco para protegerse del sol.

Pero lo que más me gustaba era el día de la trilla. Colocaban toda la mies en forma de circulo en la era. Encima, el trillo, una tabla gruesa que en la parte inferior tenía multitud de rueditas dentadas. Una mula jalaba el trillo dando vueltas sobre la parva, y yo, como reina, sentada encima. Era como un tiovivo que nunca paraba. Ya en la tarde, cuando todo el trigo había sido convertido en grano y paja picadita, aprovechando el viento, con la horquilla aventaban al aire la mies, logrando separar la paja del grano. Por último, pasaban el trigo, todavía con algo de paja, por unas enormes cribas. Finalmente, guardaban el grano en sacos y la paja la usaban para el suelo de los corrales. Todo había que hacerlo en una jornada.

Una vez a la semana mi tía horneaba pan en un horno de piedra en la parte alta de la casa. Para consentirme hacían algunos panes rellenos de chorizo, que llamaban, por su forma, Palomas.

Cuando comíamos en casa, casi siempre el menú era un cocido de arroz con caparrones y trozos de chorizo y costillas. Todos se sentaban alrededor de una mesa baja sobre la que colocaban una fuente con la comida. Si yo hubiera tenido que comer así, me hubiera quedado sin nada, por eso me servían un plato para mí sola. Nada tan apropiado para ellos como el refrán: "Oveja que bala, bocado que pierde".

Junto al rio, cada familia tenía su huerta con deliciosas hortalizas, tomates, caparrones, alubias, guisantes, patatas, zanahorias, berzas, acelgas, garbanzos, habas y más. Todavía, al recordar, me saboreo un tomate rojo con sal, madurado en la planta y no en la caja de la tienda. Los miércoles llegaba un comerciante que traía todo lo que ellos no producían: arroz, aceite, especias, sal, telas y montón de cacharros que cambiaba por deliciosos quesos frescos.

En la parte baja de las casas estaban los corrales para las mulas, esto ayudaba a que, en el invierno, tan crudo en la montaña, la casa estuviera caliente. El agua la subían desde el rio en cantaros sobre la cabeza. Era impresionante el equilibrio y la gracia de las mujeres al caminar. Las noches se alumbraban con candiles de aceite y algunos de carburo, estos daban más luz. Todos terminábamos el día cansados, ellos de trabajar y yo de jugar, así que nos acostábamos temprano, en camas con colchones rellenos de lana de borrego. Algunos domingos venía un sacerdote y celebraba misa en la pequeña iglesia del pueblo.

Valtrujal, como otros pequeños pueblos de la montaña, hoy día está abandonado, tan solo quedan las casas en ruinas y las tierras yecas. Los jóvenes buscaron otros horizontes, donde el trabajo era menos pesado y el porvenir más prometedor. Tuve la fortuna de disfrutar ese mundo que ya no volverá.

Ya hacía seis años que papá había emigrado a México, sus cartas, a veces no muy frecuentes, siempre traían promesas de que pronto estaríamos juntos, esos eran sus deseos. Ahora que leo las más de cien cartas de trámites con abogados y dependencias de gobierno, imagino su angustia.

En el período de gobierno del presidente Adolfo Ruíz Cortínes, salió una ley gracias a la cual los españoles que quisieran podían adquirir la nacionalidad mexicana. Papá estaba en Nogales, detenido en el hotel, su situación era irregular, había llegado a México como turista y tenía años de trabajar sin permisos. Al fin la posibilidad de traer a sus hijas a México se veía real.

LA LLEGADA A MEXICO

México y España no tenían relaciones diplomáticas, por lo que, supongo, algunos trámites eran muy complicados. Con frecuencia íbamos a una oficina donde mis tíos firmaban documentos y oía conversaciones a medias. Yo tenía 15 años y nadie me informó ni preguntó nada, ni las más insignificantes cosas. Tía Isabel y tía Consuelo se ocuparon de buscar telas y mandar a hacernos nuevos vestidos, seguramente papá había dado esas instrucciones. Cómo cambian las costumbres, cuando Ana Paula, mi hija, tenía 12 años, yo consulté con ella cambios importantes en nuestras vidas, no como hicieron conmigo tantos años antes.

El viaje lo haríamos en barco, no sé si era más barato pero, en las conversaciones a medias, escuché que era más conveniente porque se podía llevar más equipaje. Papá pidió que lleváramos una buena vajilla, qué bueno. El juego de sábanas de mi mamá que yo bordé también viajó a México, junto con un muñeco-bebé con un faldón precioso lleno de encajes. No faltaron mis libros, trabajos de costuras que hice en la escuela y que todavía conservo, las calificaciones las perdí años más tarde ya en México, al inundarse la casa cuando se rompió la presa Madín.

Los preparativos llevaron meses, el viaje estaba programado para julio de 1957. Justo podría terminar el cuarto año de bachillerato y presentar mi examen de Reválida. En esos momentos no tenía idea de lo que significaban todos esos cambios, no cuidé pedir las direcciones de mis dos únicas amigas, me privé del placer de la comunicación, no estaba acostumbrada a expresar mis sentimientos. No existía en mí la angustia que ahora siento al recordarlo.

Al fin llegó julio, recuerdo a mis tíos y primas despidiéndonos en la estación de Logroño. Destino, Bilbao. Allí, nos hospedamos un par de días en casa de unos parientes antes de embarcarnos en el Covadonga.

Por primera vez conocí el mar, inmenso, imponente, el Covadonga sería mi hogar durante 24 días, un pequeñísimo camarote con cuatro literas, viajábamos en clase "Cabina", todo gris, pero teníamos un mundo lleno de sol en las cubiertas. El comedor también era gris, todo lo recuerdo como una película en blanco y negro. Había una diminuta piscina, que tan sólo servía para remojarse, sus medidas no permitían ni siquiera un par de brazadas, pero qué importaba, yo no sabía nadar.

El Covadonga fue haciendo escalas alrededor de la península, Bilbao, Santander, Gijón, Vigo y Cádiz. Parecía que no queríamos dejar España. Además de recoger pasajeros en cada puerto, también iba llenando sus bodegas con productos muy apreciados en América:

vinos, embutidos, conservas, mantillas, etcétera. Algunos tripulantes usaban los camarotes vacíos como bodega, al llegar a los puertos de América, especialmente a Veracruz, el barco era visitado y se convertía en un exitoso mercado.

En Vigo embarcó la familia Gaos Meizoso, María Teresa, la madre, con sus cinco hijos. Mayté, de mi edad, fue mi compañera de andanzas en el viaje, era mucho más audaz que yo. Una noche decidió vestirse con el traje típico de Galicia para subir a bailar a cubierta, insistió en que yo usara parte del traje, pero al final no me animé, además de mi timidez, no tenía idea de cómo bailar las muñeiras.

Un joven mexicano, cuyo nombre he olvidado, alborotó las hormonas de mi adolescencia. Vestía unos jeans ajustados y bajos de cintura. Me la pasaba haciéndole travesuras, en una ocasión le arrebaté una carta de una de sus amigas en México, me persiguió por cubiertas y pasillos, me refugié en el camarote y, después de leerla, se la devolví. Unos años después, cruzando el zócalo, tropecé con otro pasajero, quién había llegado a México a trabajar de chef en un importante restaurante. "Mira nada más", me dijo, "si te viera ahora aquel muchacho, sería él quién te perseguiría."

En las noches había música y baile en el salón de Primera Clase. Nosotras nos sentábamos en la cubierta a ver y escuchar. Fernando, otro de los pasajeros, salía y me invitaba una pieza, generalmente era un pasodoble, así todas las noches, era parco de palabra pero poco tímido, nunca lo volví a ver.

Cádiz, último puerto de España. Mayté y yo salimos a caminar en las cercanías del puerto, las dos vestíamos pantalones pesqueros. La España de esa época todavía no aceptaba que la mujer usara pantalones, oímos de todo, pero no recuerdo haberme sentido apenada.

De nuevo abordo, la motonave comenzó a alejarse del puerto, me instalé en una cubierta de popa y, por primera vez, sentí que me alejaba de España. ¿Regresaría alguna vez?, me pregunté, ¿qué me esperaba en mi nueva vida? No sé cuánto tiempo estuve cavilando mientras observaba la estela que iba dejando el Covadonga, sequé unas silenciosas lágrimas y me encaminé a la rutina del viaje.

A mis tíos, Isabel y Gabriel, tan solo los veía en el comedor. El destino los había puesto en mi vida, nunca supe qué pensaban, ellos tampoco me conocían, la comunicación era básica.

Cruzábamos el Atlántico rumbo a Nueva York, nueve días durante los cuales el paisaje era el océano, tranquilo hasta que decidió mostrarnos su poderío. Tuvimos tres días de tormenta, muchos pasajeros se recluyeron en sus camarotes victimas de mareos.

Todos los viajeros disfrutamos de una cena que el Capitán D Victor Pérez-Vizcaíno y Ojea nos obsequió de bienvenida, muy diferente a los guisos que conocí en las comidas diarias, como el arroz con frijoles y plátanos fritos, un platillo cubano.

El menú hablaba por sí mismo:

Clase Cabina

MENÚ

SETENTA Y SIETE

Consomé Tresfiletes

Crema de Espárragos

Jamón de York al huevo hilado

Abadejo al Grillé

Fritura de Sesos Polonesa

Pollitos Asados al Robigót

Ensalada Imperial

Helado Napolitano

Pastas Surtidas

Cesta de Frutas del Tiempo

Champagne

Café

Té de Manzanilla

A nuestra mesa se sentaba un español residente en Cuba, lo recuerdo como si lo estuviera viendo, alto, fuerte y de unos 50 años. Regresaba de visitar a su familia. Invitó a Ascen, mi hermana de 11 años, a bajar y pasear en Nueva York, no fue posible aceptar su invitación, ninguno de nosotros tenía visa, tuvimos que conformarnos con ver el atiborrado puerto desde el Covadonga. Barcos y grúas estaban descargando contenedores repletos de mercancías, era impresionante, el espectáculo nos atrapó por horas. Treinta pasajeros nos abandonaron en Nueva York, el resto emprendimos el viaje a Cuba.

La llegada a La Habana fue impresionante, la motonave enfiló hacia la costera, parecía que iba a chocar y, de repente, giró 45 grados hacia la izquierda y entró al puerto lleno de barcos. Cientos de peces saltaban alrededor, especialmente en las zonas donde el barco tiraba los desechos de comidas.

En La Habana estuvimos tres días. Como España no tenía relaciones diplomáticas con México, fue allí donde tuvimos que hacer los trámites en la Embajada Mexicana.

Un día en que caminábamos por el malecón, nos encontramos a unos compañeros de viaje, nos detuvimos a platicar, pero lo hicimos frente a un edificio del gobierno, rápidamente se acercó un soldado armado y nos pidió que circuláramos. Era la época en que Fidel Castro estaba en las montañas, había mucha inquietud. Yo no entendía, pero escuche comentarios de la doctora que nos hizo los exámenes médicos.

El viaje estaba por terminar, después de 7 años, al fin iba a ver a papá. De La Habana a Veracruz, un suspiro. Estoy segura de que él estaba más ansioso por ver a sus ya no tan pequeñas hijas. Había trabajado tanto para poder traernos a México, tantos trámites para legalizar su situación, papeles fueron y vinieron y ya era ciudadano mexicano.

La inmensa motonave Covadonga había trasportado desde diferentes puertos de España a 191 pasajeros y 131 tripulantes. Era un viernes 26 de julio, caluroso y húmedo, aquí empezaba para mí una nueva vida de experiencias y aprendizajes: un español, un clima, unas costumbres y gente nueva. A mis 15 años no imaginaba que aquello que al principio me asustaba llegaría a ser tan admirado y querido, mi México.

Aunque papá era muy amable, habían pasado

siete años, no lo conocía, tenía que aprender de nuevo a relacionarme con él y tenerle confianza, creo que nunca lo logré del todo.

Ya con el equipaje en su Ford, nos trasladamos al hotel. Papá había planeado instalarnos en Guadalajara, el viaje lo haríamos poco a poco, conociendo a los amigos que hizo en las ciudades en donde él había trabajado, Córdoba, Orizaba, Fortín de las Flores, DF.

Fuimos a "botanear" a una terraza de Boca del Rio, papá me pidió que le pasara unas aceitunas y yo, en mi ignorancia, tomé una con los dedos y se la di. "Debes pasar el platito para que yo la tome", me dijo, con mucho cariño, comenzaba mi aprendizaje.

Había visto en la escuela que existían diferentes razas, pero por primera vez vi a tanta gente de tez morena. Las mujeres con sus cabezas cubiertas con rebozos grises me parecían tristes. Un mundo nuevo. Entramos a conocer una iglesia, fue refrescante, la calle era un verdadero horno. Yo traía un vestido sin mangas y rápidamente me cubrí los hombros con un suéter. Se acercó una señora y me dijo: "Cúbrete la cabeza". "No traigo mantilla", contesté. "Con el suéter", insistió. Seguía aprendiendo, era más importante cubrir la cabeza que los brazos desnudos.

En la mañana del domingo 28 de julio, papá nos esperaba en el lobby para desayunar, estaba nervioso, preguntó si habíamos sentido el temblor, no teníamos idea. Es probable que, después de 24 días en el barco, nuestro cuerpo no notara la diferencia entre el mar y una tierra que se movía.

Al llegar a Córdoba, papá nos presentó a la familia

Vela. Eran dueños de una farmacia donde tuvo su primer trabajo, sentí que lo apreciaban mucho. Y, como siempre, tomó fotos, testimonios que aún conservo. Era un artista armando los albums, al pie de cada foto ponía los nombres de los integrantes y el lugar o motivo de la reunión.

Fortín de las Flores: el hotel con su alberca cubierta de gardenias, la exuberancia de la vegetación en los jardines, eran los tiempos de esplendor del hotel, que actualmente está venido a menos. Su cocina era famosa. En aquella época, para mí, comer significaba solo alimentarse. A lo largo de mi vida el gusto por la comida fue creciendo y, además de disfrutar tanto la cocina española como la mexicana, nació en mí el placer de cocinar.

Íbamos en carretera, rumbo al DF, bajo una lluvia torrencial, como nunca había visto en mi vida. El cielo se había roto y dejaba caer toda el agua de golpe. Pasamos un pueblo y, delante de nosotros, a unos 200 metros, iba un coche que corría imprudentemente, papá lo comentó. No pasaron ni cinco minutos cuando encontramos el coche accidentado en la cuneta. Papá gritó: "¡Es el primo Miguel!". Se estacionó detrás y bajó para auxiliarlos, viajaban él y su esposa, María Elena, quién se había roto una pierna.

Era necesario llevarla a un hospital, el más cercano estaba en Tehuacán. Bajamos del coche mis tíos, Ascen y yo para poder instalar a tía María Elena. Así que, de pronto, nos vimos en medio de la carretera con un tío a quien acabábamos de conocer.

Se paró una Guayin ofreciendo ayuda y tío Miguel los puso al tanto de lo que había pasado y cómo nosotros estábamos recién llegados de España. Eran otros tiempos, otra seguridad. Les dio la dirección y señas de casa de tía Toña en la Ciudad de México y continuamos nuestra aventura. Era una pareja joven, ella, ayudada por una guía de carreteras, le iba indicando a su esposo hasta el más pequeño de los detalles del camino, puentes, curvas, señales. La noche ya nos había alcanzado.

Tía Toña vivía por el rumbo de Av Del Taller, en una calle difícil y enredada, así que las instrucciones habían sido de llamar desde una caseta telefónica al llegar a un punto cercano. Supongo que ya para entonces le habían avisado de nuestra sorpresiva llegada. Salieron tía Toña y los primos de Orizaba, quienes vivían con ella mientras estudiaban en México. Ascen y yo éramos la novedad del momento.

En el aturdimiento de los hechos, nunca pedí los datos de la pareja que nos llevó, tampoco tenía la cultura de hacerlo. Me comparo con la persona que soy ahora y pienso cuánto he cambiado. No importa donde estén, en mi corazón les doy las gracias. Tal vez eso hizo despertar en mí el gusto por ayudar a los demás.

Las maletas se habían quedado en el coche de papá, pero entonces eso no importaba. Tía Toña y los primos se dedicaron a enseñarnos la ciudad, especialmente los monumentos afectados por el temblor apenas unos días antes, el Ángel caído, el edificio de Cantinflas, bardas rotas y tantas cosas más.

A veces me preguntan si no me dio miedo, pero no, a esa edad no tenía conciencia del peligro que representaba un evento así. Soy tranquila y controlada, he vivido otros sismos, tal vez más fuertes, como el del 85, y mis nervios saben comportarse. A veces hago la broma de decir:

"Llegué y tembló."

La hora de la comida en casa de tía Toña era la diversión para mis nuevos primos, se reían de nuestro acento, en las sobremesas tomé mis primeras clases del nuevo idioma, conocí frutas nuevas y nombres nuevos para las ya conocidas, durazno por melocotón, chicharos por guisantes, y así podríamos recorrer todo el diccionario.

Al fin llegó papá y nos instalamos en un hotel en el centro. Nos llevó a comer al Danubio y a otros restaurantes españoles, donde la comida era muy, pero muy abundante y como en casa.

Paseamos por La Alameda y las calles del Centro Histórico. Las vacaciones se terminaban, ya era tiempo de emprender el camino a Guadalajara, instalarnos y comenzar la vida del día a día.

Papá ya tenía alquilado un departamento en una zona muy bonita de Guadalajara, en Herrera y Cairo, a media cuadra de Avenida de las Américas. A él siempre le gustó vivir en buenos lugares. Era un edificio pequeño que había construido un joven arquitecto, fue su primer trabajo. Recuerdo que al entrar a la estancia, tío Gabriel comentó: "Qué cuarto más majo, podríamos poner una cortina en medio para dividirlo en dos". En España los pisos son muy diferentes, todos los cuartos, incluso el salón, están cerrados. Generalmente, al entrar, hay un vestíbulo y el resto de los espacios dan a un pasillo. Es posible que esto tenga que ver con el clima frio del invierno.

Estaba a medio amueblar. Por lo pronto, había

camas; la sala y el comedor llegaron después. La televisión, fue la mayor novedad, en Logroño escuchábamos los radioteatros, pero esto era maravilloso.

Y volvimos a comer comida casera, tía Isabel trataba de adaptar sus recetas al nuevo arroz, al aceite de maíz. Tuvo que desistir de hacer cosas fritas, yo no podía comer un huevo estrellado, la grasa impregnaba mi garganta y sentía haber comido una docena de huevos apenas después del primer bocado.

Conocimos a la familia Flores, amigos de papá, todos eran gordos, los papas y los hijos, dos hombres y dos mujeres. Con ellos fuimos de día de campo, era algo nuevo para mí, en Logroño algo parecido era hacer una comida en la huerta de la familia. El Sr Flores trabajaba como visitador médico, igual que papá. Por su recomendación, nos inscribieron en el Instituto Arrazola, la carrera: Contador Privado, nadie me preguntó qué quería o qué me gustaba, pero era una carrera corta, pronto podría ser productiva, y lo que se necesitaba era eso. No pasaría mucho tiempo para enterarme de los planes que tenía papá.

Comencé a hacer amigos, primero las familias de vecinos, en el mismo edificio vivía un matrimonio joven, Rebeca y su esposo, con dos niños, eran muy amables. El día que conocí a la mamá de Rebeca me quedé fría, al verme, me saludó con un: "Qué chula". En España esa expresión era ofensiva, las chulas no eran respetables. El esposo de Rebeca era judío polaco, le habían montado un taller de calzado, lo suyo no era el comercio, mientras que los papas de Rebeca tenían una tienda de bolsas y camisas en el centro, muy bien situada y, al parecer, exitosa.

Un domingo fui invitada por otros vecinos a un rancho junto al lago de Chapala, celebraban 50 años de matrimonio de los abuelos. Por primera vez vi las enormes cazuelas de barro que rebosaban deliciosos guisados, todavía no había sido entrenada para disfrutar de tanta delicia de la que ahora soy adicta. En algún momento la anfitriona se dio cuenta de que yo no había comido, rápidamente buscó los sandwiches que habían llevado para los niños, ya habían desaparecido, de modo que, en medio de tantos manjares, mi apetito tuvo que conformarse con unas simples tostadas.

Al comenzar las clases en el Instituto Arrazola, hice amistad con Margarita González. Por primera vez iba a una escuela mixta, esto, sumado a mi ignorancia de costumbres y timidez, me hicieron retraída. A media mañana los alumnos iban a la tiendita a surtirse de tostadas copeteadas de crema y queso, tacos, tortas y más. Yo no llevaba dinero, las comidas se hacían en casa, la verdad es que no me daba hambre, no estaba acostumbrada a comer entre horas. Esta sana costumbre de comer, y comer bien, a mis horas, tal vez sea una de las razones por las que me he mantenido siempre delgada.

El Instituto estaba en un edificio antiguo en la Avenida Juárez, una de las principales calles del centro de Guadalajara. En la planta baja había una gran tienda que ofrecía toda clase de artículos, desde sartenes, vajillas, baterías, cubiertos, todo lo necesario para auxiliar a una buena ama de casa. En el piso superior estaban las aulas, también había algunas habitaciones donde vivían alumnos, muchos de ellos de Sinaloa.

Era importante tener una buena letra, y decidieron que debía aprender caligrafía Palmer, planas y planas de ejercicios para soltar la muñeca, me decían. Creo que fue un desastre, el matrimonio entre la letra Inglesa y la Palmer dio a luz unos jeroglíficos de lo más antiestéticos.

No necesitaba estudiar, tan sólo con poner atención en las clases lograba buenas calificaciones, las bases que traía del Sagasta estaban dando resultado. Pronto, el profesor Arrazola, director y dueño del Instituto, lo notó. Me llamó a su despacho y me ofreció trabajar en las tardes en un despacho de contabilidades, así, con poco más de 16 años, comenzó mi vida laboral.

Efectivamente, era necesario tener buena letra, las contabilidades se llevaban en libros, todo era manuscrito, tal vez lo ideal no eran mis jeroglíficos, pero mi trabajo era limpio. Muchas de las contabilidades eran de tequileros, a veces tenía que llenar hojas y hojas de rayas de jornaleros, todos los nombres eran inventados y las cantidades también. Ahora que lo pienso, se podría escribir un libro hablando de los cambios tecnológicos que he vivido.

Papá viajaba dos meses trabajando y pasaba un par de semanas en Guadalajara con nosotros. Su ruta era de Tepic a Tijuana, visitando médicos y farmacias. En uno de estos cierres de ruta, en 1958, papá nos llevó de vacaciones a la Ciudad de México. Esta vez conocimos a casi toda la familia, a mis primas Lucrecia y Alicia, a tío Miguel y a su esposa María Elena, ya restablecida del accidente de hacía más de un año. Con mis primas fuimos a conocer la Basílica de Guadalupe, el castillo de Chapultepec, la Alameda, el centro de la ciudad, y con la familia de tío Miguel fuimos a Xochimilco. Las fotos en la trajinera dicen que me divertí mucho, la sonrisa no engaña. Papá aprovechó este viaje para tramitar nuestra nacionalidad mexicana, fue sencillo, éramos hijas de mexicano.

De regreso a Guadalajara pasamos por Guanajuato. Qué impresión cuando fuimos al cementerio a ver las momias. Actualmente están expuestas en vitrinas, en un museo, pero en ese entonces las podías tocar, eran como figuras de cartón, horribles, algunas tenían expresiones de dolor. La persona que nos acompañó nos contaba historias de algunas de ellas. También visitamos el hotel Castillo, una copia de palacio medieval. Fuimos al Cerro del Cubilete, un monumento a Jesús de tamaño monumental que a mí me pareció una iglesia al aire libre.

Papá había hecho una promesa, si lograba traernos de España, nos llevaría a una iglesia en Nogales, de la cual no recuerdo el nombre. En las vacaciones de verano los tíos nos pusieron en el tren y Ascen y yo emprendimos el viaje a Nogales, casi dos días de tren, no había más diversión que ver el paisaje. Tía Isabel nos había preparado comida para todo el viaje. Éramos de naturaleza resistente y además llevábamos la ilusión de ver a papá.

Al llegar a Nogales, después de cumplir con la promesa de papá, pasamos al otro lado, a Estados Unidos. Nos llevó de compras. Nunca había visto tiendas tan grandes, pasillos y pasillos llenos de ropa. Ascen enloqueció y empezó a elegir vestidos, pronto papá la paró el alto y yo también me di por enterada.

En Hermosillo visitamos a unos amigos de papá

y, cuando estábamos listos para continuar el viaje, nos dijo: "Vamos a recoger a una chica, como ustedes, quién nos acompañará en el viaje, se llama Silvia". No entendí, pero estaba acostumbrada a no preguntar. El resto del viaje papá se pasó elogiando todo lo que Silvia sabía hacer, era un dechado de virtudes. Al parecer, iba a vivir con nosotros temporalmente.

Emprendimos el regreso a Guadalajara. Era agosto, el calor, seco, insoportable, el coche no tenía aire acondicionado, nos quedamos dormidas, más que eso. Papá tenía planeado hacer una escala antes de llegar a Guadalajara, no recuerdo bien, creo que era en Mazatlán. Al llegar al hotel, casi nos tuvo que cargar y, ya en la habitación, abrió la llave de la regadera para que nos bañáramos, primera etapa de hidratación. Silvia lucía feliz, hablaba hasta por los codos, era la dueña del escenario.

Al fin llegamos a casa, qué alivio. No sé qué les dijo papá a los tíos para justificar la llegada de Silvia. La falta de comunicación entre padre e hijas era evidente. Mi curiosidad crecía. Papá dejó una carta abierta al alcance de cualquiera, no fue casualidad, caí en su juego. Una tal Beatriz le escribía poniéndolo al tanto de los planes de traslado a Guadalajara.

Al día siguiente, papá habló con nosotros y nos informó que se casaría con Beatríz, a quién íbamos a conocer pronto. La noticia me cayó como un balde de agua fría. Supongo que mis tíos estaban muy preocupados, ¿qué íbamos a hacer?, tío Gabriel no tenía trabajo, el contrato para venir a México lo había dado la empresa para la que trabajaba papá, como un favor. Rápidamente Silvia se encargó de informar a nuestros vecinos de la buena nueva. Estaba muy contenta porque iba a ser rica, decía. Nada más lejos de la realidad, papá no era rico, pero cómo le iba a hacer para mantener a esta nueva familia que había crecido de la noche a la mañana.

Inscribieron a Silvia en el Instituto Arrazola y empezaron los problemas. El director llamó a tío Gabriel, papá estaba de viaje. Su comportamiento dejaba mucho que desear, en atención a papá no la expulsarían, pero era necesario corregirla. Además de su poca atención a los estudios, se veía demasiado interesada en sus compañeros.

Estaba por terminar el segundo año de la carrera, en junio de 1959, cuando me llamó el profesor Arrazola. "Me han pedido sus compañeros que le diga que la han elegido para reina del colegio." "Muchas gracias, pero no puedo", contesté. Además de lo penosa que era, pasó por mi mente todo lo que ello implicaba, vestido, zapatos, corona, tantos gastos que no quería que papá hiciera, pero eso no lo podía decir. No sé que hizo el profesor, o con quién habló, pero casi sin darme cuenta ya estaba comprando tela y mandando hacer el vestido. También tenía que elegir a un chambelán, eso sí estaba fuera de mí, Arrazola se encargó. Ahora que veo las fotos, eligió bien, alto, guapo, era un sinaloense, y yo sentía que le caía gordísima. Tenía razón, bailó conmigo el obligado primer vals y desapareció.

Yo tenía mis amigos, algunos eran de mi rumbo, hacían fiestas de papitas y Coca-Cola, estaba de moda el chachachá, también el rock. Éramos como Cenicienta, a las 12, todos a sus casas. La primera desvelada que recuerdo fue en una fiesta en el Instituto Mexicano Americano, estaba en la calle de Tolsá. Terminó a las 4 de la madrugada. Nadie tenía coche, ni siquiera prestado, pero no importaba, emprender el regreso caminando era parte de la diversión.

Tuve algunos pretendientes, pero eso de tener novio no lo entendía, todavía no tenía edad. En aquella época, en España, tener novio era pensar en un compromiso serio. Recuerdo a Luis Romo, me regaló un disco, pero en mi casa no teníamos tocadiscos. Carlos me invitó a una kermés, quedamos en una hora, yo me estaba arreglando cuando tía Isabel entró a la recámara y, con voz jubilosa, dijo: "Viene un chico a buscarte, está muy guapo". Efectivamente, Carlos era bien parecido, alto, rubio, ojos azules. No lo pasé mal en la kermés, me dedicó la canción MONALISA y recorrimos todos los puestos, pero seguro yo era muy fresa y aburrida porque no volvió a invitarme. Prefería salir en grupo, me sentía más segura, más invisible, estaba atrapada en esa red de incertidumbres familiares.

Conocimos a Beatriz. Llegó a Guadalajara con su madre y su hijo Jorge. Era una mujer sencilla, de grandes ojos verdes. Nunca conocí la casa donde papá los instaló. A partir de ese momento Silvia se reunió con ellos. La relación era tensa, papá hacía esfuerzos por unirnos, tengo fotos de una salida al lago de Chapala, tía Isabel con expresión entre triste y enojada.

En una ocasión escuche a papá soñar en voz alta, compraría una casa para que viviéramos todos juntos. Qué clase de zoológico sería, dos amas de casa en la misma cocina, dos hombres, uno proveedor y otro desempleado, cuatro adolescentes tan diferentes. Como se dice en México, era un "sueño guajiro".

Comenzaba la moda de los vestidos chemise, mi amiga Margarita y yo decidimos ir a la escuela con la novedad, el ir juntas nos daba seguridad, y vaya que la necesitábamos, fuimos la sensación, aunque no todos los comentarios fueron elogiosos, pero para nosotras fue divertido.

Todos en el Instituto estábamos alborotados, pronto tendríamos los festejos de graduación, misa, baile. Ahora sí pude elegir mi atuendo, un vestido blanco de organza bordada, era el color oficial, zapatos de tacón, sombrero de ala. Nos sentíamos artistas. Papá se dio vuelo tomando fotos y gracias a ello les pongo rostro a mis recuerdos. He buscado a Mago en Facebook, pero no recuerdo su segundo apellido y esto hace más difícil la búsqueda, la próxima vez que visite a mi familia política en Guadalajara intentaré darme una vuelta al Instituto Arrazola, que probablemente sólo conserva el nombre de lo que alguna vez fue. Hace tiempo llamé desde el DF sin resultados, claro que una visita personal tiene más probabilidades de éxito.

Disfruté el baile, Marco Antonio no me dejó en toda la noche. Al día siguiente fue a visitarme a casa, pero esa relación no tenía futuro, los planes de la familia cambiaban mi destino. Papá había conseguido un trabajo en Tijuana, gerente de una farmacia. Tío Gabriel había visitado a unos primos en el DF, tenían una camisería en Bolívar, prometieron ayudarlo con trabajo; Ascen y yo decidimos seguirlos. Ahí se derrumbó el sueño de papá de traer a sus hijas de España. Ya no nos separaría el océano, pero sí muchos kilómetros. La vida con mis tíos no era lo mejor, no lo fue cuando vivíamos en España, tampoco en México. Cómo decidir si solamente aprendí a obedecer. La oferta de mi papá, con su nueva familia, tampoco me gustaba. ¿Lo extrañé? Tal vez sentí desilusión. ¿Qué era lo que esperaba de mi vida en México? Estaba atrapada, mi futuro sería trabajar para mantener a mis tíos, no podía soñar, como otras jóvenes, en formar mi propia familia.

VIDA LABORAL

Con la ayuda de tío Miguel, tío Gabriel consiguió un departamento en Av del Taller. Un edificio nuevo pero muy diferente a lo que estábamos acostumbrados, todo el día olía a col descompuesta. Los muebles se quejaban de lo apretados que habían quedado, es increíble cómo la memoria se defiende de lo que no nos gusta, no recuerdo la distribución de las habitaciones, ni de la cocina, ni del baño, tan sólo la pequeña sala donde apenas cabían el sofá y la tele.

Tío Gabriel comenzó a trabajar como vendedor en una pequeña fábrica de pañuelos, poco le duró el gusto. Gobernación le siguió los pasos y solamente le quedaron dos opciones: o regresar a España o aceptar un trabajo como obrero en las bodegas de *Walt & Abbat*, empresa que le había hecho el favor a mi papá de contratarlo para llenar requisitos de entrada a México. Eligió quedarse, para los migrantes españoles no había peor humillación que regresar derrotado sin haber "hecho las Américas".

Yo debía buscar trabajo, ¿pero dónde? Todos los días hojeaba los anuncios en el periódico y hacía llamadas. La primera respuesta vino de una oficina ubicada en las calles de Chopo y Puente de Alvarado. Ernesto Zoydo, un exilado español, tenía una pequeña empresa que daba mantenimiento eléctrico a una cadena de cines, su hija manejaba la contabilidad, pero, al casarse, sus nuevas obligaciones dejaron el puesto vacante. No sé si reunía las cualidades que se necesitaban o el hecho de que éramos paisanos influyó, pero me contrataron. Además de los técnicos electricistas, una secretaria y yo completábamos la nómina. Todavía estaba muy verde para esa responsabilidad, una cosa era seguir órdenes y otra organizar, traté de continuar lo que ya estaba hecho. No pasó mucho tiempo antes de que mi estómago se quejara, eso de comer tortas todos los días me trajo una fuerte gastritis que fue mi compañera por mucho tiempo.

Siempre me gustó coser, cerca de la oficina había una escuela de "Corte y Confección". Me inscribí, las clases me parecieron aburridísimas, había que hacer patrones de papel en todas las tallas y con infinidad de cambios y, cuando confeccionaba la prenda, después de muchas sesiones, el resultado era una espantosa falda o blusa que no era capaz de ponerme. Fui a clases durante seis meses hasta que desistí. Necesitaba encontrar otra solución, porque quería hacerme mis vestidos, además de gustarme era una forma de economizar.

Descubrí los patrones *McCall's* y *Simplicity*, podías comprar por tallas, yo era talla 8, tan sólo tenía que corregir el largo, además, los modelos eran modernos. Necesitaba una máquina de coser, tía Isabel me acompaño al centro y compramos mi primera máquina de coser, ALFA, era eléctrica. No había que pedalear, un mueble de madera la ocultaba y se convertía en parte de la decoración de la casa. La compra la hice a plazos, tía Isabel me ayudó con $200 para el enganche. Ascen compraba telas para que le hiciera vestidos y me regalaba algunas. Esta sociedad duró muchos años.

En julio de 1961, Ascen viajó a Tijuana a visitar a papá y, junto con Beatriz, fueron a Disneylandia. Nuevamente las fotos hablan, esta vez eran a colores, aunque, tal vez, el rollo de mala calidad las ha trasformado en sepia después de tantos años. Ascen luce muy guapa, toda una señorita de tacones y pelo corto, su larga trenza envejece solitaria en un cajón.

Tenía una dirección en la colonia Condesa que me había dado Mayté Gaos. Un domingo decidí ir a buscarla, ya no vivía ahí, los vecinos me mandaron a otra dirección cercana, pero tampoco tuve éxito. Regresé a casa derrotada. A la mañana siguiente, le comenté mi odisea al Sr Zoydo. "Yo veo a su papá todos los martes en el Centro Asturiano, jugamos mus", dijo, "mañana le pregunto." Ya con mi ánimo renovado y la información correcta, llamé, su mamá me atendió con mucho entusiasmo y quedé de pasar a visitarlos. Vivian muy cerca de mi oficina, en Insurgentes, casi con Paseo de la Reforma, Mayté me saludo como un vendaval, comenzaba a hacer sus pininos en la artisteada y apenas tenía tiempo de llegar al teatro Blanquita. Patinaba en una pista de hielo, cuyo nombre no recuerdo, un par de veces a la semana, y me sugirió que la buscara allí. Así lo hice, pero igualmente estaba muy ocupada. Por un tiempo seguí sus andanzas en las revistas y su canción: EL GRAN TOMÁS, en la radio. A la fecha, nuestros caminos no se han vuelto a encontrar.

También Ascen comenzó a trabajar, en *Smith*

Kline & French, un laboratorio médico. Un día fui a visitarla, me presentó a sus amigas, el ambiente se sentía amable, una de las chicas me informó que en el departamento de contabilidad estaban buscando una persona, me acompañó al departamento de personal. Días después hice los estudios sicológicos, entrevistas y todo lo que estas empresas piden antes de contratarte. Fui aceptada, este pequeño paso me dio algunos beneficios, de $900 que ganaba con Zoydo, pasé a $1,100, pero lo mejor era que, como buena empresa americana, tenían comedor, pagábamos $2.50 por la comida, y así pude deshacerme de la gastritis.

Mi responsabilidad era checar todas las facturas de gastos y proveedores, "Auxiliar de cuentas por pagar". De esta forma comenzó mi entrenamiento en una empresa grande, tal vez mi trabajo era monótono, pero valía la pena, se acabaron las falsas listas de jornaleros y el trabajar sin prestaciones.

Ascen y yo llegamos a engrosar la lista de españoles dentro de la compañía: Somonte, Campos, Pisuñer, Calixto. Llegó el 15 de septiembre y nos pidieron que fuésemos vestidas con los colores patrios. El lugar de estacionamiento del Sr Campos nos recibió adornado cual tumba de cementerio, eso sí, con los colores patrios. Tanto los despachos como los escritorios de quienes todavía no lográbamos puestos ejecutivos estaban llenos de globos y banderas mexicanas. Solíamos tener un pequeño descanso para tomar café a media mañana, ese día encontramos la cafetería convertida en juzgado y escuchamos el veredicto, cargamos con todos los pecados de los conquistadores. Dimos el grito cada uno de nosotros con bandera y campana, todos lo disfrutamos.

Estos eran momentos de convivencia que nos acercaban creando un ambiente de camaradería.

Edith tenía familia en Guadalajara y nos convenció para hacer un viaje: Celeste, Martha, Lidia, Edith, Ascen y yo formamos el equipo. Lidia nos consiguió alojamiento en un convento de monjas de una congregación a la que pertenecía su hermana. La familia de Edith nos prestó un Mercedes, con todo y chofer: el hijo mayor, un joven de 18 años, primogénito de quince hermanos.

Ascen y yo hicimos de guías en el recorrido a los lugares de interés en el centro. No podía faltar un día en Chapala, el lago todavía tenía agua abundante. La familia de Edith tenía un rancho en las afueras de Guadalajara y nos organizaron una comida. Fue mi primer viaje con amigas, las fotos corroboran lo bien que lo pasé. Todavía, después de más de 52 años, continuamos con la amistad, Celeste se fue, pero vive en nuestro corazón.

Alfredo, el mayor de mis primos de Orizaba, estudiaba en el DF, nos visitaba con frecuencia, fue el primero en escuchar la reseña de nuestro viaje, aderezada con las fotos. "¿Quién es esta chica?", y la señalaba en todas las fotos. "Celeste", contesté. "Quiero conocerla." "Para nada, Alfredo, tienes novia en Puebla y otra aquí." Al día siguiente llamó a la oficina y se presentó solo, la invitó a tomar un café y ella aceptó. El noviazgo de Alfredo y Celeste fue corto. Apenas unos meses después de conocerse le ofrecieron a él un trabajo en la Cervecería Moctezuma de Orizaba, su ciudad, así que formalizó el compromiso con ella, temeroso de que se la ganaran, le pidió que dejara el trabajo y regresara a Gutiérrez Zamora, donde vivía su familia. En menos de un año

Celeste era mi prima. A la boda fuimos todos, además de Alfonso. Me encanta ver fotos de aquellas épocas, los atuendos elegantes y muy formales, sombreros, guantes, ahora la moda es más sencilla. Actualmente vas a Bellas Artes y te encuentras al público vestido de todos colores y sabores.

Smith Kline fue para mí el mejor lugar de trabajo, tenía un puesto insignificante, pero un ambiente maravilloso. Recuerdo un cumpleaños del Sr David, el director, fuimos temprano a su casa con mariachis, a los primeros acordes comenzó un revuelo en el interior, habían tenido fiesta la noche anterior y todo estaba en desorden, la familia en pijama. Finalmente nos abrieron y se hizo la fiesta.

En diciembre de 1961 papá y Beatriz nos visitaron, para nosotros también fueron vacaciones, visitamos el Centro Histórico, la Catedral, la Basílica de Guadalupe, todavía la antigua, y nuevamente fuimos a Xochimilco, paseamos en trajinera y ya más integrados a la comida mexicana, no faltaron los tacos.

Peón, un compañero de oficina, me presentó a Alfonso, estaba terminando la carrera de medicina, comenzamos a salir, me presentó a su familia y me dejé querer.

Empecé a tener dolores en el bajo vientre, me hicieron análisis y el doctor diagnosticó apendicitis, había que operar. Tía María Elena tenía un laboratorio de análisis clínicos, quirófano y un par de camas. En ese minihospital me operaron, pero mi apéndice estaba sana, de modo que el doctor tuvo que bucear hasta encontrar unos quistes en mis ovarios. Yo creo que no había tomado clases de costura, la marca de la operación me ha enojado toda la vida. Alfonso me visitó y después de un rato de plática se despidió. Recuerdo que de inmediato entró la enfermera preguntando: "¿Es su novio señorita?, está muy feo y usted tan bonita".

Para recuperarme de la operación, acepté la invitación a Gutiérrez Zamora, donde vivían los papas de Celeste. Por primera vez viajé en avión, una nave de dimensiones grotescas, cuatro motores con hélices enormes. Para abordar, caminabas un buen tramo junto a la pista hasta una escalera que daba acceso al interior del avión. Pasé una semana conviviendo con una familia maravillosa.

En abril de 1963, aprovechando las vacaciones de Semana Santa, planeé visitar a papá en Tijuana. Al hacer los trámites para solicitar pasaporte, surgió un inconveniente, no había renunciado a mi nacionalidad española en mi mayoría de edad, tenía el tiempo encima, mi boleto de avión ya estaba comprado. Pero, como he comprobado a lo largo de mi vida, nada se me niega cuando lo deseo intensamente. Hice una carta dirigida al Secretario de Relaciones Exteriores, misma que personalmente llevé junto a otros documentos que estaban en el archivo de esa dependencia en Avenida Juárez. Hice de mensajera, y todo extraoficialmente. Hoy en día esto no sería posible.

Con mi pasaporte en mano, que me daba la posibilidad de cruzar a Estados Unidos, volé a Tijuana. Papá estaba feliz de verme. Beatriz era muy amable conmigo, también a ella le gustaba coser, así que aproveché eso días y me convertí en su alumna. Una vecina tenía una máquina *Overlok*, que servía para sobrehilar, las prendas quedaban como de fábrica. Tuve la oportunidad y compré una, todavía la tengo y la sigo usando. Salía con Silvia y sus amigas al cine, a dar la vuelta. Una tarde papá me comentó acerca de una de estas amigas, vivía en la misma calle, su papá era narcotraficante, en ocasiones había policías apostados en las azoteas, esperando su llegada. Me dio la impresión de que, aunque no les gustaba, veían normal convivir con ellos.

Me llevaron a la Bufadora, un lugar en la costa en donde entra el agua del mar a una cueva y sale bufando por una gran grieta en las rocas. También fuimos a Disneylandia, me divertí como nunca, la vida me daba momentos que no tuve en mi niñez.

Papá ya no trabajaba en la farmacia, vendía calzado que le enviaban de León, nunca supe qué pasó con aquel empleo. En este viaje no me di cuenta del declive de su economía, en realidad la falta de comunicación por un lado y el orgullo de mi padre por otro, me pusieron una venda en los ojos, me siento culpable de ello.

Ese año, el 23 de noviembre, el asesinato del presidente de los Estados Unidos, John F. Kennedy, en Dallas, nos dejó atónitos. Tres horas después la policía detuvo al sospechoso, Oswald, quién nunca fue juzgado y siempre negó haber cometido el crimen. Dos días después, era domingo, estábamos pegados a la TV y vimos en vivo cómo Jack Ruby, un gánster de Dallas, le disparaba al presunto asesino a quemarropa cuando era trasladado y custodiado por la policía.

El fin de año de 1963 *Smith Kline* organizó una gran comida en un jardín del Pedregal, tiraron la casa por la ventana, no faltaron los mariachis. Las mujeres lucíamos rebozos, jorongos y toda clase de accesorios mexicanos, ya se comenzaba a saber de los planes de crecimiento, un nuevo edificio diseñado especialmente para ellos. No llegué a estrenarlo, después de poco más de dos años volví a cambiar de empleo, esta vez dentro del mismo ramo, en *Sandoz de México*, un laboratorio suizo. Tenía prisa por crecer y, aunque el puesto era de auxiliar contable, aprendí nuevos sistemas, iba haciendo curriculum. A lo largo de mi vida laboral, los trabajos fueron mi universidad.

En *Sandoz* conocí a Sussi Speissegger, hija de alemán e inglesa, pronto simpatizamos, ella era secretaria del director de anilinas, hablaba alemán además de inglés, era refinada. Una vez por semana me invitaba a comer a su casa, en las Lomas. Eran otros tiempos, podíamos en una hora viajar desde la colonia del Valle, comer y regresar. Tenía un novio arquitecto, me invitaron a su boda y atrapé mi primer ramo.

En esa época supe de mi escoliosis. Un equipo móvil del Seguro Social tomó radiografías a todo el personal. Posteriormente llegó un aviso pidiendo que me presentara en el Centro Médico, no hice caso, y llegó un segundo aviso, del cual mi jefe inmediato recibió copia, no me quedó más remedio que asistir a la cita. Después de varios estudios, y al tener el diagnostico, tuve respuesta a muchas situaciones de mi adolescencia. Todo el tiempo recibía regaños porque me encorvaba, incluso usé un corsé que odiaba. Nunca me han podido decir a ciencia cierta la causa, pero las probabilidades sí, tengo una pierna un centímetro más larga que la otra, así que mi columna buscó ajustarse a esto, de haberlo encontrado, cosa difícil, antes de mis 10 años, se podría haber corregido, pero, nuevamente, las circunstancias rigen la vida. No sé en México pero en España no se iba al médico porque una adolescente tenía mala postura. Las recomendaciones fueron: no cargar cosas pesadas y hacer ejercicio al aire libre. Hay trucos que he aprendido a lo largo de mi vida, como elegir ropa que disimule mi omóplato salido. En los años 80 se pusieron de moda las hombreras, realmente me ayudaron mucho.

En casa, Tía Isabel administraba los ingresos, de tío Gabriel, de Ascen y míos, de modo que pronto tuvo lo necesario para dar el enganche de una casita en Jacarandas, una incipiente colonia cerca de Cd. Satélite. Estábamos rodeados de milpas, lejos de todo, también de nuestros trabajos: tío Gabriel en la Colonia Anahuac, Ascen y yo en la del Valle. Aun cuando el tráfico no tenía nada que ver con lo que vivimos actualmente, pronto dejamos de movilizarnos en camión y compramos un Fiat rojo entre mi hermana y yo, corría el año de 1965.

El papá de Alfonso trabajaba en algo que tenía que ver con aduanas, lo destinaron a Acapulco, así fue como conocí el puerto, fuimos de vacaciones con su hermano y su cuñada. Casi todos los días íbamos a la playa. No sé cómo describir mi estado de ánimo en ese viaje, me sentía fuera de lugar, no era afín a nadie en esa familia, fue el comienzo del fin de mi noviazgo. Era tan insegura, incapaz de tomar decisiones, que fue Alfonso, meses después, quién terminó conmigo sin decir adiós.

La madrugada del 10 al 11 de enero de 1967 la ciudad nos ofreció un espectáculo maravilloso, una cortina de fino tul formada por infinidad de copos de nieve que, al acumularse, cubrieron casas y jardines. En mi camino hacia la oficina, por el Periférico, atravesaba el Nuevo Chapultepec. No había tráfico, podías ir despacio y disfrutar la vista. La mayoría tan sólo había visto un paisaje nevado en películas y revistas, para mí era recordar mi infancia en Logroño, donde cada año jugábamos en los parques haciendo muñecos y aventando bolas de nieve, también deslizándonos por el paso de la gente en los senderos helados.

Pasada la nevada, en Ciudad Nezahualcoyotl, el deshielo provocó que las calles quedaran intransitables, ese naciente barrio quedó incomunicado del resto de la ciudad. No hubo cierres en las carreteras que ingresaban a la ciudad, pese a que tenían hasta un metro de nieve, y cientos de automóviles quedaron varados.

Ese año llegó un grupo de empleados de *Sandoz Venezuela* a tomar unos cursos de capacitación, algunos eran españoles, migrantes igual que yo. Causaron alboroto entre el personal femenino, pronto fueron encontrando compañeras para conocer la ciudad. Valero Mas era uno de ellos, no tardamos en hacer planes para ir a Taxco, para ese entonces yo ya tenía un VW nuevo. Ascen estuvo de acuerdo y, nuevamente, nos convertimos en guías de turismo. De último momento se nos unió otro paisano. Fue la primera vez que visité Taxco, un pueblo originalmente minero, sus calles empinadas serpentean el cerro, casas encaladas de blanco y techos de teja, me recordaron a tantas aldeas de mi tierra. Las minas de plata se habían acabado, pero la artesanía que floreció gracias a William Spratling a principios del siglo XX, convertía cada casa en un taller-tienda. Actualmente existe un museo que alberga más de 2,000 piezas que, a su muerte, donó el Sr Spratling.

También Ascen cambió de trabajo, de *Smith Kline* se fue a *Impresora Hesketh* como vendedora. Era una imprenta de serigrafía, hacían los espectaculares para empresas como Pepsi, Cerveceria Moctezuma y muchos otros. Un día recibí una llamada de Richard Hesketh, Ascen estaba de vacaciones y necesitaba su coche para cambiarle las llantas, pasó a recogerlo a mi oficina, era la primera vez que lo veía y casi de inmediato me ofreció trabajo en su empresa como asistente de su socio Jhon Mason, el administrador, el que cuidaba el dinero. Este fue un gran paso, económicamente hablando, y donde pude aplicar la experiencia adquirida en los últimos ocho años. Cuando fui a despedirme del señor Decorzant, director administrativo de *Sandoz*, me preguntó cuánto me iban a pagar, al recibir la respuesta me hizo un comentario que, a la fecha, me ofende: "Paulina", me dijo, "a veces, cuando un jefe invita a su secretaria a cenar, al salir, le pone un abrigo de pieles en los hombros, ¿ha pensado en ello?".

Comenzó una nueva etapa, la oficina de la imprenta era fea, pero el ambiente muy agradable, era una empresa pequeña. Mi jefe era John Mason, socio Director Administrativo, me agradó de inmediato, me es difícil calcular su edad, era una persona mayor, alto, delgado, fumaba pipa, un típico inglés. Tenía sentido del humor. Me fue fácil acostumbrarme a trabajar con él. En una ocasión me dio una nota de caja, el monto era pequeño, y me pidió que fuera a localizar la ferretería. Nunca la encontré. Comenzó a pedirme que revisara las hojas de nómina, estas se hacían en unas máquinas que no sumaban las columnas, las sumas se hacían en calculadora y se anotaban a mano en la hoja. Al revisar, el monto real no coincidía con lo anotado ni con el cheque que cubría el total, es decir que López, el encargado, al llenar los sobres de nómina, tenía sobrantes que engordaban sus bolsillos. No tuvo tiempo el Sr Mason de despedirlo, se dio cuenta de que lo habíamos descubierto y desapareció. Poco a poco fui perdiendo mi inocencia, no toda la gente era honrada, era necesario desconfiar.

Corría el año de 1968, íbamos a tener unos días de vacaciones por Semana Santa. Thomas, socio de la imprenta y novio de Ascen, tenía una casa en Puerto Ángel, Oaxaca. Compartía un negocio con Emanuel de Bilmorín y Diaz, traían de Huatulco almeja viva para restaurantes en la Ciudad de México. Emanuel vivía en Puerto Ángel y se hacía cargo de los pescadores, Thomas transportaba en su avioneta la almeja hasta la ciudad.

Ascen, Thomas, Octavio, compañero de trabajo, y yo, nos preparamos para tan emocionante viaje. En la avioneta CESNA de Thomas había lugar para tres personas adelante, el resto estaba acondicionado para los sacos de almeja, ese lugar fue el que me tocó, todo el viaje lo hice sentada en el suelo. Salimos del aeropuerto de la Ciudad de México rumbo a Oaxaca, donde cargamos gasolina. Para cruzar la sierra de Oaxaca, la avioneta tenía que tomar altura, dando círculos. Cada vez veía más lejos las montañas a través de la diminuta ventana, la CESNA se balanceaba como pajarillo empujado por el viento, mi mente volaba, tenía miedo, si la avioneta se cae ni lo voy a sentir, moriré antes de que llegue al suelo, pensaba. El aterrizaje lo íbamos a hacer en Pochutla, pueblo cercano a Puerto Ángel. La avioneta dio unas vueltas para que el cuidador despejara de animales la vereda en donde aterrizamos. Al fin pisé tierra. Emanuel nos estaba esperando, se veía feliz. Era un hombre muy alto y con una larga barba, después supe que era descendiente de Don Porfirio Díaz.

En una destartalada camioneta nos trasladamos a Puerto Ángel. La casa a la que llegamos era bonita, toda pintada de blanco y con una vista al mar, increíble. Ascen me dijo: "Mañana van a ir a Huatulco a recoger unos sacos de almejas, yo ya conozco pero, si tú quieres ir, vale la pena". Rápidamente me apunté.

El viaje lo hicimos en una lancha de fibra de vidrio, muy pesada. Octavio y Emanuel se turnaban para manejar el timón. El recorrido lo hicimos bordeando la costa y con el viento a favor. Además, llevábamos a otro pasajero, un cachorro Weimaraner que Octavio le llevó de regalo a Emanuel. No parecía quererme mucho, tal vez quería jugar, pero lo que hacía era morderme.

Durante el trayecto echaron los anzuelos y, ¡aleluya!, los peces picaron. Íbamos felices, ellos pescando y yo asoleándome en mi pequeño bikini. Al fin llegamos a la bahía de Huatulco, su fondo es de coral blanco, lo que le da al agua un color azul verdoso y transparente. En la playa había cuatro o cinco chozas, en una de ellas comimos armadillo en mole. Todavía no terminábamos nuestro manjar cuando Emanuel se puso de pie y se salió de la choza. En una mesa contígua unos pescadores conversaban en su habitual y soez lenguaje. Cuando nos reunimos con él en la playa nos dijo: "No soporto que hablen con groserías delante de una dama".

Los pescadores tenían listos dos grandes sacos de almejas, pero nos recomendaron regresar hasta el día siguiente, la marejada estaba fuerte y el viento en contra, además de que íbamos a viajar muy cargados. Yo acepté, en aquellos tiempos no había teléfonos celulares, pero supuse que Ascen, quién conocía el lugar, entendería. La almeja la guardaban en sacos que mantenían dentro del mar, de esa manera se conservaban con vida hasta el momento de transportarla en la avioneta a la Ciudad de México.

Nos consiguieron dos hamacas y un catre, que instalamos en la playa. Fue mi primera noche en hamaca y, además, flanqueada por dos guapos caballeros. A la mañana siguiente, muy temprano, emprendimos el regreso, ahora con nuevos pasajeros, dos bellos periquitos que Emanuel había cambiado por los pescados. Los pusimos en una pequeña caja de cartón para protegerlos del cachorro. Pronto, el oleaje, cada vez más intenso, no nada más mojó la caja, sino que el agua dentro del bote hizo necesario que tuviéramos que achicar. Se turnaban Octavio y Emanuel, pero no avanzábamos. Ya en la tarde, lejos todavía de Puerto Ángel, decidimos quedarnos en una pequeña ensenada, en un campamento de tortugas. El olor en ese lugar era hediento, allí mataban a las tortugas y su sangre corría desde el campamento hasta el mar. La mujer que atendía a los trabajadores nos ofreció de cenar, yo no podía comer, tenía el estómago revuelto, acepté un café y unas galletas Marías.

Mi ropa, bikini, quexquemelt y jeans, estaban empapados, la mujer me ofreció un vestido largo, blanco, con delicados bordados, que usé mientras mi ropa trataba de secarse cerca del fuego. Los catres de esa noche eran diminutos, yo apenas cabía, Emanuel desparramaba sus pies y brazos por los bordes.

Todavía no salía el sol cuando desperté. Emanuel y Octavio habían colocado sus catres protegiendo el mío, ellos ya estaban despiertos, la luna llena iluminaba el cielo. Al ver que desperté, Emanuel dijo: "Ya tenemos que irnos".

Me vestí con mi ropa todavía mojada en una cabaña cuyas paredes eran troncos separados unos de otros, ya para ese momento había olvidado el recato acostumbrado. Al verme vestida, Emanuel dijo: "Tenemos que nadar hasta la lancha, a esta hora la marea subió". Yo nadaba muy poco, de modo que la angustia agilizó mi mente. "¿Todavía te queda dinero?", pregunté, "pues que el marido de la cocinera nos lleve de uno en uno en su bote", nuestra lancha estaba anclada en medio de la ensenada.

La marejada seguía, a veces las olas amenazaban con voltear la lancha. "Octavio", dije, "yo no nado bien, de modo que si la lancha se voltea, olvídense de mí." "Cómo crees", contestó, "te agarras de la lancha cuando caigas al mar y nosotros te ayudamos." Estábamos como a 200 metros de la costa, pero para mí era como pedirme que cruzara un océano. Los dos estaban cansados, paramos en una pequeña ensenada, ya estábamos hartos de comer almejas, así que decidieron bucear y sacaron una enorme concha en forma de hacha, la abrieron y se veía horrible, llena de hilos negros sanguinolentos, pero en el centro un trozo blanco, era cayo de hacha. Me tocaba comer a mí.

Se fueron caminando entre los matorrales secos para buscar algún nido con huevos, no tuvieron suerte. Cuando los vi desaparecer entre los arbustos, nuevamente mi imaginación se activó, el silencio era absoluto, el miedo volvió, si aparece alguien, ¿qué hago?, ¿corro, grito, me tiro al mar? Octavio y Emanuel ya estaban de vuelta, respiré tranquila. El perro y los pericos parecían mas asustados que yo, ni se movían.

Teníamos un buen rato batallando con la marejada cuando escuchamos el ruido de un motor, eran Thomas y Ascen en la avioneta, habían salido a buscarnos. Yo apenas pude levantar mi mano para saludar, ya era parte de los sacos de almejas, estaba agotada.

Al llegar a Puerto Ángel, todo el pueblo nos estaba esperando en el pequeño malecón, ¡qué recibimiento! Ascen me dijo: "Pareces maquillada para una película de náufragos". No había pasado un peine en tres días por mi larga cabellera, el bordado de mi quexquemelt se había despintado, la hebilla de los jeans estaba oxidada, mi piel toda quemada. Al fin sonreí.

La buena noticia fue que ya tenían ducha, me bañé, y después un delicioso pescado asado, ¡por fin!, pude dormir en una cama.

Hubiera dormido toda la noche, pero Ascen me despertó. Tenemos que irnos a Oaxaca en camión, no tenemos gasolina para la avioneta, nos la acabamos en la búsqueda. Thomas se quedó esperando a que se la enviaran y nosotros tres nos subimos a un camión del siglo pasado, no nada más con gente, viajamos con gallinas y pescados. Esta vez cruzamos la sierra castigando nuestros riñones en la accidentada carretera. Al llegar a Oaxaca después de horas por un camino lleno de curvas, nos metimos al primer hotel que vimos. Era fácil quedarse dormido, estábamos agotados, me tiré vestida en la cama.

En la mañana, temprano, Octavio golpeó nuestra puerta con desesperación. "Salgan rápido", gritaba. Ya en la calle, le preguntamos: "¿Qué pasa?". "Era un Hotel de Paso." Tomamos un taxi para ir al aeropuerto y buscar boletos. Dick Hesketh debe de estar furioso, pensé, media imprenta estamos aquí. La gente nos miraba con desconfianza, éramos unos hippies. Al llegar a México, cada uno a su casa. Ascen estaba viviendo con Martha en la Unidad Independencia.

Yo fui la designada para dar la cara en la oficina, de modo que después de un baño y una manita de gato, me lancé al ruedo. Hesketh estaba muy enojado, pero no me trató mal, eso sí, dijo: "No vuelvan a salir juntos de vacaciones".

En aquella época, mis mejores amigos eran Maricarmen y su hermano Roberto. A Maricarmen la había conocido en la parada del autobús en Plaza Satélite, ella vivía en Arboledas y yo en Jacarandas. La espera se hacía más corta con la plática, y, así, empezamos a hacer planes para los fines de semana.

Nos invitaron a un "*Rally* del tesoro", si mal no recuerdo, los empleados de Du Pont. Roberto nos animó y como a todo lo que fuera diversión la respuesta era sí, nos pusimos los tres a preparar lo que nos pedían en las instrucciones: una sábana, unas sandalias, globos e infinidad de cosas que no nos decían nada, pero que a lo largo del Rally fueron conformando el rompecabezas.

Decidimos también llevar una enciclopedia, planos de la ciudad, una máquina de escribir portátil y toda clase de libros para consulta que acomodamos en la parte posterior del vocho.

El punto de partida fue Arboledas. Nos entregaron un pequeño papel con una frase, la cual debía ayudarnos a identificar el lugar de la meta. Si el mundo se ponía negro y después de consultar nuestra biblioteca ambulante y de exprimir nuestros cerebros no teníamos ni idea del lugar a donde llegar, debíamos romper un diminuto bolillo, el cual tenía dentro la dirección, claro que esto suponía pérdida de puntos. No nada más contaba el tiempo de llegada, también el haber conseguido las más dispares cosas que nos pedían en cada etapa, desde una margarita de tequila en un jarrito de barro, pasando por aceitunas negras, servilletas de cafeterías, boletos de camiones, caracoles, frutas e infinidad de cosas. A veces la frase para adivinar la meta era una leyenda en la base de una estatua. Primero había que saber quién dijo aquello y después dónde estaba la dichosa estatua. La verdad era que Roberto sabía muchísimo, él estaba a cargo de nuestra biblioteca, Maricarmen era la secretaria, todas las repuestas debían ir a máquina, y yo era el piloto.

La clave de una de las metas era: "Dios no existe", y había un brochazo de pintura en el papel. Esta fue fácil, el mural de Diego Rivera en el Hotel del Prado, frente a la Alameda Central. Uno de los integrantes del equipo tenía que llegar hasta el mural en la recepción vestido de romano para recibir las instrucciones para la siguiente meta. Ya supimos para qué era la sábana y las sandalias, la corona de laurel la improvisamos con ramas de la Alameda.

Era domingo, lo cual facilitaba nuestros movimientos, eso sí, fuimos la diversión de turistas y defeños al vernos llegar, no solamente a nosotros sino a los otros participantes del *rally* con aquellos improvisados disfraces y corriendo como locos. El tiempo se acababa y lo tomamos muy en serio, no era un juego.

Es imposible creer, en estos tiempos, con el tráfico intenso que sufrimos, aún en domingo, que esta locura fuera un hecho. Recorrimos la ciudad desde Arboledas hasta Xochimilco, pasando por el Bosque de Chapultepec, recorriendo Insurgentes y el Centro Histórico. A la última meta debíamos llegar con el coche adornado, los globos fueron otra pieza del rompecabezas. Finalizamos en un alegre día de campo donde compartimos comida y anécdotas.

Tiempo después, nos invitaron a un rally organizado por una constructora. El equipo lo formamos la familia Antuna y nosotros. Éramos un equipazo, no necesitábamos enciclopedia. Y, para nuestra sorpresa, ganamos el *rally*, pero el jurado consideró que no teníamos derecho al premio pues no éramos empleados de la constructora, esa regla no estaba escrita, pero era inútil pelear. Y para quitarnos el mal sabor de boca decidimos organizar nosotros uno.

Nos reuníamos los domingos en la tarde. Había que planear las metas, las preguntas, y conseguir a los participantes, era divertidísimo, no queríamos hacerlo muy difícil, pero se nos pasó la mano, fueron muy fáciles y los competidores muy listos. Hubo algunos amigos que nos criticaron: "¿Qué les pasa?, esos son juegos de adolescentes". Y yo pienso: qué bueno que teníamos alma joven.

Unas calles antes de llegar al Palacio de Hierro de Durango, Maricarmen y yo nos dimos cuenta de que otro vocho trataba de alcanzarnos, dos guapos nos hacían toda clase de señas, querían ligarnos. Tan pronto los veíamos por la derecha, aparecían por la izquierda.

Al llegar, nos metimos directamente al estacionamiento y, por arte de magia, aparecieron detrás de nosotras. De inmediato nos abordaron invitándonos a tomar un café en Sanborns, las compras podían esperar.

El más platicador era Felix, se veía interesado en Maricarmen. Después supe que le gustaban las chicas con abundante melena. Maricarmen era muy atractiva y moderna. Yo traía un corte de pelo a la Mia Farrow, muy corto, aretes pequeños y una gabardina que Ascen, mi hermana, me había traído de Paris. Tiempo después, Sergio me comentó que cuando nos iban persiguiendo, le dijo a Felix: "Párale, va con su novio".

Felix llevaba la batuta, Sergio casi no hablaba, yo me sentía chaperón, pero disfrutaba de las bromas y chistes interminables. ¡Qué divertida nos estábamos dando! "¿Saben cómo se hacen los cuadritos de azúcar?", preguntó Felix. Ahí empezó la historia más larga jamás contada: había una banda larga que transportaba unos moldes diminutos que pasaban debajo de unos surtidores que los llenaban de azúcar. Más adelante, unos taponcitos que subían y bajaban con toda precisión presionaban los moldes de azúcar. Al final de la banda, caían en una gran caja, convertidos en fina azúcar. El empleado, desesperado, se jalaba los cabellos.

"No puede ser", gritaba. Pero era persistente y, cual Ciro Peraloca, comenzó a pensar en otra técnica. "Le pondré un poco de agua a los moldes". Al llegar al final del recorrido de la banda, lo que cayó en la caja fue azúcar húmeda. No se daba por vencido. Colocó un sistema de calor, con la esperanza de que el azúcar de los moldes, al calentarse, se fusionara y así obtener los cuadritos tan deseados. Pero el resultado fue azúcar tibia, y así durante horas. Felix fue prolongando el cuento con gran habilidad. Yo lloraba de risa. "Felix", le dije, "es hora de volver a casa, tienes que acabar la historia." Empezó de nuevo el recorrido por la banda y, al llegar los moldes al final, Ciro repitió: "Háganse cuadritos, háganse cuadritos, háganse cuadritos", y finalmente tuvo cuadritos de azúcar. No puedo creer que cosas tan simples y hasta tontas nos tuvieran tan divertidas. Las cenicientas teníamos hora de llegada a casa, primero fuimos a dejar a Maricarmen a Arboledas, al llegar, Sergio se pasó a mi coche y al llegar a mi casa me pidió mi teléfono. "Para qué lo quieres", le dije. "Para llamarte", contestó. Yo todavía me sentía chaperón. Maricarmen y Felix no volvieron a salir, Sergio y yo comenzamos nuestro noviazgo.

No veía a Sergio como mi futuro, aunque era guapo y alto, decidí vivir solo en presente. Poco a poco descubrí que era inteligente, buen conversador, siempre sabía qué hacer y a dónde ir, cualidades importantes para disfrutar el presente. Ya que cargaba demasiadas responsabilidades familiares, para mí era necesario un poco de distracción, no hacía daño. El peligro era enamorarse, en ese momento no quise pensarlo.

Sergio era un universitario que no asistía a la universidad, sus hermanos le habían ayudado con los gastos, pero todo fue inútil. Su propio carácter, los amigos que elegía, la herencia de genes de la que se habla tanto en su familia, crearon un caldo de cultivo de "primero la diversión y luego la obligación". Para tener novia se necesita dinero, acababan de terminar las Olimpiadas y él había trabajado en el Estadio Olímpico. Tuve la oportunidad de visitar este increíble recinto, claro, sin atletas ni público, no por ello menos impresionante.

Sergio buscó trabajo, su papá trabajaba en *Searle*, un laboratorio médico y lo ayudó. En *Schering Plough*, otro laboratorio, comenzó su carrera laboral como visitador médico. En esa época él no tenía coche, yo lo recogía, íbamos al cine, a merendar, siempre había algo que hacer. Una noche, de regreso a mi casa en Jacarandas, circulaba por un Periférico recién estrenado, casi sin coches, eran como las 11 de la noche. A la altura del puente deprimido de Lomas, un Volswagen me dio un cerrón. Lo primero que pensé: va tomado. Era una pareja, parecía discutir, me cambié al carril izquierdo y los rebasé. Continué tranquila mi camino por la recta de Naucalpan, de repente, unas luces intensas aparecieron tras de mí, el vw había apagado los faros por un trecho hasta alcanzarme. Si yo aceleraba, el aceleraba, era claro que me quería asustar, a veces apagaba de nuevo las luces y lo perdía, pensé en pararme en la gasolinera de Satélite y pedir ayuda, pero decidí seguir. Ya cerca del puente de Santa Mónica frené para subir. Cuando aparecieron de nuevo los faros aterradores, aceleré sobre el periférico, el vw me alcanzó, me golpeó de lado y frenó unos metros adelante. No había ni un alma, un hotel de paso a unos metros pero el vw en medio. Rápidamente di vuelta en U y, en sentido contrario, alcancé el puente de Santa Mónica, ya no me siguió. Llegué a mi casa, las piernas me temblaban, me descalcé y subí las escaleras hasta mi recámara. Nerviosa y cansada quedé dormida de inmediato.

A la mañana siguiente el susto seguía, no tenía fuerzas para manejar, llamé a Sergio y le conté. "Tranquila", me dijo, "puedes manejar despacio, ve a casa de tu hermana, yo te alcanzo en un rato." Hacía poco que Ascen había regresado de estudiar en Inglaterra. Pude manejar con tranquilidad, además de no ser hora pico, en aquellos años el tráfico en el Periférico era otro mundo. La ruta era de un extremo a otro de la ciudad. No tardó en llegar Sergio. Lo primero que hizo fue llevar mi coche a pulir el rayón, me reporté a la oficina sin dar muchas explicaciones y ofrecí asistir al día siguiente.

Sergio sugirió que, en ocasiones similares, usara un saco y sombrero de hombre. Creo que no lo hice, tampoco tuve otro percance.

En 1969, viví a través de la TV un evento que, aunque parecía de película, fue real. El 20 de julio todos los hogares del mundo con TV estaban conectados, fue tan emocionante. El Apolo 11, una misión espacial tripulada cuyo objetivo era lograr que un ser humano caminara en la superficie de la Luna, estaba a cargo del comandante Neil Amstrong, quien dio los pasos que hicieron historia. La misión está considerada como uno de los momentos más significativos de la humanidad y de la tecnología.

La vida continuaba y yo la disfrutaba, no había

cabida para nadie en nuestro pequeño mundo, hasta que un día Sergio me propuso ir a Acapulco. La idea era ir con algunos de sus amigos: Lalo, Felix, Fernando Islas y El Ratón, no los conocía, pero de inmediato me sentí cómoda, ellos también. Tiempo después, Sergio me contó que sus amigos pensaron que su invitada sería una "piruja", y fue todo lo contrario, estaban encantados. Yo era adelantada para mi época, ayudaba el hecho de que no era necesario dar demasiadas explicaciones en casa, claro, había algunas mentirillas, mis acompañantes de viaje siempre eran las amigas que ya conocían.

Así, sin darme cuenta, pasaron dos años. Era feliz, estaba enamorada, muy enamorada. En mi casa, supongo, imaginaban que tenía novio, pero no hacían preguntas. A veces necesitaba llamar a Sergio a su casa, con frecuencia me contestaba su mamá, siempre muy amable, supongo que su curiosidad por conocerme era grande. Se acercaba Navidad, había ido de compras con Sergio y necesitábamos las medidas de su papá, queríamos regalarle una camisa. Llamó desde una caseta y, después de pedir la información, su mamá pregunto si estaba conmigo, pidió que me pasara la bocina. "Mi esposo juega boliche con unos amigos y mañana tenemos una cena del grupo, nos daría mucho gusto que nos acompañes." Había evitado todo contacto con las familias, el amor por Sergio lo quería en privado, sin compromisos, pero no podía ser grosera, en ese momento no aparecieron las excusas. "Gracias", contesté, "con mucho gusto."

Tenía el pelo largo, me gustaba usarlo en un moño muy español bajo la nuca. Un vestido corto estampado, de manga larga, complementaba mi atuendo. No estaba nerviosa, sería yo misma. De golpe conocí a gran parte de la familia: Ana y Rodolfo, los papás, Vicky, su hermana, Roberto y Lupe, hermano y cuñada de Don Rodolfo. Disfruté la cena y la convivencia, sentí conocerlos de siempre. Caí con el pie derecho, la simpatía fue mutua. Pensé que la relación no duraría mucho, Sergio se iría en enero a Guadalajara por motivos de trabajo, no teníamos planes de formalizar nuestra relación y amores de lejos...

Habíamos planeado viajar después de Navidad a Yucatán, para mí era una despedida, aunque no quería hablarlo todavía, era mejor disfrutar el viaje. Salimos de México en el VW hacia Veracruz, nos turnábamos manejando, él tres horas, yo dos. Catemaco fue nuestro primer destino, un paseo en lancha en la laguna. Todavía conservo la foto con mi camiseta deslavada y la flor que el lanchero convirtió en collar. Después Palenque, mi primera visita a esta paradisíaca ciudad maya. Creo que, a partir de entonces, desarrollé esta pasión por la historia y la arqueología de México. Siguió Villahermosa, era maravilloso descubrir este nuevo México, dar de comer a los changos en el parque La Venta, sentir la exuberante vegetación, las esculturas olmecas, todo era nuevo para mí. También pasamos una noche en Coatzacoalcos. Juan Manuel, uno de los mejores amigos de Sergio, trabajaba en Pemex, no pude verlo, algo me hizo daño y me obligó a quedarme en el hotel.

Las carreteras eran buenas, con frecuencia junto al mar, a veces encontrábamos parvadas de flamingos rosas, el camino era parte del placer del viaje. Llegamos a Mérida la víspera de fin de año, no conseguíamos alojamiento, pasamos la noche en un hotel de muerte, pero ya nos habían prometido espacio en el Hotel Mérida, el mejor en aquel tiempo.

Empezamos a planear dónde despedir el año. Sergio llamó a varios restaurantes, necesitábamos que nos permitieran llevar una botella de champagne de la Viuda de Clicquot que yo me había robado de mi casa. Al fin dimos con uno, era un lugar elegante. Junto a nosotros, una familia numerosa celebraba con mucho entusiasmo. Al sonar las 12 campanadas se abrazaron entre ellos y después se acercaron a felicitarnos hablándonos en inglés. Tal vez mi atuendo, un vestido blanco de bolillo, creó la confusión. El champagne hizo su efecto, yo estaba eufórica, fue una noche inolvidable, ya había comenzado el nuevo año, 1971.

Visitamos Chichen Itza, Uxmal, y continuamos nuestro viaje rumbo a Isla Mujeres. Era zona libre, podías comprar perfumes europeos, cubiertos americanos e infinidad de productos difíciles de conseguir en la ciudad de México. Era una isla sin urbanización, las calles de arena, los hoteles rústicos, en las playas encontrabas caracoles gigantes, los utilizaban para hacer bardas, yo me traje uno que lució mucho tiempo en mi baño, probablemente se perdió en alguna mudanza. Tanto para llegar como para salir de la isla lo hacíamos en lanchón, coches, autobuses y personas.

Se acababan nuestras vacaciones, teníamos un día para viajar desde Ciudad del Carmen hasta el DF, 1,200 kilómetros. Salimos a las 6 de la mañana, alternando nuestro 3-2 al manejar. Cuando llegamos a Alvarado, Veracruz, paramos en un restaurante en la carretera, teníamos hambre. El mesero nos saludó con la alegría característica de los jarochos, el lenguaje adornado de picardías. Nos alegró el día y, por supuesto, comimos delicioso y abundante: pulpo en su tinta, frijoles con plátanos fritos, pescado frito, arroz. Ya con el estómago lleno y el corazón contento emprendimos el último tramo de nuestro viaje. Mi coche esperaba en la alberca olímpica, junto a la imprenta donde trabajaba. Llegamos cerca de las 12 de la noche, brindamos con una copa de vino y nos despedimos. Ya había hablado con Sergio. "Te deseo mucha suerte en tu nueva vida en Guadalajara, los dos somos libres de salir con otras personas."

Regresó el día a día, trabajar, ver amigas, todo espontáneo, nada planeado. Otro 12 de enero, mi cumpleaños, por lo pronto, en el trabajo. Regresaba del banco y Carmen, una compañera, me esperaba fuera de la oficina. "Cierra los ojos", me dijo. Llevada de su mano entré y, cuando me dio permiso, abrí los ojos. Un enorme ramo de rosas rojas ocupaba todo mi escritorio. Una diminuta tarjeta me trasmitía la felicitación de Sergio. Todavía me recuerda, pensé. Mi cerebro decía una cosa, mi corazón sentía otra.

Empezó a llamarme con frecuencia. "Ven para el 14 de febrero, yo no puedo ir", y fui. Celebramos en un bello y romántico restaurante, las notas de un bandoneón adormecían mi cerebro y entusiasmaban mi corazón. Me pidió que nos casáramos, me extrañaba. Acepté, mi corazón ganó.

A partir de ese momento empezamos a hacer planes, pensábamos casarnos en diciembre, aprovecharíamos las vacaciones y tendríamos tiempo para ahorrar, eso era lo que yo pensaba, para Sergio esa palabra no existía, él vivía el hoy, mañana quién sabe. Era necesario presentarlo a mis tíos, lo hice en el primer viaje en que vino a México; reconozco que tenía encanto, le era fácil ganarse a la gente.

Yo había estado ahorrando para hacer un viaje a España, no veía a mi familia desde hacía más de 14 años. Además, Ascen, desde que se casó con John, vivía en Alemania. Sergio sabía de mis planes. "Quiero que hagas el viaje", dijo, "es muy difícil que yo pueda hacerlo contigo, por un lado el tiempo y por otro el dinero." Comencé a planearlo, julio y agosto fueron los meses elegidos.

Frecuentemente visitaba a mis tíos Alberto y Mercedes, vivían en Tecamachalco, generalmente llegaba a merendar. Teníamos mucha comunicación, eran mi ejemplo de familia. Les encantó mi plan de viajar a Europa, me pidieron que llevara a Meche, su hija mayor, de 18 años. Me gustó la idea, una chica joven, preparada, buenos ingredientes para el viaje. Volamos por Aeroméxico a Miami, de ahí a Nassau y por Icelandic Airlines a Luxemburgo, esta era una aerolínea no afiliada a la IATA, por lo que pudimos conseguir un vuelo muy barato, éramos jóvenes, no importaba hacer tantas conexiones. Los movimientos dentro de Europa los haríamos en *Eurailpass*, pagabas por cuatro o seis semanas y podías viajar en tren todo el tiempo sin ninguna limitación, tan sólo era necesario tener la información de los itinerarios de trenes.

No teníamos un plan fijo de viaje ni reservaciones. Ascen me había recomendado que al llegar a cada ciudad pidiéramos en la estación información de pensiones. Podíamos ver la habitación, si nos gustaba, bien, si no, pedíamos ver otra, generalmente nos acompañaba alguna persona que por una propina nos daba el servicio. Luxemburgo es un pequeño principado en el centro de Europa, parece una ciudad de cuento, todos los edificios conservan un estilo antiguo perfectamente conservado. Casi de inmediato salimos para Londres. Martha Compean me había recomendado con Jesús, un amigo de ella que tenía una novia china. Él nos consiguió alojamiento en una casa victoriana donde se alojaban estudiantes chinos. En nuestra habitación había siete pequeños catres, en la madrugada de la primera noche, entraron sigilosamente varias personas, no hicieron ruido y yo retomé el sueño de inmediato. Al fondo del pasillo había una serie de regaderas que siempre vi vacías.

En la mañana bajamos a desayunar huevos fritos con tocino, el clásico desayuno inglés. Lo sorprendente fue ver que los cocineros, también chinos, tenían ollas muy grandes llenas de aceite donde aventaban los huevos, que se sumergían cual clavadistas y emergían a la superficie ya fritos. Jesús pasó por nosotras para acompañarnos en el recorrido por la ciudad. Era mi primer viaje a Londres, y tal vez el último, un fuerte catarro apareció poniéndome piedras en el camino. Ahora, después de tantos años, sé que enfermarte en un viaje es uno de los peores inconvenientes.

Una noche fuimos al teatro, THERE'S A GIRL IN MY SOUP, pero yo no hablaba inglés, era como ver una película muda. Con Jesús hablábamos en español y, cuando íbamos solas, Meche era la interprete. Durante una semana tuvimos la oportunidad de caminar por sus milenarias calles admirando los impresionantes testigos de la historia; visitamos el museo Británico, con su impresionante colección egipcia; The National Galery y sus maravillosas colecciones, el Palacio de Buckigham, donde presenciamos el cambio de guardia; me sentí diminuta junto al Big Ben; el Palacio Westminster, sede del Parlamento; Piccadilly Circus, la más cosmopolita plaza de Londres; tampoco faltó el relax en Hyde Park. Mi cámara de rollo atrapó muchos de estos momentos convirtiendolos en transparencias.

Visitamos las ciudades de Oxford y Cambrige, sedes universitarias, con sus edificios centenarios de ladrillo rojo que contrastan con sus prados siempre verdes; estudiar en un espacio así es un privilegio, no nada más por la calidad académica sino por la convivencia en espacios tan relajantes.

Viajamos a Paris, parte en tren y parte en transbordador. Qué ciudad más bella, amplias avenidas, edificios señoriales neoclásicos, nacidos en el siglo XIX. Nos hospedamos en un pequeño hotel cerca de la Plaza de la Concordia, Hotel St.Romain, con un elevador de hierro forjado y la habitación llena de tapetes. Prácticamente nos movíamos por toda la ciudad caminando, era la mejor forma de disfrutar y conocer. Meche sugirió ir al restaurante "Cero en conducta", comimos delicioso. Tampoco faltaron las crepas "Grand Marnier", que una parisina cocinaba en un pequeño anafre en la banqueta. La comida era barata, yo tenía un presupuesto diario de 10 dólares para alojamiento, comida y salidas, eventualmente contaba los días que restaban de viaje y apartaba lo necesario, el sobrante lo utilizaba para compras. No tenía tarjeta de crédito, todo era en efectivo, había comprado cheques de viajero por 820 dólares para los dos meses y todavía me sobró algo.

Nos sentamos en una banca en *Champs Elysees* para cargar pilas, traté de conocer más a Meche preguntando, averiguando sus gustos. Me cayó un balde de agua fría. "No me preguntes nada, yo no quería venir, mis papas me obligaron." A partir de ese momento la convivencia fue difícil, yo tenía que decidir qué hacer y a dónde ir, ella se negaba a opinar. Al llegar a un museo fijábamos la hora de salida y cada quién lo visitaba por separado. No era fácil, pero me propuse no desperdiciar esta oportunidad. Aprendí que no se debe hacer un viaje largo con alguien sin antes haber hecho uno corto, por lo menos un fin de semana. En ese momento no veía viajes en mi futuro, pero la vida da muchas vueltas y he tenido oportunidad de conocer y disfrutar maravillosos lugares.

Paris me sedujo, sus avenidas, su arquitectura. Estuvimos una semana y la aprovechamos bien, la torre Eiffel, recuerdo de la feria internacional de 1889, Notre Dame, el Panteón, la Basílica del Sagrado Corazón, paseos por el Sena en una "vedettes". Fuimos a Versalles en tren y pasamos todo un día disfrutando del palacio y sus inigualables jardines.

Los parisinos no eran muy amables, ha de ser cansado contestar siempre las mismas preguntas, tratar con gente tan diferente, supongo que no creen que el turismo sea un importante ingreso para su país. En la taquilla del museo de Louvre pregunté dónde encontrar un mapa del museo, la mujer empezó a vociferar, lógicamente en francés, y yo, también en voz alta, dije: "Pobre, su marido no llegó a casa anoche".

Nuestro siguiente destino: España. Comenzamos

a usar el boleto de Eurailpass, cubría nuestros recorridos desde el 21 de julio de 1971 hasta el 20 de agosto del mismo año. Esperaba ansiosa volver a La Rioja y ver a mis tíos y primos, habían pasado 14 años desde que emigré a México. Primero llegamos a Madrid, donde nos reunimos con Alberto, hermano de Meche. Nos hospedamos en casa de la Sra Dolores, amiga de mis papás, quien rentaba habitaciones. Recuerdo que cuando nos despedimos y preguntamos por el costo, Alberto dijo: "Está regalado, hay que pagarle más", y lo hicimos.

Con Alberto visitamos Toledo y El Escorial, tengo una foto en donde estamos los tres caminando, en esa época los fotógrafos te plasmaban sin que te dieras cuenta y después te vendían el recuerdo, no tengo idea de cómo lo lograban, cómo imprimían antes de que desaparecieras; desde luego no había tanta gente como actualmente en los lugares turísticos. La imagen refleja la moda de aquella época y la actitud de las personas, yo con pantalones acampanados, Alberto de pelo largo, Meche como colegiala con calcetas y zapatos escolares. Un día, visitando tiendas en Madrid, Alberto me pidió que la animara a comprarse ropa, entraba y salía del vestidor a la velocidad del rayo y no compraba nada, no parecía una chica de 18 años.

En esta ocasión, como en todas en las que he pasado por Madrid a lo largo de los años, mi visita preferida ha sido el parque del Retiro y especialmente el estanque, allí me llevaba papá cuando yo apenas tenía 7 años. Recordar es volver a vivir. Otros muchos lugares fueron nuevos para mí, o por lo menos si los conocí alguna vez, no los recordaba.

Partimos en tren para Logroño. Esther, mi prima, estaba en el hospital, acababa de nacer su hijo Carlos. Su suegra nos atendió de maravilla, nunca ni el más leve gesto de que fuéramos inoportunas. Cuando Esther y José se casaron formaron una familia grande, Irene, mi prima, ciega desde su infancia, y Hermenegildo, su padre, vivían con ellos. Siempre he dicho que José es un santo, comenzar una familia con el suegro y la cuñada no ha de ser fácil.

Arnedillo, a unos 50 kilómetros de Logroño, es el lugar de origen de la familia; durante cuántos veranos de mi adolescencia fue testigo de mis callados sentimientos por la ausencia de papá. Nos quedamos en casa de tío Paco y tía Isabel, él era hermano de mi papá. No habían cambiado nada, así los veía yo. Tía Isabel vestida de negro con ese porte altivo tan señorial, tío Paco con su dulce sonrisa. Fueron los más prolíficos de la familia, 6 hijos, vivían 5. Los primos organizaron una comida en la bodega de Chelín, fue algo memorable, todavía me saboreo el conejo al vino tinto, platones de espárragos blancos, de su propia cosecha, lechugas, jitomates aderezados con aceite de oliva, ensaladas de atún, jamón serrano, chorizos y chuletas de cordero asadas sobre sarmientos. Era imposible comer tanto, yo me paraba y le daba vueltas a la mesa con la esperanza de hacer más espacio en mi estómago.

Cuando dimos por terminada la comida, Chelín nos llevó en su coche a visitar a Isabelita, quién vivía, ya casada, en Grávalos. Ya en el pueblo, cerca de su casa, Chelín se estacionó. Las calles, angostas y accidentadas, no habían sido diseñadas para tan modernos transportes; un chaval, apostado en la entrada de la calle, gritó: "¡Ya llegaron, pongan las chuletas!". No puede ser, no puedo comer nada más. Isabelita nos recibió con su sonrisa hospitalaria. Después de abrazarla, le dije: "Por favor, no puedo comer más, pero me harías feliz si me preparas un paquete con jamón, chorizo y queso". Al día siguiente salíamos para Barcelona, sería nuestra comida en el tren.

En Barcelona nos quedamos en casa de Basilio, familia de amigos de tía Isabel, de Boimanco, pueblito cerca de Soria, a quienes había visitado de niña. Fuimos al zoológico, queríamos conocer a "Copito de Nieve", el orangután albino. Tío Gabriel hablaba mucho de la maravillosa fuente en Montjuic. Me conformé con verla en una postal, no estaba funcionando. Fue muchos años después, en mi tercer viaje a Barcelona, cuando pude disfrutarla en todo su esplendor, no había exagerado tío Gabriel. El conjunto de fuentes estaba distribuido en las escalinatas del castillo de Montjuic, bailaban al compás de la música cambiando de color con la armonía.

Basilio y su familia nos trataron muy bien, eran personas sencillas, de pueblo, pero con un corazón grande, sus hijos habían encontrado trabajo, eran migrantes dentro de su país.

Acostumbrada a las maravillosas playas mexicanas, Niza no me gustó. En mi intento por llegar al mar, no caminé, gateé sobre las piedras que, implacables, se hundían a mis pies, esto no era para mí. Decidimos continuar a Venezia. Viajamos durante la noche y, al llegar a la estación, tomamos una góndola comunitaria que nos llevó a la plaza San Marcos. Caminamos todo el día disfrutando las enredadas callejuelas, los puentes sobre los canales, los palacios, tal vez suntuosos por dentro pero deteriorados por el clima y el tiempo por fuera. Era como trasladarse a otro siglo. No he regresado, pero tal vez con una cartera de adulto mi experiencia sería diferente.

En la Plaza San Marcos, un vendedor ambulante mostraba un muñequito al que hacía rodar por una rampa sobre una pequeña mesa, cuando se deslizaba se escuchaba una melodía. Me gustó y lo compré. En la bolsa de plástico, además del muñequito, venía una hoja con las instrucciones de uso y una pequeña pieza de hoja de lata que debía ponerse debajo de la lengua y soplar. Nunca lo logré. Todavía conservo el testimonio de mi ingenuo proceder.

Esa noche dormimos nuevamente en el tren, rumbo a Roma, donde nos hospedamos en la pensión Serena, en la Vía Príncipe Amadeo.

Aprovechamos bien la semana, Meche participaba más, no faltó iglesia importante que no visitáramos, en algún momento me sentí saturada por ver tantas esculturas. Comíamos en cafeterías *self service*. Ella comía poco, no tomaba vino, tan sólo Coca Cola, yo devoraba lo mío y lo que ella dejaba. Pienso que este viaje, cuyo principal objetivo era reencontrarme con mi familia en España, abrió en mí el gusto por la cultura. A partir de entonces comencé a leer, visitar museos en México y todo lo que alimentara mi espíritu. La fuente de Trevi me desilusionó, es la fachada de una casa, yo había imaginado verla en el centro de una gran plaza. De todas formas lancé mi moneda y mi deseo se cumplió, muchos años después, regresé.

De Roma viajamos a Florencia, sentí que podría vivir en esa ciudad, no era tan grande y la oferta cultural era inmensa, tanto en museos como en las plazas y calles. El David de Miguel Ángel estaba reproducido en la fachada del *Palazzo Vecchio*, en la Plaza de la *Signoria* y en la Plaza *Michelangelo*, situada en una colina al otro lado del Arno y afortunadamente muy cerca de la pensión donde nos hospedábamos. Por supuesto que vimos el original en la Galería de la Academia. Una tarde, sentada en *Ponte Vecchio*, disfruté del más bello atardecer que recuerdo, el sol, en su retirada, iluminaba el río Arno, pintando el agua con dorados y rojos intensos. Después de cenar en una típica pizzería, caminamos hacia la plaza de la *Signoria*, los acordes de una sinfónica nos iban guiando. "Si a tu ventana llega una paloma", melodía adoptada por México que me puso la piel chinita, fueron los primeros síntomas de mi mexicanidad.

En Florencia tomamos el tren a Interlaken, nos quedamos un par de días en un albergue para estudiantes, el aspecto de la pequeña población, en la zona de los Alpes suizos, era totalmente diferente a lo que habíamos visitado hasta entonces. Las casas blancas con balcones rebosantes de flores multicolores, todo tan limpio, parecía una ciudad recién construida, no se veía gente joven por las calles, el bullicio italiano y español había quedado atrás. Los montes Eiger, Mönch y Jungfrau, con su manto siempre blanco, fueron un indescriptible placer que nos regaló la naturaleza.

Continuamos nuestro viaje rumbo a Hamelin, en el norte de Alemania. Ascen y John, vivían en las afueras de la pequeña ciudad, famosa por la leyenda del flautista quién los libró de una plaga de ratones. Su casa estaba situada junto a un precioso castillo rodeado de bosques, que disfruté caminando por sus senderos. Ascen me advirtió: "No te asustes, seguramente encontrarás ciervos, y no te salgas del camino, podrías perderte". Era un lugar paradisiaco, la casa acogedora, además Ascen lucia feliz esperando a su primer hijo. Para mí fue tranquilizante saber que estaba bien, que John era un buen esposo. Después de la Segunda Guerra Mundial, Estados Unidos, Inglaterra, Francia y Belgica tenían bases en Alemania, John trabajaba para la Armada Británica, esa era la razón por la que vivían ahí. Una mañana fuimos a tomar el té a casa del Coronel de la base. La esposa nos la mostró, orgullosa. Mentalmente comparé con algo similar en México y me pareció pequeña y sencilla, las viviendas en Europa generalmente son muy reducidas. También fuimos a conocer Hamelin, era como hojear un libro de cuentos, casi todas las tiendas exhibian en sus aparadores replicas de los famosos ratones de la leyenda que popularizaron los hermanos Grimm, felíz, compré una reproducción en pan.

Nuestro tiempo se acababa, Ascen y John nos acompañaron a Hannover, en donde tomamos el tren para Luxemburgo y allí, el vuelo de regreso a México. Teníamos la opción, por un pequeño pago equivalente a 500 pesos, de quedarnos un par de días en Nassau, era una promoción del casino, pero a estas alturas yo ya quería llegar a casa y descansar de Meche.

El avión de AirBahamas iba casi vacío, podíamos usar tres lugares y dormir cómodamente. La comida era excelente, y algo que me impresionó fue la belleza de las azafatas, unas rubias, otras morenas, todas muy altas, parecían modelos.

Al fin llegamos al DF, tío Alberto y tía Ofelia nos esperaban en el aeropuerto. Después de los habituales trámites de inmigración y aduana, vinieron los abrazos de bienvenida y, cuál fue mi sorpresa, al instalarnos en el coche y escuchar a Meche. Parecía querer contar todo lo acontecido en el viaje en un instante, su entusiasmo era sorprendente. Me pregunté por qué me privó de una parte de esa alegría durante el viaje. Era muy joven. Años después la invité a desayunar en casa y disfruté tanto de su conversación que parecía estar con otra persona.

MI NUEVA VIDA

Ya de vuelta a la realidad: trabajar en los preparativos de la boda; como Sergio estaba en Guadalajara, me tocaba encargarme de todo. En mi paso por España, me puse al tanto de la moda en vestidos de novia, lo último era la organza bordada, busqué un modelo en los patrones McCall's y no tuve problemas, conocía mi cuerpo muy bien, ¡tantos años haciendo mi ropa!, el vestido de boda era como mi examen profesional, además, suponía un buen ahorro.

Había que buscar iglesia, me gustó La Preciosa Sangre de Cristo, en Naucalpan, parecía de pueblito, pequeña pero acogedora. Sergio puso el grito en el cielo. Bueno, buscaré una que seguro te va a gustar y también te va a costar. El exconvento de San Diego en Churubusco, con su bellísimo altar barroco, fue mi elección. La reservación y pago debía hacerse en la parroquia de San Juan Bautista. Cuál fue mi sorpresa cuando me informaron que, de acuerdo a la nueva orden del obispo, el costo para estas celebraciones era de $500 en todas las iglesias de Coyoacán. Era un regalo, la mayoría de las iglesias de ese nivel cobraban $2,500 o más. La reservación quedó hecha para el 21 de diciembre de 1971 a las

7:30PM, incluía flores en el presbiterio, alfombra hasta la puerta, iluminación completa, recibirniento y fervorín, además de órgano y dos violines.

Como la boda no sería en Atizapán de Zaragoza, era necesario pedir una dispensa en la Parroquia de Nuestra Señora del Perpetúo Socorro, en el fraccionamiento Jacarandas, donde yo vivía. El párroco nos citó a las cuatro de la tarde, además de nosotros dos, debían presentarse los papas de Sergio y mis tíos. Sergio y yo nos adelantamos para confirmar que ya estuviera el párroco, la iglesia estaba a tan sólo a una cuadra. "No está el padre", nos dijo una señorita en la oficina, "pero si quieren pueden ir a buscarlo, vive a un par de calles." Efectivamente, era cerca; tocamos el timbre y, por una ventana, apareció una mujer con el cabello envuelto en una toalla. "Tenemos cita con el padre, a las cuatro", dijimos. Desapareció un momento y regresó con la respuesta: "Que lo esperen en la iglesia, ya va para allá".

Ya con los papas de Sergio y mis tíos, esperamos al cura. Llegó corriendo, muy bañado y oliendo a loción barata. "¿Dónde están los papeles?", y firmó rápidamente sin hacer comentarios.

Al mismo tiempo que atendía los preparativos de la boda, daba los últimos toques a mi trabajo en la oficina, puesto que me iría a vivir a Guadalajara con Sergio, cinco años en la imprenta me habían dado seguridad y experiencia. Antes de mi viaje a Europa se contrató a quién me sustituiría, de modo que mi trabajo resultaba tranquilo. En los ratos libres externaba con mis compañeras el entusiasmo por mi nueva vida, esto produjo envidias. En una ocasión, la chica que me iba a sustituir me dijo: "Ya no sigas hablando, siento muy feo al escucharte tan feliz". Un par de años después de casada, Nani, mi suegra, me contó que días antes de la boda les llegó una carta anónima en la que hablaban muy mal de mí, me acusaban de abandonar a mi padre y no recuerdo, o no quiero recordar, tantas otras mentiras.

Mi suegra, me apoyaba mucho, organizó ir a Guadalajara un fin de semana, nos acompañó Vicky, su hija. Disfrutamos la ciudad, turisteamos en Tlaquepaque y fuimos al lago de Chapala, era obligado pasear en lancha, y fue allí que, sorpresivamente, Vicky nos anunció que en esos momentos Miguel Ángel, su novio, estaba comiendo con Don Rodolfo, informándole de los planes de boda para el siguiente año. Nani se quedó sin habla, Vicky y Miguel Ángel tenían varios años de novios, empezaron de adolescentes, y por supuesto que todos en la familia deseaban verlos casados, pero la sorpresa arriba de la lancha le cayó de golpe. Las bromas no se hicieron esperar.

No nada más hice mis vestidos de boda: el del civil y el de la iglesia; también el de tía Isabel y el de mi gran amiga Maricarmen, ella sería una de las damas. Nani me dijo: "Me habló Elsa, mi nuera, que pasó a tu casa a dejar un regalo y vio tu vestido. 'Sí es cierto que Paulina se está haciendo su propio vestido', me dijo, sorprendida".

Tía Isabel me dio: $5,000 pesos para los gastos de la fiesta, tía Ofelia ofreció hacerme unos rollos de pollo que aprendí a hacer y, a la fecha, hago cuando tengo invitados. Alquilé mesas, sillas y lona, todo lucía muy bien en el jardín junto a la casa. No faltaron los vinos y la sidra y el pastel de tres pisos, como era costumbre.

Para aprovechar al máximo los días de vacaciones de Sergio, el lunes 20 fue la boda civil. La juez vendría a casa a las 7:00PM. Pasó media hora y empecé a inquietarme, pasó una hora y no llegaba. La mamá de Maricarmen tenía amistad con un coronel de Tlalnepantla, lo llamó y sugirió que fuéramos a la Presidencia de Atizapán, él arreglaría que nos abrieran y que fuera una juez.

Con todos los invitados, nos dirigimos a Atizapán. Efectivamente, no tardaron en abrirnos, el coronel cumplió su ofrecimiento. La juez llegó media hora después, vestía una gabardina negra acharolada, se veía nerviosa, abrió un gran libro sobre la mesa y, apoyándose con ambas manos, comenzó la ceremonia. Su vista clavada en el libro y su voz interrumpida por constantes gemidos. Al terminar, y después de "los declaro marido y mujer" Sergio y yo nos abrazamos y le pregunté al oído: "¿La conocías?". La juez se acercó a nosotros y nos pidió disculpas, no tenía permiso de casarnos, trató de comunicarse con el presidente municipal, quién estaba en Toluca, sin éxito, corría el riesgo de perder su licencia.

El refrán popular dice: "en martes, ni te cases, ni te embarques". Yo he hecho ambas cosas, cuando me embarqué en Bilbao rumbo a México, lo hice en martes, y un martes 31 de diciembre me casé. Lalito, amigo de Sergio, se ofreció a manejar el enorme coche blanco que habíamos alquilado. Llegó por mí antes de los esperado, lucía increíble, un saco largo de terciopelo rojo, impresionante cabello a la afro, chaparrito pero con una gran personalidad. Di los últimos toques al velo y bajé; si en algún momento me sentí insegura con mi apariencia, después de los elogios de Lalito, volé. "Debemos darnos prisa, tenemos que cruzar toda la ciudad", dijo, "además, Sergio no me perdonaría que fuéramos impuntuales." Mis tíos viajaron con nosotros a la iglesia. Al llegar, Lalo me dijo que debía esperar dentro del coche hasta que él me avisara, obedecí, pero yo hubiera querido bajar y compartir con todos mis amigos.

El cortejo ya había entrado, las damas lucían preciosas, seguidas por Mariel y Mónica, sobrinitas de Sergio, vestidas con largos abrigos color rosa, con capucha bordeada de marabú cubriendo sus pijamas gruesos que las protegían del frio decembrino. Después de la programada espera, caminé del brazo de tío Gabriel. La iglesia, resplandeciente, enormes ramos de alcatraces a lo largo del pasillo, el altar barroco presumiendo todo su esplendor, la música, los violines, todo contribuía a la emoción: el protocolo de anillos, arras y el lazo de plata que me regaló Maricarmen. Al terminar la ceremonia, un monaguillo pasó el libro de registro que todos firmamos, novios, padrinos y testigos. Comenzaban las notas del HIMNO DE LA ALEGRÍA, que nos acompañaron en la salida del templo. Muchas caras alegres compartían nuestra felicidad, de los compañeros de la oficina tan sólo vi a Hans. Ya en el pórtico, los abrazos y felicitaciones.

Ni papá ni Ascen estuvieron presentes, las razones de su ausencia fueron diferentes. Papá vivía una época de austeridad económica, aunque su dignidad no le permitía decirlo. Envió una disculpa cortés. Para Ascen, mi boda no justificaba el gasto de un viaje. El cariño que necesitaba lo fui recibiendo con creces de mi nueva familia. Para mis suegros, fui una hija más.

Lalito estaba posicionado en su papel de chofer,

encendió todas las luces del coche, dijo querer presumir a tan guapos novios. Ya cerca de casa, antes de llegar a un autocinema frenó y nos preguntó: "¿Quieren entrar?". Sergio contestó: "Sí". Varios coches que nos seguían, pues no conocían la dirección de mi casa, también entraron y pagaron su boleto. Lalito recorrió todos los pasillos con las luces encendidas, nadie se quejó; frenó en la entrada de la cafetería y ceremoniosamente nos abrió la puerta. Iba saliendo una pareja de mayores que nos aplaudió, Sergio les dijo: "A mi esposa se le antojaron unas palomitas".

Hubo un gran recibimiento al llegar a mi casa, el jardín lucia repleto y, a pesar del calor humano, los abrigos y bufandas fueron necesarios, todos se quejaban del frío, menos yo.

Roberto, hermano de Maricarmen, se acercó a mí y dijo: "Los meseros están escondiendo las botellas de vino en los setos". "Por favor, ayúdame y encárgate de ello", le pedí. Yo bebo poco, pero ese día participé en la ronda de una enorme botella de sidra, a pico. Alguien le avisó a Sergio y rápidamente apareció, deteniendo las posibles consecuencias.

Después de partir el enorme pastel, subí a cambiarme, Nani me acompañó, me dio la bendición y me pidió hacerle una promesa. "Quiero pedirte que nunca dejes a mi hijo, vales más que él." "Sí", contesté, un poco aturdida.

Nos despedimos de todos y fuimos a pasar la noche en el hotel Casablanca, cercano a la casa de mis tíos; temprano en la mañana saldríamos para Guadalajara, felices y cargados de regalos.

El vocho iba cargado de regalos e ilusiones. Sergio había rentado una linda casita, lucía enorme, una jardinera a la entrada esperaba ser llenada de plantas. La cocina, llena de luz, con una amplia despensa; sala y comedor como pista de baile, los muebles había que elegirlos; en un segundo nivel, lo que en un futuro sería el área de TV. La recámara principal, orgullosa, tenía ya su boxspring tamaño queen, la segunda recámara daba a un patio posterior. Los closets amplios de inmediato cumplieron con su función, nuestra ropa lucía ordenada.

Al día siguiente salimos para Mazatlán, aparecía el estilo norteño, todo nuevo y práctico. El mar era de un azul espléndido, el cielo, salpicado de nubes bordeando la costa, todo un racimo de hoteles. No fue nuevo ni grato el darme cuenta de que Sergio no había ahorrado nada para nuestro viaje, de todo se haría cargo mi tarjeta de crédito. Mi historia estaba llena de carencias, la seguridad era vital para mí y Sergio no prometía dármela. Recuerdo mi viaje de bodas con dolor. ¿Aprendería a vivir así?

Cruzamos el mar de Cortés en un transbordador, viajamos durante la noche, no habíamos conseguido camarote, dormimos en cómodos sillones en cubierta. Al amanecer, llegamos a La Paz, Baja California, no sé quién la bautizó, pero su mar es lo más pacífico que he conocido. Podías caminar metros y metros y el agua no te llegaba a las rodillas. Para mí era ideal, no nado bien y le tengo gran respeto al mar, creo que algo más que respeto, miedo.

No tengo fotos del viaje, y los recuerdos son muy vagos, la naturaleza es sabia.

Al llegar a Guadalajara nos recibió una desagradable sorpresa. Los dueños de lo ajeno habían invadido la casa. La parte trasera colindaba con un terreno baldío. El espectáculo era de llorar, toda la ropa del closet amontonada sobre la cama. Se habían llevado los regalos que le había traído de Europa a Sergio, corbatas, el saco de piel. Los ladrones tenían buen gusto.

Después de esto, pusimos protección en las ventanas.

Había mucho por hacer, todo interesante, aprovechábamos los fines de semana para pasear como turistas en Tlaquepaque y Tonalá, así fuimos eligiendo nuestros muebles. El comedor de estilo colonial español surgió de una revista de decoración. Primero fue la mesa y las sillas, nos las entregaron sin el tejido del asiento, en dos de ellas poníamos una tabla y un cojín, en el resto, sólo cojín, lo que ocasionó, más de una vez, ver cómo alguno de nuestros invitados se hundía ante las carcajadas de los asistentes.

Siguió el trinchador, como la mesa y las sillas, de cedro por dentro y por fuera, actualmente los muebles son de madera por fuera y de aglomerado por dentro. Lucía padrísimo, elegante, ya cumplió 46 años y sigue como nuevo.

Yo quería colgar los cuadros que había enmarcado con litografías que compré en mi viaje a Europa, Sergio decía: "Cuando yo esté", no me tenía confianza. Pasaron las semanas y me cansé de esperar, de modo que una mañana en la que amanecí decidida e inspirada me puse manos a la obra. Cuando llegó Sergio a comer, todos los cuadros adornaban las paredes y, para mi sorpresa, dio un grito de aceptación. La cocina tomó un estilo de rancho, una mesa, dos sillas torneadas y un trastero coronado por un par de palomas, pintados de amarillo huevo, ahí desayunábamos. En una de las visitas a Tonalá descubrimos una cabecera increíble, también de cedro. Hasta la fecha me sigue gustando, necesitaría la ayuda de una foto para describirla.

Sergio pensó organizar una comida para invitar a sus compañeros de trabajo. Decidieron que cada pareja llevase un platillo, a mí me tocó hacer rajas con crema. Empezaban mis problemas, la cocina y yo no congeniábamos. Una señora me dijo cómo hacerlas. Llegado el día, dándole los últimos toques a la apariencia de la casa, Sergio me dijo: "¿Por qué no pones una de esas ridiculeces en el baño?", se trataba de una funda para la tapa del baño. Su lenguaje no siempre era motivador.

Llegó la fecha de la reunión, yo no era buena cocinera, pero sí buena anfitriona. Sergio se encargaba de las bebidas y yo de cuidar que nada faltara. Todos se conocían, la conversación fluía, junto con las botanas y bebidas. Sonó el timbre y apareció en la puerta otro invitado de apariencia conventual. Venía sólo, se disculpó por el retraso, su esposa estaba a punto de dar a luz; se quedaría unos minutos. Se sentó junto a mí, Sergio le ofreció una bebida, desde ese momento fui el objeto de su conversación. Los minutos se alargaron, comimos, elogiaron mis rajas, supongo que por atención, todos estaban muy contentos. Alguien observó que el conventual se estaba pasando de tono en la plática conmigo y rápidamente hizo el quite. Yo no entendía pero, por momentos, su lengua se trababa, ¡se le habían pasado las copas! La cosa siguió creciendo y Sergio, ayudado por un par de amigos, se lo llevó al baño y lo metió a la regadera para bajarle la borrachera. Desde la sala se escuchaban los golpes en la puerta corrediza, gritaba blasfemias, los invitados comenzaron a despedirse. Sergio me pidió que me encerrara en nuestra recámara con llave, él se quedaría a cuidarlo en la recámara de visitas, para entonces, ya comenzaba a lucir una aureola violeta junto a su ojo, producto de un incontrolable derechazo. A la mañana siguiente, y durante varios días, usó lentes oscuros.

Nos inscribimos en el club Atlas, íbamos los fines de semana, yo disfrutaba la alberca y el sol, a medio día comíamos en algún restaurante. También nos gustaba caminar por el centro, no recuerdo haber hecho ninguna amistad en el club, los chilangos no éramos bien recibidos en provincia. Para el ritmo de vida al que estaba acostumbrada en el DF, el cambio me parecía lento. Hablé con Sergio de la posibilidad de buscar trabajo. Todavía tenía los contactos de mis antiguos patrones, Chema y sus hermanos, le pareció buena la idea y no tardé en contactar a José María, tenía el mismo despacho, me recibió muy amable y me contrató de inmediato. El sueldo la mitad de lo que ganaba en México, negocié trabajar en las mañanas. En aquellos años, para los provincianos, el que una mujer casada trabajara era porque el marido no la podía mantener. Alguna vez a Chema se le escaparon comentarios alusivos al tema, yo no me enganchaba, lo mío era una mezcla de la desorganización de Sergio y mi ansia de tener algo de independencia económica, pero me faltó carácter. Una semana al mes, Sergio tenía que trabajar fuera y frecuentemente el día de salida me pedía prestado, se había gastado el dinero de los viáticos.

Me costaba mucho trabajo adaptarme a que me diera cada semana "el gasto", era la costumbre de la época. Él llevaba vida de soltero con sus cuates, había encontrado a un viejo amigo de México, Sergio Rosales. Un día me visitó su esposa, quería hablar a solas conmigo. "Paulina", me dijo, "no es bueno que nuestros maridos se junten, tu Sergio lleva vida de soltero y esta relación te va a perjudicar." Parecía preocupada por mí, pero supongo que también por ella. No tardó en caerme el veinte, despidieron a Sergio de su trabajo, falsificaba sus reportes de visitas médicas. Primero la diversión y luego la obligación.

No tardó en encontrar trabajo en otro laboratorio médico. Pensé, equivocadamente, que esto le haría cambiar, pero su vida siguió igual. Sergio tenía un compañero de trabajo, Germán, casado y con dos hijos, una niña de 7 años y un niño de 5, rubio, casi albino, con unos ojos azules que me daban miedo. Eran muy traviesos, en una ocasión nos pidieron que los cuidáramos, los papás tenían un compromiso. No sé cómo encontraron mi regla de corte y empezaron a jugar arrastrándola por todos los cuadros, rápidamente la confisque y, toda propia, les expliqué que eso no se debía hacer. Eran destructores, alguna vez los vi en su casa pasando el triciclo encima de los muebles de la sala. No estaba preparada para recibir niños, pero papel y lápiz sí tenía, los puse a dibujar y jugamos cartas. Ya en la tarde-noche, la niña preguntó: "¿Crees que mis papás se olviden de venir por nosotros?". "¿Por qué?", pregunté, sorprendida. "Ojalá se olviden, estamos muy contentos." En otra ocasión, íbamos llegando a casa después de nuestras actividades domingueras y Sergio vio por el espejo retrovisor que venía la susodicha familia. Frenaron junto a nosotros. "¿Van llegando?", preguntaron. Sergio, a la velocidad del rayo, contestó: "No, vamos saliendo", nos despedimos y le dimos una vuelta a la manzana.

Ascen avisó que vendría a México. Qué emoción, iba a conocer a Anna, su niña de 6 meses. Martha C, una amiga, la acompañaría. En aquella época los viajes de la Ciudad de México a Guadalajara se hacían en tren. Viajabas en la noche, cenabas en el comedor y dormías en camarote con literas. A mí me encantaba.

Anna era una niña preciosa, tranquila, con unos ojos azules que con el tiempo se tornaron color miel. Todavía conservo una foto que le tomé en el sillón de la sala que, por cierto, estaba tapizado del color de sus ojos. Tan sólo estuvieron un par de días. Iban a regresar en tren, les preparé de merendar, no sabía qué tan complicado podía ser ir al comedor con la bebé. Estaba en mi etapa de aprendizaje de cocinera, hice unos taquitos dorados de pollo. Martha los comió sin complicaciones, pero Ascen los abrió con el cuchillo, dejó las tortillas de maíz y se comió el pollo. No recuerdo sus hábitos de comer comida mexicana, en casa, tía Isabel tan sólo cocinaba comida española, pero teníamos una vida fuera, con amigos mexicanos, en la que yo empecé a aficionarme a los tacos.

Chema tenía algunas auditorías entre sus clientes, recuerdo a Guanos de México, era un trabajo muy interesante, me involucró totalmente. Era una actividad que me gustaba, en cierto momento nos vimos atorados con varios datos hasta que una mañana desperté con la solución al problema. A lo largo de mi vida laboral, esta forma de solucionar problemas fue la constante que rigió mi comportamiento. Además de aprender, este trabajo me hizo crecer y me dio de comer.

Otro de los clientes del despacho era Tequila Viuda de Romero, su dueño había tenido diferencias con Chema. "Paulina", me dijo, "me cuesta trabajo llevarme con don Joaquín, qué te parece si tú te haces cargo de esa cuenta, lo que ganarías con él trabajando unas 4 o 5 horas a la semana es lo que ganas conmigo trabajando mucho más tiempo." Me pareció excelente, casi todos los días asistía a las oficinas y, además de los trabajos rutinarios, a mi nuevo jefe le gustaba tenerme cerca para consultas y encargos especiales. Tenían una bodega en la Ciudad de México, me pidió que fuera para supervisar el funcionamiento y recomendarle cambios. Aproveche que Sergio estaría allí tomando un curso durante una semana. La esposa de don Joaquín me prestó un VW, vivía en Arquímedes, colonia Polanco, en una casa preciosa. Fue un detalle muy generoso. Cuando terminó la semana, fuimos a devolver el coche. ¿Qué le regalas a alguien que aparentemente tiene todo? "Un ramo de rosas", sugirió Sergio. No olvido la expresión de la señora al recibirnos, estaba feliz. "Hace mucho que nadie me regala flores", dijo, emocionada.

Sergio y yo habíamos acordado esperar un par de años antes de tener familia. Hacía tiempo, mi amiga María

Eugenia Hidalgo, cuando tuvo a su primer hijo, nos contó acerca del alumbramiento por el sistema psicoprofiláctico, sin anestesia y sin dolor. Me sentí muy emocionada al escucharla y en ese momento decidí que algún día yo también disfrutaría de esa forma la llegada de mis hijos. En esa época no contábamos con Internet, la investigación para buscar un doctor especialista en psicoprofiláctico era difícil, y más en una ciudad como Guadalajara, tan tradicional. Siempre que podía, hablaba de mis ilusiones, hasta que un día en el trabajo llegó una compañera con la información, sabía de un doctor, dijo: "Como tú lo quieres".

Sergio, sin decirme nada, arregló con un compañero, quién tenía la zona del Dr López, para hacer un cambio, y al día siguiente estaba en su consultorio. Al llegar a casa me dijo, hice una cita para mañana con el ginecólogo. Cuando llegamos al consultorio, el Dr López reconoció de inmediato a Sergio y, bromeando, le dijo: "Es usted desconfiado, ayer vino a checar con qué clase de doctor traería a su esposa". Todavía no estaba embarazada, ansiábamos que ocurriera. Pasaron seis largos meses y, un día en el que yo sospechaba que al fin lo habíamos logrado, me hice una prueba casera y salió positiva. Teníamos que confirmarlo con una de laboratorio. Pasados un par de días, cuando Sergio llegó a comer, me dijo con mucha tristeza que el resultado había sido negativo. Yo estaba que no me calentaba ni el sol, una mezcla de enojo y coraje, ya me había ilusionado. Lloré, lloré, no quise comer y seguí llorando. Ya en la noche, al regresar Sergio del trabajo, llegó con un impresionante ramo de rosas rojas, eso me enojó más, no quería escuchar nada, él trataba de decirme que el laboratorio le había dado los resultados de otra paciente y que sí esperábamos un hijo. Poco a poco mi enojo se fue transformando y seguía llorando, pero de alegría.

Nunca tuve ascos, tampoco problemas de peso. Una vez al mes el doctor citaba a todas las pacientes, acompañadas por sus esposos, daba instrucciones y aclaraba dudas y, al despedirnos, la recomendación era: "Cuiden la dieta, no quiero mamás gordas, a cenar a casa, bueno", decía, "los Zueck pueden comer lo que quieran". Claro, yo nunca he tenido problema de subida de peso. Tan sólo aumenté nueve kilos en todo el embarazo.

A partir del quinto mes, asistía dos veces por semana con Beatriz, la instructora. Hacíamos gimnasia para estar en condiciones el día del parto; relajación, generalmente me quedaba dormida; también practicábamos el jadeo, es una forma de tomar más oxígeno para dar fuerza a nuestros músculos. Todo para llegar en óptimas condiciones al día del estreno.

Mi vida transcurría normal, mi casa, la comida, por fin cocinaba mejor, mi trabajo en Tequila Viuda De Romero tenía un horario de lo más flexible y, además, era apapachada por todos mis compañeros. Pero algo vino a enturbiar mi felicidad, me avisaron que papá, quién aún vivía en Tijuana, estaba enfermo y solo, había enviudado. Su situación económica era crítica. Le escribí ofreciéndole mi casa, no lograba convencerlo, seguí insistiendo hasta que aceptó.

Cuando llegó a Guadalajara, se veía mal, era diabético. Lo primero que hicimos fue llevarlo a un especialista. Ya tenía afectado un riñón, y lo primero era hacer que eliminara tanto líquido que tenía acumulado. Recibí instrucciones del doctor para su cuidado y alimentación, y seguí al pie de la letra las órdenes. Ahora pienso que si volviera a vivir esos momentos, y sabiendo el estado tan avanzado de su enfermedad, lo hubiera dejado comer sus antojos, platillos favoritos o lo que quisiera. Cuando pasaba el carrito de los helados frente a la casa, siempre compraba lo que para él era veneno, e iba a la tiendita cercana por refrescos, escondía entre su ropa quesos y golosinas, se atascaba de frijoles fríos del refrigerador. Era tan triste verlo comer, como para él estaban prohibidas las tortillas y el pan, la salsa de los guisados la recogía con el tenedor, dejando el plato más limpio que después de lavarlo.

Así pasaron las semanas, con la esperanza infantil de que mejorara. Planeamos ir a México a pasar la Navidad. Allí mi papá se quedó en casa de mis tíos Gabriel e Isabel, su hermana. Fue triste y humillante para él, aunque el trato fue bueno había mucha historia triste, aunada a resentimientos en la relación de ellos. Como decía mi papá: "Lo peor que te puede pasar, es llegar a viejo enfermo y arruinado". Sergio y yo nos quedamos en casa de mis suegros, ahí, yo era una hija más.

Tío Alberto, primo de papá, les dijo a mis tíos que no creía prudente que papá viviera con nosotros, éramos una pareja que empezaba y el estado de salud y también su comportamiento eran muy difíciles, mis tíos no apoyaron la idea y regresamos a Guadalajara los tres. Estaba tan ocupada atendiendo todas mis responsabilidades que descuidé el dedicar tiempo para hablar con papá y preguntarle tantas cosas que ahora quisiera saber, acerca de su vida y la de mamá. No aprendí a comunicarme con él durante los escasos diez años de mi infancia y adolescencia que habíamos compartido. En mi mente, me hice una promesa: nunca, por ninguna causa, me separaría de mis hijos, aunque pasáramos hambre, pero siempre juntos.

La lucha contra la diabetes continuó. Escribí a mi hermana a Inglaterra, le pedí apoyo para los gastos que estaba teniendo. No debí hacerlo, ella era experta en escribir cartas muy duras, con demasiado resentimiento. En lugar de contestarme a mí, lo hizo a papá. En su carta, además de negarle la ayuda, le reclamó infinidad de cosas que a veces se dicen en un acaloramiento. Cuando Ascen se casó con John, papá, en su enojo, se refirió a él como: "Ese hijo de...". Su esposa, Beatriz, tuvo el mal tino de comentarle esto a Ascen. Toqué este tema con papá después de que recibió la carta y su justificación fue: "Luché tanto para poderlas traer, tanto sacrificio para juntar el dinero y ahora se la llevan lejos, donde yo no puedo ir a visitarla, tal vez no la vea nunca".

Una semana después, murió. Esa mañana me levante temprano al baño y vi a papá tirado en el suelo junto a su cama. Grité, llamando a Sergio: "Ve y trae un médico de la clínica que está a la vuelta". A su regreso, no me dejaron entrar a la casa. Estaba con nosotros mi amiga Maricarmen, quién, providencialmente, había venido a visitarnos ese fin de semana. Ya tenía seis meses de embarazo y Sergio estaba preocupado especialmente por mí. Velamos a mi papá en una funeraria, los tres solos. En la noche, después de hablarlo, Maricarmen y mi esposo decidieron que cerráramos la capilla y nos fuéramos a dormir, yo no tenía cabeza para pensar, menos para decidir nada. En esa época se velaba a los difuntos toda la noche, de modo que para evitar un problema con la familia en México, pedimos a los encargados que si alguien llamaba, dijeran que habíamos ido a hacer algún trámite. Al día siguiente nos acompañaron al cementerio algunos compañeros del trabajo de Sergio.

En aquella época no se sabía si el bebé sería niña o niño, todas mis amigas me decían, si es niña la vas a traer como muñeca. Me encantaba bordar y hacer infinidad de manualidades. Yo, que soy "contreras", pensé, va a ser niño y lo voy a traer con pantalones cortos de mezclilla y camisa de cuadros, nada de bordados. Y con estos pensamientos comencé a vestir la cuna con tela de cuadritos azul y blanco, el tul para protegerlo de los insectos era mi velo de novia. Todo lo que preparaba era azul, blanco o amarillo.

El doctor había calculado que llegaría los primeros días de mayo. Vicky y Miguel Angel nos visitaron, los habíamos invitado para ser padrinos. Fue una bella semana de vacaciones, el bebé seguía muy cómodo en mi pancita. Tía Isabel llegó de México para ayudarme, ya en esos días mi panza me estorbaba, sobre todo al dormir. "¿Cómo lo van a llamar?" "Pues no estamos seguros, hemos pensado en Mariana o Ana Paula si es niña." "Me gusta más Ana Paula", dijo. "Pues así será", le contesté. Tanto Sergio como yo siempre hablábamos de nombres de niñas: de lo que estábamos seguros era de no querer repetir nuestros nombres. Aunque preparé todo el ajuar en blanco y azul, sólo era una forma inconsciente de rebelarme a la aureola que me habían puesto de mis habilidades en la costura y el bordado.

El 7 de mayo, en la mañana, Sergio se quedó en casa, empecé a tener contracciones, todavía no con la suficiente frecuencia, pero yo, que estaba ansiosa, llamé al doctor pidiéndole que me revisara. "¿Puedes estar en 20 minutos en el hospital?" "Ahí nos vemos."

"Todavía no tienes la suficiente dilatación, pero te quedas." Me instalaron en un cuarto y les dije al doctor y a Sergio: "No tiene caso que se queden, esto puede ser tardado, vayan a comer, yo estoy bien". Llamé a Beatriz, la instructora, quién me acompañaría en todo el parto, también le pedí que se "echara un taco" antes de venir al hospital. No corrieron, volaron, supongo que la comida no les supo. Y ahí estaban en mi cuarto. Beatriz platicaba con Sergio de cómo nos habíamos conocido, se acercaba a mí cuando presentía que tenía una contracción. El entrenamiento sirvió, fui una buena alumna, al comenzar cada contracción, que cada vez eran más frecuentes, me relajaba totalmente y no sentía dolor.

Llegó el doctor, me rompió la fuente y dijo: "En un momento vienen por ti para ir al quirófano". Yo estaba feliz, al fin iba a conocer a esa personita maravillosa. Ya instalada en el quirófano, vi aparecer a Sergio, disfrazado de doctor y armado con su Minolta. No faltaba nadie, el anestesista, por si era necesario, Beatriz, el doctor y una enfermera.

El médico me indicaba cuándo tenía que pujar, gritando como si estuviera reseñando un partido de futbol. "Sergio, abusado con las fotos, ahí viene, ya está coronando." Y como si se deslizara en una resbaladilla, llegó Ana Paula. El doctor la tomó por los tobillos, todavía unida a mí por el condón umbilical, y gritó: "Es una niña, igualita a su papá". Me incorpore para verla, la luz de la enorme pantalla la iluminaba, estaba gordita, 3.700 kilos. Después de limpiarla, y envuelta en una sábana, me la acercaron. Nada de lo que me había imaginado se parecía a esta sensación de plena felicidad.

Momentos antes de la llegada de Ana Paula, el doctor me hizo un corte, para que no me rasgara, no me dolió, pero había que coserlo. Me inyectó. "Doctor, eso me dolió", le dije. "Te tengo que coser", contestó. "¿Y tomó clases de tru-trú?" Así siguieron las bromas, todos estábamos felices, había sido un parto de presumir.

Cuando estuve lista, le pregunté al doctor si ya me podía bajar. "Pues si puedes, pero déjate consentir, te llevaremos a tu cuarto en la camilla." Lo primero que hice al estar instalada fue pedir el teléfono y llamar a Nani, la mamá de Sergio. "Ya tiene otra nieta." "¿Cuándo?" "Hace unos minutos."

A la mañana siguiente, pedí a la enfermera que, mientras me bañaba, esperara en el cuarto, tenía miedo, pero todo salió bien. Me sirvieron el desayuno en la terraza. Como recomendó el doctor, me dejé consentir, de modo que cuando llegó, lo recibí disfrutando el desayuno.

El cunero del hospital era maravilloso, las cunas estaban dispuestas detrás de un amplio ventanal, de modo que prácticamente podías ver a tu bebé a cualquier hora del día. Como no tenía visitas, me la pasaba en los cuartos de otras mamás que habían tomado el curso profiláctico conmigo. Ese día, en el que adoptaba las visitas ajenas, una de las señoras, quien había visitado el cunero, después de elogiar a la bebé de su amiga, dijo, sorprendida: "Hay una niña, la 42, que está enorme". Yo empecé a inflarme de orgullo y, claro, no pude aguantarme y decir: "Es mi bebé".

En casa había dejado un pañal doblado como me había enseñado Nani, era importante no olvidar. En el hospital procuraba ver a través de la vidriera cómo ponían los pañales las enfermeras, era un curso rápido, tía Isabel no podría ayudarme. No sé si lo hice bien o mal, pero Ana Paula nunca se quejó. En esa época, los desechables apenas empezaban, yo los usé tan sólo cuando salíamos de paseo. Acostumbraba ir a una lavandería cercana, pero desde que quedé embarazada compramos una lavadora, fue una gran ayuda, en Guadalajara, en el mes de mayo, hace mucho calor, los pañales se secaban en cosa de minutos.

Tan sólo tuvimos a Ana Paula unas semanas en el moisés en nuestro cuarto. Recuerdo la primera visita al pediatra, cuando se enteró de que le daba pecho a media noche, me regañó. "No", dijo, "su estómago tiene que descansar, si despierta, dele un poco de té, va a llorar las primeras noches, ya la mal acostumbró." Efectivamente, la revisaba, no estaba mojada, le daba té y lloraba. Era horrible, me tapaba con la almohada y supongo que se quedaba dormida pronto, y yo también. Esto duró dos o tres noches, de ahí en adelante, dormía por lo menos 6 horas seguidas. Como hacía tanto calor, la pasamos a su cuarto y a la cuna, dormía casi sin ropa. Eso sí, su puerta y la nuestra, abiertas, en esa época no había aparatos como los actuales, o por lo menos nosotros no teníamos acceso a ellos, Sergio había vuelto a quedarse sin trabajo.

Ana Paula dormía boca abajo, eran las instrucciones del pediatra, tanto como qué darle de comer y un sin fin de costumbres. Ahora escucho a las nuevas mamas y las recomendaciones de los pediatras son diferentes, también tienen mucha información en internet. Yo recuerdo haber tomado un curso PET. Por otro lado, los pediatras quieren tener el control de lo que se hace. En una de las citas, no recuerdo la edad de Ana Paula, le dije al doctor que le había dado Gerber de pollo. "No, señora, carne no." Y en la siguiente cita ordenó: "Ya puede empezar a darle pollo".

Todavía no tenía dos meses Ana Paula cuando tío Gabriel nos avisó que tía Isabel había enfermado, estaba muy grave en el Hospital Español, un derrame cerebral. Inmediatamente hice maletas, Ana y yo volamos a México, nos quedamos en casa de Nani. Yo, muy angustiada, pasaba gran parte del día y noche en el hospital, estaba segura de que Nani cuidaba bien de Ana Paula. Para mí no fue una suegra, fue una segunda madre, y siempre que la recuerdo siento un vacío en mis brazos, ya no está para abrazarla. Así pasaron los días y tía Isabel ni mejoraba ni empeoraba. Una noche, una de las monjas del hospital me encontró acurrucada en el área de visitas. "No es posible", dijo, "esta joven no puede seguir así, alguien tiene que sustituirla, se va a enfermar." Tío Gabriel no participaba, se aparecía de vez en cuando. Por otro lado, Sergio estaba solo en Guadalajara. Tengo que regresar, pensé, no estoy ayudando.

Estaba agotada, caí rendida al llegar a casa, Sergio se hizo cargo de Ana. No sé cuantas horas dormí, me despertó con la noticia de que tía Isabel acababa de morir. Por favor, le pedí, hazme la maleta con ropa oscura. De nuevo volamos Ana y yo a México. En esta ocasión nos quedamos en casa de tío Gabriel por una semana.

Nani nos regaló una carriola, bonita pero muy pesada. Eso sí, Ana Paula se sentía como princesa, que era lo que su abuela quería. Le encantaban los helados Bing, también los Gansitos. Eran los meses de mucho calor en Guadalajara, la llevaba al parque sin calcetines, todavía no caminaba. No faltó quien se acercara a chulearla y comentar: "¿No tendrá frio su niña sin calcetines?". "¿Usted tiene frio?", respondía. Este asunto de los calcetines tiene historia, no creo haberle comprado ni siquiera un par, nunca, me encantaba verla con sandalias, eso sí, de buena calidad, Nani era quién me surtía. Años después, ya viviendo en México, cuando la visitábamos los domingos, como por arte de magia, Ana Paula salía estrenado calcetines con sandalias. Don Rodolfo, mi suegro, le regaló una cobija color rosa con blanco. "Para que alguna vez vea a esta niña de rosa", dijo. Efectivamente, todo su ajuar era azul y blanco.

Tuvimos visitas, Rodolfo, hermano de Sergio, con su esposa, Elsa. Recuerdo uno de sus comentarios: "Las sonrisas de esta niña valen mucho, no son frecuentes". Efectivamente, Ana Paula era una niña seria. Ya cerca de cumplir 10 meses, nos visitó Elma hermana de Nani. Parece que estoy viendo la escena, estábamos en una cafetería, Ana Paula, apoyada en mis rodillas, se volteo y caminó hacia Elma, y ya no la pudimos parar, tenía unas piernas fuertes y muy bonitas.

A veces nos invitaban a fiestas de niños, pero en realidad eran para adultos, llegábamos a las 5 y a las 7 todavía no empezaban. Ana Paula se acostaba temprano, de modo que nos despedíamos sin haber probado el pastel ni haber roto la piñata.

Nuestra situación económica no mejoraba, llamé a tío Alberto para pedirle trabajo, la empresa que él dirigía tenía una bodega en Guadalajara. "Dile a Sergio que me llame", fue su respuesta. Esa noche Sergio me dijo: "Voy a México, tío Alberto quiere hablar conmigo de trabajo".

Tanto los amigos de lo ajeno profesionales, como los aficionados, no nos dejaron descansar. Cuando salí corriendo al sepelio de tía Isabel, dejé la maleta que había traído de México con todo y ropa, los regalos que me habían dado para Ana Paula, ropita, medallas, cucharitas de plata, un sinfín de preciosidades. Siempre he sido demasiado confiada, hasta que los golpes me fueron enseñando. Le había pedido a la esposa de un compañero de trabajo de Sergio, quienes vivían en la misma calle, que me regara mis plantas. Cumplió con la petición, pero se sirvió con la cuchara grande, todos los regalos para Ana Paula los estrenó el hijo de ella. También cuando me comprometí con Sergio me regaló un juego de medias perlas montadas en oro blanco, preciosas, anillo y aretes, los aretes estaban en la maleta, nunca los pude reponer. A los pocos días ellos se cambiaron, nosotros también. En las tardes llevaba a Ana al parque, un par de horas nos hacían felices a las dos, un día, al llegar a casa, una joven vecina se acercó, me traía unos discos. Al abrir la puerta supe que algo no estaba bien. "Cuídame a la niña", le pedí, "y no entres." La TV no estaba, la carpeta que ponía sobre la mesa estaba tirada en el suelo. La escena de la recámara ya la había vivido, toda la ropa sobre la cama, nuevamente se llevaron nuestras mejores prendas. Lo primero que hice fue avisar a Sergio. "¿Están bien?", preguntó, "eso es lo que importa, todo lo podemos reponer. Quiero que se vengan a México, necesito que me ayudes a buscar casa, cerré trato con tío Alberto. No te preocupes por empacar, yo iré con Miguel Angel y nos encargaremos de todo."

Llamé a Germán, compañero de trabajo de Sergio, vino de inmediato, traía una enorme pistola de película. "Para que te sientas segura en la noche." Hasta la fecha, las armas me dan pavor, pero insistió y la puso en el closet.

Tres años en Guadalajara, tres robos.

Encontramos un departamento en la calle de Uvas, estábamos cerca del parque Hundido, lo que nos permitía ir todos los días caminando sin llevar la pesada carreola. Subirla tres pisos era algo difícil y prohibido para mi espalda.

A veces llevábamos una tortuga de juguete que Nani le había regalado a Ana, la impulsaba con los pies, conseguía una buena velocidad y por momentos la perdía de vista. De repente apareció sin la tortuga. "¿Qué pasó mi amor?", le pregunté, y volteó hacia una pequeña loma en donde vi a una señora con varios niños, quien se alejaba cargando la tortuga. La seguridad del parque estaba a cargo de mujeres policías. "Le encargo a mi niña", le pedí a una de ellas, "le acaban de robar su tortuga." Alcancé a la ladrona y le pregunté: "¿A dónde lleva la tortuga?". "Me la regaló la niña", contestó. "Está usted enseñando a sus niños a robar, cómo cree que una niña de menos de dos años puede decidir regalarle su juguete." En ese momento llegó la oficial con Ana Paula.

"¿Quiere presentar una denuncia?", me preguntó. "No, seguro no".

El edificio de Uvas lo había construido una señora alemana con la intención de que sus hijos vivieran ahí. En la parte posterior, además de un espacio para coches, había un jardín donde, al salir de la escuela, los niños jugaban. Yo bajaba a Ana para que aprendiera a integrarse, pero era tan cuidadosa que abrazaba a su muñeca Tita y no la soltaba, era muy maternal, y, por otro lado, como no tomaba siesta, no aguantaba. Esto tuvo solución, una psicóloga conocida me dijo cómo lograrlo. "Tú decides a qué hora en la mañana quieres que tome su siesta, y sigues la siguiente rutina sin cambiar nada: primero la llevas a que haga pipí, cierras las cortinas de la ventana de su cuarto, la descalzas y la acuestas tapándola con una cobijita, le das un beso y le dices: 'Te vas a dormir un ratito', y te sales de su cuarto. Seguramente se va a bajar de la cama y aparecer donde tú estés. Con todo cariño la vuelves a acostar." No pasaron más de tres días y ya se quedaba dormida a la primera. Esto ayudó a que, al bajar al jardín a jugar, tuviera más energía.

La inscribimos en una escuela cercana tres tardes de la semana. Pintura, música y mímica. Un día, Sergio quiso llevarla. A su regreso, llegó todo decepcionado. "¿Qué pasó?", le pregunté. "Llegué, me estacioné en la entrada, apenas estaba abriendo la puerta del coche y Ana Paula salió y corrió a la escuela, no me dijo adiós ni me dio un beso." "Necesita otros niños", le aclaré. En otra ocasión, al recogerla de la clase de pintura, traía una cartulina con un enorme dibujo. "Qué lindo, mi amor, ¿qué es?" "Es la Virgen que se está tirando de un trampolín a la alberca", me contestó. Su maestra, que la estaba escuchando, dijo: "Lo mejor de esto es la imaginación".

Me di vuelo con mi pasión por los bordados, disfrutaba haciendo los vestidos para Ana, algunos los tengo en la caja de los recuerdos, otros formaron parte de las herencias entre amigas. Al regresar a México, busqué a mis amigas de Smith, algunas casadas y con niños de la edad de Ana Paula. Martha C llegó un día a casa con Alejandro, un niño precioso, apenas un bebé de meses, cómodamente instalado en un bambineto; no sé de donde sacaban fuerzas las mamás para cargar tanto peso. Ana Paula estaba jugando en su cuarto, la llamé para que saludara, apareció corriendo por el pasillo, todavía la recuerdo, con su vestido de cuadros azul y blanco, bordado de smog. "¡Qué piernas!", gritó Martha, sí, llamaba la atención.

Los primeros años pude dedicarle todo mi tiempo, disfrutando su desarrollo. Cuando cumplió dos años, le hicimos una fiesta, el tema era la muñeca *Raggedy Ann*. Le hice una muñeca de trapo más grande que ella, la abrazaba por la cintura y, colgada en dos, la llevaba a todas partes. Ana Paula iba vestida igual que la muñeca. Invité a mis primos Blanco, tenían hijos pequeños, pensé que era la oportunidad de acercarnos, pero no funcionó. Alguna vez escuche decir a tío Alberto que los Blanco eran como erizos, pero con un corazón muy grande.

Detrás del edificio había una escuela de japoneses, Ana los veía jugar en el recreo. "¿Cuándo vas a ir a la escuela?", le preguntó una vecina. Ana Paula, con sus dedos índices, estiró sus ojitos y contestó: "Cuando se me pongan los ojos así". No quiero parecer una mamá cuervo, pero era una niña inteligente, de buen carácter, cualidades que confirmaron sus maestras a lo largo de los años en la escuela.

Los amigos de Sergio, Juan Manuel y Félix, ya se habían casado. Con Juan Manuel y Susy, quienes tenían dos niñas, salíamos los domingos. Visitábamos un museo en el centro y después el imperdonable helado en Sanborns de los Azulejos, de ahí íbamos a Chapultepec III Sección, junto al lago. Las niñas, después de devorar los sandwiches, se daban vuelo corriendo en los jardines. Solíamos llevar una botella de vino, así cerrábamos nuestro programa dominguero.

En esa época, en la colonia Roma, había casas que tenían frontón y lo rentaban. Sergio y sus amigos eran muy aficionados, se reunían una vez por semana. Yo no iba, pensaba que ambos debíamos tener espacios propios, tal vez estaba equivocada. Un día me llamó Tere, esposa de Félix: "Paulina, creo que no debes dejar tan libre a Sergio, al juego de frontón van algunas chicas, la semana pasada que fui vi a una de ellas muy cariñosa con él". Creo que al decirlo se arrepintió, tal vez me oyó enojada y su solución fue llamar a Sergio y ponerlo al tanto de lo que había hecho. Claro, él llegó como siempre a comer pero con todos sus argumentos defensivos. "No quiero tocar el tema", le dije, "pero debes saber que no voy a tolerar esta clase de comportamientos, si este es el camino que te gusta, la puerta está abierta." Era la primera vez que le reclamaba algo. No cambió, tan sólo se volvió más discreto.

SETENTA Y SIETE

En esa época la economía familiar había mejorado. Demetria, una chica oaxaqueña, trabajaba con nosotros, cocinaba muy bien, era muy trabajadora y quería mucho a Ana. Cuando quedó embarazada pensé en qué iba a hacer cuando tuviera al bebé, no la podría tener, el departamento era chico. La llevé a una maternidad, frente al hospital Mosel. La administraban unas monjitas y el costo era bajo. Por lo pronto estaría bien atendida durante el embarazo, después ya veríamos. Antes de que yo me enterara, Ana Paula lo percibió y comenzó a hacerse popo en el calzoncito. Se escondía detrás de la cortina de su cuarto, yo no sabía qué hacer. Cuando salíamos, primero la llevaba al baño y nada, en el momento en que estaba en el coche, sucedía.

Sergio estaba entusiasmado en el trabajo, tío Alberto parecía contento con las ideas que él proponía, una de ellas fue liberar las zonas de cada vendedor. Les dieron dos meses para afianzar sus clientes y después el campo era libre para todos. A Sergio le empezó a ir bien, en algún momento llegó a ganar más comisiones que el gerente, lo que desató celos entre ellos. Tío Alberto le dijo a Sergio que quería pero no podía promoverlo sin un título, y le propuso que se inscribiera en alguna escuela "patito". Lo hizo, pero como siempre en este tema, le faltó perseverancia.

Una mañana, cerca de casa, me encontré a Susy S, mi amiga de Sandoz, no la había visto desde su boda, comenzamos a frecuentarnos y fue ella quién me presentó a Martha D, quién hasta la fecha es una de mis amigas más cercanas.

Tío Alberto había construido cerca de su casa en Tecamachalco una casa "pequeña" para su hijo Alberto, pero este no la aceptó, le pareció muy grande. Fue entonces cuando se le ocurrió ofrecernos un cambio, nosotros le cedíamos el departamento de Uvas y nos cambiábamos a Fuente del Emperador. Yo no estaba de acuerdo, una casa con jardín suponía más gastos, y la renta, aun tomando en cuenta la relación familiar, también iba a subir. Pero tío Alberto era muy hábil para convencer. En ese momento me dije, Paulina, tendrás que trabajar, algo de medio tiempo, mientras Ana Paula está en el kínder.

Poco antes del cambio, Demetria tuvo a su niña, hable con tío Gabriel y le propuse que la contratara, en ese momento creí que era la mejor solución, él estaría mejor atendido y ella también.

Nos cambiamos a Tecamachalco en agosto, justo cuando comenzaban las clases. Descubrí un jardín de niños cerca de la casa, tomé nota de los teléfonos y llamé para pedir informes. "Puede usted traerla mañana a las 9", me dijeron. Puntuales a esa hora estuvimos en Alborada, todavía no llegaba la Miss, me recibió una empleada. "Puede usted dejarla con confianza." Obedecí, sabiendo que Ana Paula no iba a llorar y que en cuanto llegaran otros niños jugaría contenta.

Cuál fue mi sorpresa cuando fui a recogerla, el kinder tan sólo contaba con tres alumnos, incluyendo a Ana Paula. Lo que yo quería era que Ana tuviera muchos compañeritos, cuando le comenté mi inquietud a la Miss, trató de tranquilizarme diciendo que durante el año iban ingresando otros alumnos. Efectivamente, cuando terminó el año escolar eran 10, una multitud.

Ana Paula estaba contenta, pero un día se quejó: "Mamá, Alfredo me da besos de saliva y no me gusta".

"Pues dile que no lo haga, aprende a defenderte." Ya para entonces despuntaba su personalidad. Un día la Miss me dijo, sorprendida, que uno de los niños había hecho una travesura. Le pregunté a Ana y, muy segura, contestó: "No vi nada Miss".

Mientras buscaba trabajo, pensé que si tío Gabriel se venía a vivir con nosotros, y Demetria con él, mi casa estaría atendida y yo podría trabajar sin tanta presión, la casa era amplia. Con esos pensamientos fui a verlo, le planteé la situación y, para mi sorpresa, me dijo: "Demetria no quiere hablar contigo y yo estoy bien así". Ni el hecho de que le sugerí que podría rentar su casa y tener más liquidez lo hizo considerar la oferta.

Todos los días buscaba minuciosamente los anuncios de ofertas de trabajo, hacía llamadas, pero la mayoría eran de tiempo completo. Mi persistencia dio frutos, me dieron una cita en lo que parecía una agencia de empleos. Necesitaban una persona para atender el teléfono en una escuela. Cuando le comenté a Sergio, puso el grito en el cielo. "No vas a aguantar, estas acostumbrada a tener secretaria." "Es cerca y medio tiempo, es lo que busco, cuando me conozcan me darán oportunidad de otro puesto." La escuela era la secundaría del Instituto Cumbres, en Bosques de las Lomas, y el trabajo, además de contestar el teléfono, consistía en atender las citas del director, el padre Ramiro. Yo era la única mujer en la escuela.

Inscribimos a Ana Paula en el colegio Albatros, en la Herradura, muy cerca de la secundaría Cumbres, comenzó en kinder, se veía preciosa con su uniforme. Contratamos servicio de transporte y, como su hora de entrada era a las 9 y yo entraba a las 8, el camión la recogía en el Cumbres. La nana subía la enorme escalinata hasta la recepción, donde Ana esperaba conmigo. La operación se repetía a la hora de salida, pero en ese caso siempre había algún niño castigado en la dirección, era una lucha para calmar a los adolescentes que peleaban por bajar a recibir a Ana Paula. La nana la trae, les decía, y terminaba bajando yo.

Me negaba a comprar muebles para llenar la casa, siempre pensé que vivir ahí sería temporal, lo solucioné vistiendo con plantas los rincones de la sala y el comedor. Teníamos una habitación con un ventanal enorme, con vista a la cañada, siempre la tuve vacía, a veces entraba y me sentaba en la alfombra. Al otro lado de la cañada, vivía Marcela, nos hicimos amigas. Ella era muy hábil haciendo manualidades, le debo todos los adornos de mi árbol de navidad. Me presentó a una americana, nuera de los dueños de "Catalina", fábrica de trajes de baño. Nos vendía sobrantes de tela de felpa, de todos colores y de una gran suavidad. Empecé a hacer batas de baño, las vendía entre mis amigos, tanto para mujer como para hombre. Mi gen fenicio nunca me ha abandonado, a la fecha, ya con mis necesidades económicas resueltas, producir y vender me da un gran placer. Martha C, quién me vio cortando mis batas en el suelo, un día me dijo: "No trabajes tanto, te vas a hacer vieja pronto". También formé un grupo al que les daba clases de smog. Hay señoras que venden productos por catálogo, yo prefería compartir lo que sabía hacer.

Ana Paula tenía problemas en el colegio con una niña, no la dejaba pasar al baño, la molestaba. "Invítala a comer a casa, que jueguen en el territorio de Ana, déjalas solas, pero obsérvalas", me dijo Sergio. Llamé a su mamá para oficializar la invitación, aceptó encantada. Jugaron como si fueran amigas de toda la vida. Al día siguiente llegó feliz de la escuela: "Mami, Rosita me pidió que le cargara su mochila". Qué horror, ya no la molestaba, ahora la traía de su chacha, pero mi hija estaba feliz.

Todo es aprendizaje en la vida, habían tenido un examen y Ana Paula copió del niño a su lado. Todo el examen estaba mal. "¿Y tú sabías como contestar?" "Sí, mamá." "Hoy aprendiste que no es bueno copiar, además de que tú eres lista y no necesitas hacerlo."

Algo importante para nosotros era que Ana fuera una persona segura, tal vez porque nosotros no lo éramos tanto. Un día, en Liverpool, le pedimos que ella pagara un cuaderno de colorear que le gustó. El mostrador de la caja era tan alto que la empleada no la veía; Ana se estiró y su manita la delató. La cajera tomó la nota y le dio el cambio. Yo deseaba que tuviera una vida más fácil de lo que fue la mía, pero sin sobreprotección. Hubo muchas otras prácticas en ese sentido, como cuando viajó a Guadalajara a visitar a sus abuelos en vacaciones, ya con 14 años. Todavía no era mayor de edad y debíamos documentarla, el personal a bordo del avión se hacía cargo de recibirla y entregarla. Al llegar al aeropuerto, nos pidió que no la documentáramos. Sergio y yo esperamos a unos metros, al llegar al mostrador, cuando entregó sus documentos, la empleada nos miró y nosotros asentimos con la cabeza, sonrió y se hizo cómplice.

Sergio tenía un cliente, Poncho O, quien le ofreció trabajar para él, supongo que la oferta llegó en el momento en el que ya no estaba contento en el trabajo, no le pedían que tuviera título, y tal vez la disciplina iba más acorde a su carácter. "Tal vez en este nuevo trabajo, no sean tan puntuales en el pago de mis honorarios", me dijo Sergio, "quiero pedirte que me apoyes haciendo las batas y lo que se te ocurra". Esto implicaba cambios, dejar la casa de Tecamachalco, cambios de escuela, dejar mi trabajo, un sinfín de cosas.

Me llegó la noticia de que los Legionarios habían comprado el Colegio Oxford. Alguna vez oí a Sergio mencionar que le gustaría que Ana Paula estudiara ahí, no tengo la menor idea de por qué. Pedí una cita con quién iba a ser la directora, Juani Lozano. Ya el padre Ramiro había hablado con ella. "Mira, Paulina", me dijo, "este año no tenemos voz ni voto, vamos a estar observando el funcionamiento del colegio, te sugiero que dejes a Ana Paula en el Albatros cursando Preprimaria y el año próximo cuenta con el lugar."

Nos cambiamos a una casita en un condominio horizontal en Av. Toluca, era de Edmundo E, amigo del grupo de Poncho. Seguí trabajando en el Cumbres los 10 meses que faltaban del curso. Era toda una odisea. En algún momento del camino tomábamos la carretera a Toluca de bajada, prendía las luces del vocho, hacíamos señas con las manos y cruzábamos rápido, ufff, en esa época no había puentes ni túneles. Cerca de mi nueva casa vivía Martha D, sus dos hijos estudiaban en la Secundaria Cumbres. No me comprometí a llevarlos en las mañanas, eran muy estrictos con la puntualidad, pero si acepté el viaje de regreso.

Pedí una nueva cita con Miss Juani, en esta ocasión fue para pedirle trabajo. "Aceptaría lo que fuera", le dije, "pero con la condición de que me den oportunidad de progresar, tengo experiencia y conocimientos que ofrecerles, no quiero seguir de telefonista." En menos de una semana nos volvimos a reunir: "¿Te gustaría el puesto de Administradora?, acaba de renunciar la empleada de Miss Alice Riveroll". Tiempo después me dijo Miss Juani. "Fuiste un garbanzo de a libra, te contratamos por confianza, el Padre Ramiro te recomendó ampliamente." Podré criticar muchas cosas de los Legionarios, pero como administradores eran excelentes.

Las cosas se iban solucionando, al tener el mismo horario que Ana Paula pude dedicarle tiempo, era lo más importante para mí. La inscribí en clases de ballet en la Royal, en la Ciudad de México hay varias sucursales, Ana iba a la de San Jerónimo. Cada año venían de Londres a examinar a las alumnas, tengo cinco diplomas que presumo a mis amigas. Al finalizar los cursos hacían una presentación, muy cuidada, todas participaban, desde las pequeñitas hasta las mayores que, si querían, podían ser profesionales. Recuerdo cuando presentaron GISELLE en la sala Miguel Covarrubias del Centro Cultural Universitario UNAM, fue magistral la actuación, la coreografía, el vestuario, todo tan cuidado, las bailarinas perfectamente peinadas, todo hasta el último detalle. Miss Margarita, la directora, estaba emocionada, y qué decir de las mamás, papás y abuelos, dimos rienda suelta a nuestras emociones.

Ana Paula comenzó con el pie derecho en el Oxford. Le tocó Miss Conchita, había quién decía que era la mejor maestra de primaria y quien pensaba que era demasiado exigente. Me llamó la primera semana para comentarme que necesitaba un cuaderno en el que le pondría tareas especiales a Ana de escritura, tenía que aprender Palmer. Pasado un mes me volvió a llamar y preguntó: "¿Le puso usted maestra especial?". "No, por supuesto que no", contesté. "Es increíble, en tan sólo un mes está al nivel de sus compañeras, quienes practicaron esto durante Preprimaria." Pasó lo mismo con el inglés.

En el colegio tenían alberca y clases de natación, esta materia no fue la más fácil para Ana. La había llevado a clases en Satélite, con Mariana y Alejandra, las hijas de mi queridísima amiga Yolanda, pero no parecía que le gustara mucho. Claro que la suma del Oxford, las clases de Satélite y el Club Suizo, lograron crearle el gusto, llegó a estar en el equipo de ballet acuático del colegio.

En el Club Suizo vivimos una buena época. Federico, amigo de Sergio, nos convenció y recomendó hacernos socios, solíamos ir los fines de semana, era un club muy pequeño, a su alberquita de 24 metros le faltaba un metro para poder usarse en competencias, lo que lo hacía más privado, supongo que no fue casualidad. Tenían un buen restaurante, solíamos comer con nuevos amigos. Organizaban fiestas tanto suizas como mexicanas. Las fiestas patrias las celebrábamos el último fin de semana de septiembre, esto garantizaba mayor asistencia. Convocaron pidiendo que asistiéramos usando trajes típicos mexicanos. Yo le pedí a una maestra del Oxford que me prestara uno que le había visto en alguna ocasión, era de Yalalag, Oaxaca. Llevaba un tocado de cordones de algodón negro muy pesado, lo aguanté casi toda la noche y me vi recompensada al ser premiada con el segundo lugar. El primer lugar fue para una señora suiza que lucía un precioso vestido de poblana. Años después, en uno de mis viajes a Oaxaca, compré un huipil que sigo usando.

Se celebraba el día de Santa Claus el 6 de diciembre o el domingo más cercano. Ana debe de haber tenido 4 o 5 años cuando la persona que iba a representar a Santa tuvo una discusión en un juego de tennis y se fue. A la hora de buscar sustituto pensaron en Sergio. "No", dijo, "si mi hija me reconoce, rompo el encanto." Lo convencieron. Cada niño pasaba y se sentaba en las piernas de Santa, hacía su petición, que todos escuchábamos gracias al micrófono. Le llegó su turno a Ana Paula. "¿Qué quieres que te regale?", preguntó San Sergio. "Quiero ropita para mi muñeca Juanita Pérez y para la muñeca de mi mamá, la primita Pérez."

Ya terminada la ceremonia, apareció Sergio en el jardín. Ana Paula, eufórica, gritó: "¡Papá!, ¡papá!, ¡estuvo Santa Claus y tú no lo viste!, ¿dónde andabas?". "Estaba en el sauna", dijo, recordando el disfraz.

En Pascua, las mamas llevábamos huevos cocidos pintados de colores, que escondíamos entre las plantas del jardín y después hacían las delicias de los niños buscándolos. Algunas mamás, generalmente suizas, decoraban huevos haciendo de ellos obras de arte, que regalaban a los asistentes.

Tío Alberto nos llamó pidiendo que fuéramos a Fuente del Emperador a recoger una bolsa que habíamos dejado en el sótano. Pasamos primero a su casa a recoger las llaves, nos atendió tía Ofelia en la puerta. "Sergio,

¿por qué no vas tú a recoger la bolsa y yo me quedo saludando a mi tío?", dije. Tía Ofelia no le dio tiempo de contestar: "No, vayan los dos, tu tío está descansando". A buen entendedor, con pocas palabras basta.

Cuando terminó la relación laboral de Sergio con tío Alberto nos había citado en el Vips del Toreo y, entre otras cosas, nos pidió que no habláramos mal de él con la familia. Nosotros cumplimos la promesa, pero él sí se quejó de nosotros, éramos unos desagradecidos. Cuando nos ofreció la casa, él esperaba que yo me convirtiera en una compañera de tía Ofelia, que la acompañara de compras, al cine. Me reprochó haber tomado un lugar que no me correspondía haciendo amigas de otro nivel socioeconómico al mío. Ya antes del rompimiento, tío Alberto me había ofrecido ayuda para comprar un departamento, nunca acepté, no tenía confianza en que Sergio respondiera. Este alejamiento me dolió mucho, para mí su familia era un ejemplo a seguir. Aquellas sobremesas después de la merienda en las que disfruté tanto sólo quedan en mi recuerdo.

A Poncho, el jefe de Sergio, le encantaban las grandes fiestas, eran su principal herramienta de trabajo, sus negocios estaban basados en las relaciones. Había construido una casa en Paseo del Pedregal, escenario perfecto para impresionar. En una de estas ocasiones, a punto de salir para el evento, Sergio volteó a verme y preguntó: "¿Estás bien peinada y arreglada para la fiesta?". No le di el gusto de llorar ni de decir "no voy". Ya en casa de los Oñate me dedique a saludar y conversar como si hubiera ido sola. No pasó ni media hora cuando Sergio se acercó y me paso el brazo por los hombros. Seguramente hizo un recuento visual de las asistentes y llegó a la conclusión de que sí iba adecuadamente presentada.

La esposa de Poncho era hija de un famoso beisbolista cubano, tenían amigos de ese círculo, alguna vez alguien le dijo que su personalidad tan audaz era como la de Changó. Lo tomó muy en serio y, al construir su casa, no olvidó hacer una pequeña capilla consagrada a Santa Bárbara. Nunca faltaban manzanas rojas y flores. Los festejos eran espectaculares, los bongoceros electrizaban a todos, la comida y la bebida, abundantes.

En el Oxford, la primera comunión se celebraba en la iglesia de la Santa Cruz del Pedregal. Todas las niñas iban vestidas igual. Un sobrio hábito color marfil de tergal, era un acto de humildad. No tuve que comprar el de Ana Paula, alguien amablemente me lo ofreció, no fue necesario hacerle ningún ajuste. Después de la ceremonia religiosa, fuimos a desayunar al Club Suizo. Nani y Don Rodolfo, que ya estaban viviendo en Guadalajara, nos acompañaron junto a la familia Zueck en pleno. Me encanta ver las fotos en las que lucímos con muchos años menos, con la alegría del festejo y los atuendos domingueros.

Mi trabajo en la escuela iba bien, pero no me daba abasto. Miss Juani lo entendió y decidieron contratar a una persona como mi asistente. Dulce María, como su nombre lo anunciaba, fue la persona indicada. Mas que mi asistente, fue mi amiga. No hace mucho me localizó por Facebook, no la he visto desde el día de su boda, vive en Irapuato, felizmente casada y con dos hijos universitarios. Tal vez pronto tenga la oportunidad de visitarla, sólo depende de mí, necesitaremos tiempo para ponernos al tanto de lo que hemos vivido en todos estos años.

Poncho y Angélica nos insistían mucho en que buscáramos otro hijo, incluso nos recomendaron un doctor, especialista en fertilidad. Seguimos al pie de la letra todas las indicaciones, control de temperatura, medicamentos, horarios y días de búsqueda. Pero no estaba destinada a ser madre nuevamente. Ana Paula ya había cumplido seis años; a Nani se le ocurrió bromearla un día. "¿Estás contenta Ana?, tú mamá está esperando un bebé. ¡Vas a tener un hermanito!" "No, no quiero un hermanito", contestó. "¿Por qué?", insistió su abuela. "Porque me va a quitar todos mis juguetes."

Yo deseaba tener una familia más grande, a pesar de la falta de apoyo de Sergio, su desorden financiero no lo abandonaba. Dejamos el tratamiento y, pasadas varias semanas, amanecí con un fuerte sangrado, me asusté. Sergio andaba atendiendo a unos clientes en Cuernavaca, o eso me decía. El esposo de mi amiga Marga era ginecólogo, le pedí ayuda, me recibiría en la tarde. Apareció Sergio y me acompañó a la cita. El doctor nos informó que la hemorragia se produjo al dejar los medicamentos del tratamiento anterior. Su diagnóstico fue, que yo no ovulaba con frecuencia y recomendó aumentar la dosis del medicamento, pero nos advirtió que podíamos tener embarazo múltiple. Ante este panorama, Sergio dijo no querer poner en riesgo mi vida.

Además de la escoliosis, con la que he aprendido a vivir,

la gingivitis ha sido el problema de salud que me ha costado mayor esfuerzo de sobrellevar. Edith daba clases de inglés en una universidad y me recomendó con unos odontólogos que estaban haciendo sus prácticas, tan sólo tuve que pagar los materiales que se usaban en los tratamientos. Fue necesario separar las partes blandas que abrazaban los dientes, cómo si pelaras un plátano, para después raspar el sarro que se había acumulado, posteriormente, el doctor procedía a coser. El proceso se dividía en cuatro partes, una cada quince días. La inflamación de las encías se trataba con antibióticos. Todo esto para evitar que los dientes se aflojaran y se cayeran, pero tan sólo se logró retrasarlo un poco, no lo que me hubiera gustado. Comer es una necesidad básica. El pasante de odontólogo que me atendía era de Sinaloa. "Señora", me dijo un día al llegar a la consulta, "¿podría prestarme una cantidad?", hizo una pausa y continúo: "tal vez no se la pueda devolver". "¿Cuánto?", pregunté. "$20,000, podría pedírselos a su esposo." Afortunadamente estábamos a punto de terminar las curaciones. Parecía una broma, pedirle a Sergio ese dinero, que ni siquiera cumplía con los gastos de la casa. ¿Hacerme cómplice de aquel deshonesto? Me sentí tan sola. Nunca, ni por casualidad, Sergio pasó a recogerme a la salida de las consultas.

    La colección de doctores que caminaron junto a mí es grande. En las primeras pérdidas, la solución eran puentes, pero irremediablemente los dientes se aflojaban y los iba perdiendo. Cuando la decisión fue sacarme los dientes superiores y poner placa, Ana Paula estuvo presente. Al terminar las extracciones me dijo: "Mamá, la doctora no usaba pinzas, tus dientes estaban tan flojos que los quitaba con los dedos". Resignada, me sometí a las pruebas para que hicieran una placa a mi medida. Cuando estuvo lista para colocarla, ¡qué desilusión!, no se detenía. Mi paladar no es cóncavo, no succiona. Por el momento la solución era el pegamento dental.

VOLVER A EMPEZAR

Lalito, gran amigo, chofer de categoría en nuestra boda, había heredado un castillo, sí, un castillo que construyó su abuelo en una isla de Xochimilco, el conjunto estaba formado por tres islas, las dos menores las rentaban para siembra de flores. El abuelo se casó varias veces, necesitaba relax y decidió construir un castillo, realmente parecía de cuento, torres, almenas, jardines con columnas rematadas por jarrones y bustos. En el interior, una pequeña capilla con un sólo reclinatorio. La recamara, pequeña, tan sólo cabía una cama.

Cuando Lalo decidió mudarse al castillo tuvo que hacer una limpieza titánica. Después de tantos años de abandono, en los que hubo inundaciones y saqueos, aquello parecía un muladar. Una fiesta de inauguración era lo que seguía. Nos envió la invitación, firmada por Caronte, la forma de llegar era caminado por un callejón cerrado con una reja, tocabas el timbre y una trajinera cruzaba el canal, abría la puerta y te invitaba a subir a la canoa para conducirte a la escalinata por la que se ascendía a los jardines del castillo. El medio de transporte para Lalo y su esposa era la trajinera, aquí no se iba al parque, se paseaba por los canales. En esas salidas de reconocimiento, Lalo encontró algunos de los valiosos tibores y muebles que en algún tiempo fueron parte del mobiliario del castillo.

La invitación pedía asistir con disfraz. Fuimos a unas enormes bodegas detrás de catedral donde rentaban toda clase de disfraces. Yo quería uno de princesa, pero me quedaban grandes o chicos. La solución fue algo simpático, elegí un disfraz de payaso gordo, era realmente gordo, enormes varillas sostenían la tela logrando el efecto de obesidad. Los zapatos eran gigantescos, completaba el atuendo un pequeño gorro con una peluca pelirroja. Como pude, me maquillé para no ser reconocida. Lalito me presentaba a otros invitados y decía: "Ella es totalmente diferente a su disfraz". Hubo concurso y yo gane el primer lugar, el premio fue un pequeño cañón de hierro.

Eran los tiempos del fin de mi matrimonio, Sergio y yo llegamos y salimos juntos, pero disfrutamos de la fiesta por separado.

Cada día yo trabajaba más, no solamente en la escuela, donde el sueldo siempre era el mismo salvo por los pequeños aumentos anuales. Martha, junto con su hermana Adriana, había comenzado un negocio de ropa de manta de algodón. Adriana tenía muy buen gusto, era quién diseñaba, y Martha atendía todo lo relacionado con la producción. Sus clientes básicamente eran tiendas en playas turísticas. Les pedí que me dieran la oportunidad de vender su ropa en reuniones que organizaba, al principio con mis amigas y después con amigas de mis amigas. Compré un rack desarmable en donde colgaba la ropa, les modelaba, ayudaba mi figura delgada, sugería los accesorios, me iba bien. Iba sustituyendo el gasto que Sergio no me daba.

Nuestra relación cada vez estaba peor, Sergio siempre llegaba tarde, a veces con aliento alcohólico. Al principio se justificaba con los compromisos de trabajo, ya con el paso del tiempo ni se molestaba. Como mujer, yo no existía. En una ocasión hablé con él del tema, para mí fue humillante. Esa noche, después de una reunión en el Suizo, cumplió como esposo. Tan sólo al recordarlo siento ganas de vomitar, cómo podía ser tan tonta. No valía la pena luchar por alguien así.

La idea de que hubiera otra mujer no pasaba por mi mente, sus amigos debían de ser el problema. Una mañana, cuando se estaba duchando, no reprimí la tentación de revisar el fajo de papeles que había dejado en el buró. Había un par de recibos de teléfono, la dirección no correspondía a ninguna de las oficinas que tenían. Rápidamente tomé nota del número telefónico y el nombre del usuario. En el recibo había una llamada a Ciudad Juárez a casa de Olivia, hermana de Nani.

En cuanto Sergio salió para el trabajo, marqué el número y pregunté por Griselda, una persona mayor me dijo que no estaba, que podía encontrarla en el trabajo. "No traigo mi agenda", le dije, "¿podría darme el número?", y lo hizo sin preguntar nada.

Lo primero que hice fue marcar. "Biblioteca de la Compañía de Luz", contestó una voz. Colgué de inmediato. Las piezas del rompecabezas se acomodaban. Hacía tiempo que Sergio traía libros con el sello de esa biblioteca, cuando le pregunté si no había que devolverlos, contestó: "Me los regala una empleada de la oficina", quien casualmente andaba con uno de los socios de Poncho. Yo también leía esos libros.

A la mañana siguiente, un sábado, él todavía acostado, despertó al sentir el golpe del libro que le aventé, era el que en ese momento yo estaba leyendo. "Ya sé quién te da los libros", le dije enojada. "Pues si lo sabes por qué preguntas", contestó, cínicamente.

Le escribí una carta a Nani, pidiéndole que me liberara de la promesa que le hice el día de mi boda de no abandonar a Sergio. Ya no aguantaba más. Ya no quería seguir llorando.

El sábado siguiente recibí una llamada: "No digas que soy yo, vengo con tu suegro, estamos en el hotel Benidorm, prepara ropa para Ana Paula, para que se quede con nosotros esta noche".

"Voy a salir con Ana", le dije a Sergio sin dar más explicaciones. Ya en el hotel, mis suegros pidieron merienda para Ana y la dejamos viendo TV mientras nosotros bajábamos al restaurante. "Vinimos a oírte", dijo Nani, "mañana hablaremos con Sergio y nos va a escuchar", dijo amenazadora. "Aceptaremos lo que tú decidas, eres una mujer que sabe salir adelante en la vida, nos duele mucho esto, te queremos, eres como una hija para nosotros. Hace muchos años yo también quise separarme de tu suegro, eran otros tiempos, no estaba preparada para mantenerme con cuatro hijos, como lo estás tú."

El 10 de mayo, Día de Madres, pesqué una gripa con la que no podía levantarme de la cama, mis defensas habían huido. Sergio apareció en la tarde. "¡Mamá, mamá!", gritó Ana Paula, "mi papá te trajo un ramo de flores enorme." Lejos de alegrarme, mi enojo brotó en un alarido: "Mejor nos hubiera traído un caldo de pollo, ¿qué espera, que me haga una sopa con las malditas flores?".

Sergio, con el pretexto de que no tenía dinero para poner un departamento, seguía en casa. A veces decía no querer romper la familia, lo que nunca decía era si iba a dejar a Griselda. Mi preocupación era cada día mayor, Ana hacía comentarios al referirse a la habitación de su papá, con gran naturalidad, estaba aprendiendo que el hecho de que tuviéramos cuartos separados fuera normal.

Una tarde de domingo estábamos leyendo en el estudio, sonó el teléfono, fui a la recámara a contestar, una voz femenina preguntó por Sergio. "¿De parte de quién?" "De Griselda", contestó. Fui al estudio y dije: "Sergio, te llama la hija de puta con la que andas". No era usual en mí decir groserías, pero mi enojo era tal que me servían de desahogo. Fue a contestar y yo lo seguí. "Bueno", dijo en un tono apagado, "¿por qué me llamas aquí?" A partir de ese momento, el recibir llamadas y de inmediato sentir el clic al cortarse la línea fue pan de cada día, hasta que, cansada, llamé a su casa. Contestó su hijo, y a mi petición de hablar con Griselda, preguntó: "¿De parte de quién?". "De la señora Zueck." Cuando ella contestó, dije: "Mira, aquí nadie está reteniendo a Sergio, te lo puedes llevar cuando quieras, pero por favor, no vuelvas a llamar y colgar".

Una de mis amigas de Smith, Mago, era quién escuchaba mis desahogos. Un día me dijo: "Yo puedo seguir oyéndote, pero no tengo los conocimientos para aconsejarte, te puedo recomendar con un psiquiatra, él sí te puede ayudar, es una persona excelente y muy humano, Salvador Gómez Eichelman".

No esperé mucho para hacer una cita. En el pequeño cuarto donde te recibía tenía dos cómodos sillones, uno frente al otro. No cobraba la primera consulta, hasta decidir si te atendía, y era muy comprensivo con el costo. Me sentí cómoda y abierta contándole mi problema. En mi segunda cita, lo primero que dijo fue: "¿Ya se fijó como está sentada?". Él mismo se respondió: "Está con la espalda derecha, las piernas cruzadas y con un vestido azul, todo ello refleja que se siente mejor que la semana pasada, en la que venía vestida de gris y sentada con la espalda doblada". Le pregunté a Sergio si aceptaría acompañarme alguna vez. "Solamente si es muy necesario", contestó. Ni siquiera estaba dispuesto a intentarlo.

Una mañana, Ana Paula y yo nos preparábamos para ir a la escuela cuando empezó a temblar, corrimos a la entrada y nos abrazamos en el marco de la puerta, era lo que recomendaban en aquellos tiempos. Tranquilas, fuimos al colegio, todo parecía normal, hasta que las noticias en la radio comenzaron a informar de la tragedia que vivía la Ciudad de México, varios edificios en Tlatelolco se habían desplomado, el teléfono se había vuelto loco, los padres de familia querían saber si sus hijas estaban bien, empezaron a llegar a recogerlas. Por momentos recibíamos más y más noticias aterradoras. Llamé a Sergio y le pedí que recogiera a Ana Paula, yo debía quedarme en el colegio tratando de calmar y ordenar lo que parecía imposible. Siete familias del colegio tuvieron pérdidas de familiares, padres, madres, abuelos. Un par de hermanas venían en el transporte escolar, lo que les salvó la vida, sus padres y abuela quedaron bajo los escombros en un edificio en Av. Universidad.

La colonia Roma fue una de las más afectadas, ahí vivía Roberto, hermano de don Rodolfo, mi suegro. Muchos teléfonos quedaron desconectados. Busqué en la guía telefónica quiénes de la familia Zueck aparecían. Encontré un Enrique, hijo del abuelo Fidel, de la familia paralela, él sí tenía contacto con su medio hermano, Roberto. "Están bien", me informaron. ¿Cómo avisar a mis suegros y cuñados en Guadalajara que todos estábamos vivos? Preparamos una carta y fuimos al aeropuerto, localizamos a una aeromoza quien salía en un vuelo a Guadalajara, le pedimos que llamara al teléfono que anotamos en el sobre. Así como nosotros, mucha gente buscó la manera de comunicarse con familiares, la angustia y el desconcierto se veía en el rostro de todos. Nadie organizó a los ciudadanos, pero la generosidad era unánime, las amas de casa horneaban panqués, tortas, se hacía acopio de agua y todo lo que pudiera apoyar a los voluntarios que día y noche levantaban escombros, esperando encontrar personas con vida. Era el segundo gran temblor que me tocaba vivir, el primero, en 1957, no lo sentí, fue el recibimiento que la naturaleza me había hecho a mi llegada a Veracruz.

Ana Paula terminaba 6° de Primaria, la ceremonia de clausura fue en la Sala Ollin Yoliztli. Nani y Don Rodolfo vinieron para la ocasión; yo asistí como mamá, no como empleada del colegio. Comenzó el desfile de entrega de premios y, ya para terminar, Miss Martha Mijangos comenzó a describir las cualidades que el colegio deseaba para sus alumnas. "Este año la alumna que ha merecido el premio 'Mulier Fortis' es Ana Paula Zueck Pérez." Reboté como resorte en mi asiento, Sergio y yo pasamos al escenario junto a Ana Paula quién, feliz, recibió su premio. Todavía al recordar aquellos momentos siento que mi corazón late más fuerte.

Al terminar la ceremonia, Ana de uniforme y llena de medallas, se fue a Guadalajara con sus abuelos, los llevamos al aeropuerto. La emoción se asentó en mi cuerpo por días.

Todos esos éxitos merecían un premio. Arreglé un viaje para Ana a un campamento cerca de Toronto por dos meses. Nani me dijo: "Mejor guarda ese dinero, te va a hacer falta". "Mi hija se merece eso y más, el dinero llegará", dije convencida.

Miss Martha me llamó unos días después de la entrega de premios. "Tengo que darle unas lecciones de agradecimiento, debió usted de traerles a las maestras de Ana Paula regalos, es una forma de dar las gracias." "Con todo respeto", le contesté, "los premios que obtuvo Ana se los ganó con su esfuerzo, por supuesto que tener buenas maestras es importante, estoy segura que ellas se sienten orgullosas de tener una alumna como Ana."

Durante el tiempo en que Ana estuvo en Canadá, yo me dediqué a trabajar intensamente en la venta de ropa. Finalmente Sergio se mudó y yo por fin respiré profundo.

Fuimos los dos a recibir a Ana Paula al aeropuerto, venía feliz, no paraba de hablar contando sus experiencias. Al llegar a casa, Sergio me preguntó: "¿Ya le dijiste?". "No, tú debes contarle", contesté. Y así lo hizo: cuando bajó, sus ojos estaban enrojecidos. "¿Qué te dijo?", pregunté. "Que era lo mejor para nosotros."

Ana Paula les contó a sus amigas del colegio lo sucedido. Ese mismo día, en la noche, me llamó el papá de una de ellas, se había enterado de mi separación y me invitaba a salir. Era un abogado viudo, hice un esfuerzo por aceptar, en ese momento no quería saber de nuevas amistades masculinas, pero debía darme una oportunidad. Él estaba muy entusiasmado, quería que saliéramos con nuestras hijas, no me pareció buena idea, y lo entendió. Comenzamos a vernos solos, generalmente a comer o cenar. Éramos muy diferentes. Para mí, salir a comer con un amigo es, además de disfrutar la comida, conversar, compartir opiniones, vivencias, planes. Para él, ir a comer era literalmente ir a comer. Un día le pregunté: "¿Por qué prefieres salir conmigo en lugar de con una chica soltera y sin problemas?". "Porque tú tienes experiencia en recibir gente en casa, manejar un hogar, tu imagen me hace sentir seguro, eres elegante, serías una excelente esposa." Lo que el abogado quería era una administradora de hogar. Martha D me dijo: "Estás corriendo en el pendejómetro". Y aún así seguí viéndolo por unos seis meses, hasta que, en el vuelo de regreso de Toronto de un viaje al que me invitaron para conocer los campamentos con el ofrecimiento de que los promoviera entre las alumnas del colegio, tuve tiempo para reflexionar que esa relación no me ayudaba en nada, y cancelé la oportunidad de ser administradora de hogar.

Hacía tiempo que no sabía de Ascen; su esposo John, quien era ingeniero en la Armada Británica, tenía un número de identificación con el que se le podía localizar en cualquier destino donde estuviera asignado, la Armada Británica mueve a su personal cada dos años. Preparé una carta muy sencilla para John, preguntándole cómo estaban Ascen, Anna y Alexander, sus hijos. La llevé a la Embajada, me recibió el agregado militar. Entregué la carta abierta, después de explicarle de qué se trataba.

Pasó el tiempo y no recibí respuesta. Años después me llamó Laura, amiga en común. "Pauli, me llamó Ascen, que va a venir, pero yo voy a estar en Tijuana visitando a mi mamá, ¿podrías tú esperarla en el aeropuerto y recibirla en tu casa?" "Por supuesto", dije.

Fue una semana en la que atendió sus asuntos. Compraba plata en Taxco que vendía en Inglaterra. En una sobremesa le pregunté por la carta que tiempo atrás había mandado a John. "Sí la recibió", dijo, "pero le hice jurar que no te iba a contestar." Me duele el resentimiento que acumula mi hermana, preferiría que se enojara y me reclamara, así tal vez romperíamos esa barrera.

Hubo otros viajes en los que venía a surtirse de plata para su negocio, un par de días después de su regreso a Inglaterra yo siempre recibía una carta llena de quejas y reproches, supongo que la ponía al correo en el aeropuerto. Era muy doloroso para mí.

Años después, Margarita me invitó a un pequeño curso de Constelaciones Familiares, algo que me impresionó. Pedí constelar mi relación con Ascen y tuve respuestas para entender su actitud, más no para lograr un acercamiento real.

Edmundo, nuestro casero, me llamó, nos iba a aumentar la renta. "Mundo", le pedí, "aguántame un par de meses, sé que tu casa vale lo que pides, pero yo no lo puedo pagar. Te prometo dejar la casa pronto." Comencé a buscar departamento, no para rentar sino para comprar. ¿Estaba loca? No tenía ni medio peso ahorrado, podía conseguir un crédito bancario, pero era necesario dar un enganche. Le comentaba a Martha D cada que veía uno que me gustaba, aunque el costo estuviera fuera de mi presupuesto. Ella rechazaba todos, no te conviene, está feo, está muy lejos, ni siquiera los conocía. Cuando le comenté del departamento de Av Toluca, de inmediato dijo: "¡Están padres!". "¿Y cómo lo sabes si no lo has visto?" "Sí los conozco, la hermana de Marilupe vive en ese edificio."

En ese tiempo, mi compadre Miguel Angel trabajaba en Banamex, ¡cómo me ayudó! Me autorizaron el préstamo sin visitarlo ni hacer el avalúo, me alcanzó para el pago, $10,000.000 de los de aquellos tiempos, y todavía me quedó para darle una pintadita y pequeños arreglos. La alfombra estaba que daba asco, pero ya no tenía dinero, ni modo, pensé, la quitamos y vivimos sobre el cemento. Pero mi ángel de la guarda, Miguel, solucionó el problema. "Vamos a cambiar toda la alfombra de unas oficinas del banco en Guadalajara, hay partes que están como nuevas. Te la envío y tú pagas el bajo alfombra y la colocada." ¿Qué más podía pedir?

Mis suegros llegaron a visitarnos. Todavía con la mudanza en cajas, Don Rodolfo, espantado, dijo: "No van a caber, ¡esto es muy pequeño!". Pero mis muebles sabiamente encontraron su lugar. La mesa del comedor la embodegué en casa de una amiga y comencé a buscar algo más pequeño. Era divertido buscar en revistas y carpinterías de la zona, aunque hubo tropiezos. Una de las mesas, que me fabricó un carpintero, era redonda, pequeña; la recogí de la carpintería y al día siguiente salimos de vacaciones. ¡Oh, sorpresa!, a nuestro regreso la cubierta estaba totalmente pandeada, la hicieron con madera húmeda. Recuperé el dinero y seguí buscando. Mi persistencia me llevó a un local atiborrado de muebles esperando ser reparados, me llamó la atención una mesa del tamaño que la necesitaba, una belleza de patas torneadas, tenía dos medias lunas a los lados que, al abrirse, la hacían crecer. Hable con el carpintero: "No se la puedo vender, puede que venga un día su dueño". "Pero me puede hacer otra igual", le contesté. "No puedo, tengo mucho trabajo, busque otro carpintero, que la vea y se la copie." Seguí buscando sin éxito. Recuerdo que era octubre cuando nuevamente insistí. "De acuerdo, se la voy a hacer, ¿le parece mil quinientos pesos?, venga en febrero y traiga una silla, para igualar el barniz." Con toda puntualidad, llegué los primeros días de febrero; pasamos a un patio detrás del taller, me mostró las piezas, aún sin montar, y dijo: "Hacer su mesa no era negocio para mí, así que hice diez; las iré montando conforme las vaya vendiendo". Un par de semanas después la mesa estilo inglés lucía en mi casa.

Empezaba a no estar contenta en mi trabajo. Ser separada o divorciada en un colegio tan tradicional era difícil. Había vivido algunas experiencias que me lo confirmaban. En cierta ocasión me llamó Miss Martha para llamarme la atención por no haberle informado que una maestra a quién habían contratado era divorciada. "Debemos actuar conforme a lo que enseñamos", dijo. Posteriormente, al revisar la solicitud de una maestra americana, vi que no una sino dos veces se había casado y divorciado. Tuve que informar a pesar de opinar diferente. Para mi sorpresa, la directora me dijo: "No mintió, no le preguntamos". Así pasó todo el año. Generalmente, cuando no se pensaba recontratar a una maestra, se le avisaba al termino del curso pero, en este caso, la despidieron 15 días después de comenzado el nuevo curso. Este tipo de decisiones tenía que ver más con la necesidad de conseguir un maestro, no con su estado civil y las normas morales.

En una ocasión vino a verme el Administrador General de los colegios, teníamos algunos problemas con el concesionario del transporte, se trataba de algunos ajustes económicos. No lográbamos ponernos de acuerdo el cura y yo. Era un español muy directo. "Mire Paulina", me dijo, "no somos hermanitas de la caridad." "De acuerdo, padre, guardaré su frase, tal vez un día la necesite para usted."

Comencé a comentar con personas de mi confianza que buscaba trabajo, una noche recibí una llamada de Rocío, maestra de religión. "Mi esposo está interesado en ti, para la notaría, ¿podrías enviarme mañana tu curriculum?, dáselo a mi hermana en sobre cerrado y sin comentarios." Así lo hice, esa misma semana me llamaron para concertar una cita. Hice cálculos de cuanto debería ser mi nuevo sueldo tomando en cuenta que tendría un horario de mañana y tarde, las vacaciones serían de acuerdo a la ley y podría perder la beca de Ana Paula. Me recibieron los dos notarios, eran socios.

Me sentí cómoda en la entrevista; estudiarían qué me podían ofrecer y nos veríamos en una semana.

Cuando escuché la oferta, pensé: ¿me adivinaron el pensamiento? El sueldo era lo que yo había calculado, y traía pilón. "Por la distancia (la oficina estaba en Polanco), no podrá ir a comer a su casa, le pagaremos la comida, también gasolina y mantenimiento del coche." "Si está de acuerdo", me comentó el notario de mayor edad, "podría empezar en enero, así puede disfrutar de sus vacaciones de fin de año en la escuela." Controlé mi emoción y me despedí.

Ansiaba llegar a casa y contarle a Ana Paula, desde la primera cita había hablado con ella, de lo que un cambio de trabajo traía de bueno, pero también los inconvenientes, no podría comer con ella y estaría sola parte de la tarde. Lo hablamos y estuvo de acuerdo.

Al día siguiente hablé con Miss Martha, le di las gracias y le informé que estaría hasta las vacaciones de Navidad. Creo que en el fondo se alegró.

Días después me llamaron de la notaría pidiéndome si podría ir dos o tres tardes a la semana, para irme familiarizando con el movimiento de la oficina. Tendría que aprender casi sola, mi antecesor como administrador había sido despedido dejando una mala reputación.

Miss Elizabeth, coordinadora de administradoras de los colegios de los Legionarios llegó una mañana con una oferta en la mano. Si aceptaba quedarme, me duplicarían el sueldo. Valoraban mi trabajo y no querían perderme. "Ya me comprometí con la notaría, de hecho ya comencé a trabajar en las tardes, gracias."

"Paulina, tú sabes que tengo votos de obediencia, dijo, yo sabía lo que ibas a responder, pero tenía que obedecer." Me sentí inquieta, todavía me preocupaba el tiempo que no le dedicaría a Ana Paula. Pero cuando hablé con ella sobre la contraoferta quedé impresionada por su madurez: "Mamá, te están ofreciendo el sol y las estrellas, pero poco a poco te van a pedir más tiempo. En la notaría vas a empezar y vas a crecer".

Llegaron los festejos navideños, celebrábamos con una misa y un desayuno. Yo, para Miss Martha, siempre fui invisible, pero ese año me pidió que cargara al Niño Jesús en la misa, que participara. Se entregaron canastas como premio a las maestras más destacadas de cada grupo y, como despedida, también yo recibí mi canasta. Después del desayuno la busqué entre los grupos para darle las gracias por sus atenciones, me miró, me separó con su mano en mi hombro y, sin decir palabra, se alejó. Todo había sido una comedia que representó ante las maestras. Todavía fue más allá, cuando empezó el siguiente año escolar, Ana Paula, como todos los años, fue a la Caja a recoger una constancia de su beca. "Ya no tienes beca", le dijo la cajera, llegó a casa llorando. "No te preocupes, mi amor", le dije, con lo que estoy ganando alcanza y sobra para tu colegiatura.

Así terminó este capítulo de mi vida laboral al que le dediqué trece años.

Ana Paula y yo estábamos de vacaciones en Guadalajara, en casa de Vicky y Miguel Ángel, mis queridos compadres. Su hija, Laura, era la prima de Ana más cercana por edad, eran como hermanas.

Desde que se fueron a vivir a Guadalajara, la familia se complementaba con una mascota, primero fue una dálmata un poco traviesa y siguió una Bóxer.

Una mañana, mi compadre nos invitó a dar una vuelta, yo no pregunté a dónde, no importaba el lugar, lo que disfrutaba era convivir con ellos. Cruzamos toda la ciudad, al fin se estacionó en una calle, en un rumbo, para mí, desconocido. Nos bajamos y mis compadres entraron a una casa. No tardaron en aparecer con dos bolitas de carne, la más chiquita caminaba hacia atrás. Me estaban enganchando, eran dos, un cachorro para Laura y otro para Ana Paula. Siempre me había negado a tener mascota, requerían un tiempo de atención que yo no tenía, una mascota es una responsabilidad, ¿tendría tiempo para ello?, me pregunté. Pero, como siempre, mi hija era primero y, en el fondo, me ganó la ternura.

Todavía necesitaban estar con la madre un par de meses, pero el tiempo vuela y Tany pronto fue la alegría de la casa. Era una French Poodle blanca como un copo de nieve, diminuta. Los primeros meses fueron de aprendizaje, ¡era tan cariñosa y juguetona! Toda la mañana se quedaba sola, Ana y yo salíamos a la escuela, pero, al regresar, era una fiesta. Con el tiempo aprendió a reconocer el sonido del motor del coche y comenzaba a saltar de emoción antes de que subiéramos los 4 pisos.

Se contagió de nuestra pasión por los viajes, tuvo de todo, camión, tren, coche, hasta de polizón en un viaje en avión, escondida en mi bolsa. En una ocasión, mis compadres nos invitaron a su casa en Manzanillo. "Gracias, pero no podemos ir", le dije a Miguel Ángel, "no tengo con quién dejar a Tany, no me gusta dejarla con el veterinario." "No importa", contestó mi compadre, "tráiganla, también va Candy, su hermana." El viaje fue en tren hasta Guadalajara y de ahí en coche a Manzanillo. Disfrutó a morir la playa, persiguiendo a todos los perros que aparecían. Yo terminé agotada, necesitaba otras vacaciones.

Una Semana Santa en Guadalajara, corriendo en el parque, se lastimó la patita con un vidrio, qué difícil fue encontrar un veterinario en Jueves Santo. Todavía, cuando pienso en ella, siento un vacío en mis brazos. El salir de vacaciones sin ella era complicado, por años la cuidaron los conserjes del colegio y, en sus últimos años, Sergio, el papá de Ana.

Con el paso de los años comenzó a tener problemas de salud, se volvió incontinente, cambié la alfombra por piso cerámico, además contraté a una chica que venía a mediodía a sacarla al jardín. Había que vacunarla, Ana la llevó a bañar y a corte de pelo, ya que después de la vacuna había que esperar un par de semanas para el embellecimiento. El veterinario la revisó y le dijo a Ana: "Tiene quistes en los ovarios, esto es común en esta raza, es necesario operarla o sacrificarla". Llegó a casa triste y preocupada ya que la decisión era difícil, le aconsejé llamar a su tía Vicky, ellos habían tenido el mismo problema con Candy, la habían operado pero sin resultado positivo y posteriormente la tuvieron que sacrificar. "Mamá, la solución es triste pero no quiero que siga sufriendo, debemos sacrificarla." Era sábado. "Llama al doctor", le dije, "y pregunta si nos puede recibir hoy, de lo contrario estaremos toda la semana sufriendo." A las cuatro llegamos al consultorio. "¿Quieren despedirse de ella?", preguntó el doctor, lucía tan bella recién bañada. Después de acariciarla salimos a esperar, sentadas en una banca, lloramos, tan sólo escuchamos un pequeño aullido al ser inyectada. Yo ya no me atreví a verla, pero Ana sí entró, mi hija es más fuerte que yo. El silencio nos acompañó en el camino a casa, el duelo fue cerrando la herida. Nos dio alegría por quince años y en este momento, al recordarla, la extraño.

Recibí la llamada de un vecino de tío Gabriel. "Hola Paulina, hace días que no veo luz ni movimiento en casa de su tío." "Gracias, trataré de localizarlo", contesté. No tenía idea de por dónde empezar, si había enfermado no entendía por qué Demetria no me avisaba. Recordé aquellos momentos cuando le ofrecí a tío Gabriel vivir con nosotros en Tecamachalco y pensé que algo raro estaba pasando. Locatel fue el hilo que jalé. Estaba en el hospital del IMSS de Santa Mónica. Ya en la recepción del hospital pregunté por él informando mi relación familiar. "Por ahí anda su esposa", me informó la recepcionista. Entonces vi a Demetria, las cosas iban tomando sentido. Pasé a emergencias a verlo, lucía demacrado, no hubo reclamaciones de mi parte, de hecho, no hubo comunicación. Salí nuevamente a recepción, tomé asiento, ¿qué hacer?, ¡me sentía tan sola! Pasaron unos minutos y se acercó un doctor: "¿Es usted familiar del señor Gabriel López?". "Sí", contesté. "Le voy a pedir que no vuelva a pasar, le dio un ataque de histeria después de que usted lo visitó." "Entiendo, me acabo de enterar de que se casó con la sirvienta, supongo que eso lo alteró." Al día siguiente lo visité, ya en sala, estaba comiendo cuando llegué, más tranquilo, supongo que ya al no tener que ocultar su secreto se le quitó un peso de encima.

Pasé a ver a una vecina. "Nosotros pensábamos que usted sabía, la veíamos visitarlo", comentó, "si no hubiera sido con Demetria, hubiera sido con otra, lo intentó con la hija de Juana, la muchacha que tenían cuando vivía su tía, no se sienta culpable", me dijo. Poco a poco me fui enterando de la historia. Años antes, por decisión de tía Isabel, hicieron testamento, se heredaban mutuamente y, al morir ambos, las herederas éramos mi hermana y yo. Al morir tía Isabel primero, el heredero fue tío Gabriel, se adjudicó la herencia e hizo un nuevo testamento a favor de la hija de Demetria, lo que anulaba el anterior. Así perdimos lo que en derecho nos correspondía y que tía Isabel deseaba, ya que mis tíos pudieron comprar esa casa gracias al apoyo que tanto mi hermana cómo yo dimos por años.

No pasaron más de tres días cuando tío Gabriel murió. Me acompañaron al entierro Sergio y nuestros amigos, Juan Manuel y Susy. Todo lo tenían arreglado, después de los saludos a las pocas personas, que no conocíamos, fuimos a la casa, al llegar le pregunté a Demetria: "¿Cómo están las cosas?". "Todo en orden, el señor le dejó todo a mi hija, pueden hablar con mi abogado." Para qué investigar, estaba segura de que decía la verdad. Me hubiera venido bien recibir esa herencia, en esos momentos difíciles de mi separación mi estado de ánimo estaba por los suelos, todo se acumulaba, el deterioro de mi economía, la incertidumbre de mi futuro. Pensé: "Tengo dos manos, y saldré adelante".

En la Notaría no estaban acostumbrados a tener administradora. Pedro me dijo: "Te vamos a dar apoyo para que los abogados te respeten, les cuesta trabajo recibir órdenes de una mujer. Vamos a remodelar toda la notaría, el que era mi despacho será el tuyo, tendrás tu propio baño". Hubo una época en la que el baño de mi oficina era una bodega. Comencé a recibir los libros que mis amigos desechaban, a veces por cambio de domicilio o por ayudar. En uno de mis viajes a visitar a Lilian, mi amiga suiza en San Miguel Allende, visité la Biblioteca Americana, hacían labor social y regalaban libros a escuelas del municipio. Coordinaba con ellos y cuando residentes en San Miguel viajaban a la Ciudad de México, pasaban a mi oficina y se llevaban las cajas que su cajuela admitía. A Lilian la conocí en el Club Suizo y posteriormente coincidimos con Eugenia, italiana, con quién tomé un curso de cocina en la época en que viví en Tecamachalco, también era socia del Club Suizo.

Por momentos, la notaría parecía un campo después de un bombardeo, poco a poco se iban terminando algunas áreas, teníamos planeado cambiar escritorios, los de acero pesaban mucho y era más caro pintarlos que comprar de madera aglomerada pero, mientras tanto, era necesario lavarlos, tal vez los nuevos tardarían. "Mañana voy a revisar los escritorios, por favor tiren toda la basura que tengan en ellos, restos de comida y lo que no sea necesario para su trabajo." Creo que no les gustó nada, alguien estaba de vacaciones, tomé una caja y coloqué dentro todo lo que había en su escritorio. "Se va a enojar *Fulanita*", protestó alguien. "Vamos a comenzar lavando este y cuando venga *Fulanita* ella guardará a su gusto sus cosas". Para mí fue impresionante, bolsas con restos de galletas, papel calca arrugado, plumas sin tinta, hojas usadas, tazas rotas.

Por primera vez supe que a algunas personas les cuesta tirar lo que ya no sirve, focos fundidos, llaves que no abren nada, clips oxidados y más.

La respuesta de mi llegada entre el personal fue variada, unos endulzándome los oídos, no sé si por conveniencia o por convencimiento. Recuerdo a Angélica, persona de confianza del notario mayor, quién al referirse a ella comentaba que había llegado a la notaría de calcetas. Los abogados no la respetaban mucho, era mujer y quien revisaba sus trabajos. Un día me preguntó: "¿Por qué me tratas tan bien?". "Porque eres una persona que sabe mucho de los asuntos de la notaría y puedo aprender mucho de ti", contesté. Lo cierto es que yo no sabía nada, tenía mucho que aprender. Le pedí al notario mayor si en ocasiones me podía quedar en su despacho cuando trataba algún asunto con los abogados. Aceptó, fue como tomar un curso en partes. Aun cuando mi trabajo tenía que ver con finanzas, personal y mantenimiento, el conocer los procesos relativos a las diferentes escrituraciones, me atraía.

A lo largo de los 20 años en la notaría me tocó vivir los cambios de la tecnología, desde las impresiones en libros con offset, los testamentos a domicilio con gelatina, hasta la era digital en folios encuadernables.

En el sótano había una bodega grande con cajas de piso a techo, pregunté qué era. "Todo lo que tenía cada abogado al cambiarnos a Polanco", me informaron. Hacía varios años que se habían mudado. Algunas cajas eran de abogados que ya no trabajaban en la notaría. Pedí ayuda a Pedro, el notario socio. "Dime en forma general qué es importante conservar y yo me hago cargo de revisar todo, con la ayuda de Gerardo", el mensajero y encargado del archivo. Fueron muchos los sábados que Gerardo y yo pasamos en la bodega revisando. Más vale paso que dure, que trote que canse. Aquel mundo de cajas se convirtió en menos de una docena, el resto debía ser triturado, contratamos a una empresa especialista en ello, quienes transportaron todo a su planta, Gerardo fue el testigo de ver el proceso de trituración. Él ya estaba en la notaría cuando entré, y continuó allí cuando me retiré 20 años después. Aprendí mucho de él. En una ocasión le pregunté si podía ir un sábado a buscar ciertos documentos del archivo, me contestó que no, aun sabiendo que le íbamos a pagar el tiempo extra. "Hace unas semanas el Sr Galán, nuestro contador externo, le pidió algo parecido y usted acepto venir", le dije. "Sí, pero él me lo pidió bonito", me contestó. Yo pedía las cosas con educación, pero era directa, me costó mucho esfuerzo y tiempo entender que a las personas les gusta que les doren la píldora. No podía cambiar de golpe y, además, me vería fingida, fue algo en lo que trabajé durante muchos años, quería lograrlo, necesitaba erradicar mi gen español. Tal vez lo conseguí. Al retirarme, recuerdo una comida a la que invité al personal que colaboraba directamente conmigo para despedirme de ellos. Gerardo estaba junto a mí, me sorprendió escucharle decir: "La Sra Pérez llamaba la atención cuando algo no estaba bien, tal vez no nos gustaba, pero siempre tenía razón".

 Le pregunté a Pedro acerca del ofrecimiento de pagar mi comida. "¿Dónde debo comer?, ¿cuánto puedo gastar?" "Donde tú quieras, de acuerdo a tu categoría." Comencé a recorrer los restaurantes de la zona, la mayoría después de una o dos semanas me cansaban. El que llegó a ser como mi casa fue Lynis, las meseras sabían qué me gustaba y qué no, me consentían. El chef Nacho a veces me llevaba un postre nuevo. "Por favor", me decía, "pruébelo, estamos pensando ponerlo en el menú." A la fecha, después de tantos años, cuando voy me siento querida, todavía hay meseras que me consintieron por años. Recuerdo a Mago, ascendió de mesera a gerente, sabía de mi trabajo en la notaría y me pidió ayuda, le ofrecían un departamento en venta, pero no le alcanzaba para cubrir los gastos, honorarios y derechos de la escritura. Nos sentamos, hicimos cuentas y le programé cómo pagar. Los impuestos tenía que pagarlos de inmediato, pero los derechos y honorarios poco a poco; nunca falló.

Entre los cambios que estábamos haciendo, el más interesante para mí fue entrar al mundo de la tecnología. El Ingeniero Carrillo había diseñado un sofware especial para las necesidades en notarías. Pedro fue quién tuvo la idea y dio seguimiento a los cambios, tenía el impulso de la juventud, era hábil y supo convencer a su socio. Recuerdo en una ocasión que el notario mayor dijo: "Sería interesante saber quién hace un recibo más rápido, Perita en su máquina de escribir u Olivia en la computadora". "Sé que Perita es muy hábil, pero usa papel carbón para las copias y al borrar un error no queda muy limpio. Pero lo más importante", le dije, "es que todo lo que se hace en la computadora queda en la memoria y además de tener un recibo con copias limpias, tenemos información para infinidad de reportes." Traté de ser sencilla en la explicación, era un excelente notario, pero la tecnología simplemente no le interesaba.

En los últimos meses que trabajé en el Oxford, un papá del colegio, con quién frecuentemente conversaba, me comentó que una prima suya se había casado con un irresponsable que la llenó de hijos. Lo que me estaba pidiendo era trabajo para una de sus sobrinas, ofrecí entrevistarla y me gustó, era muy lista, una esponja ávida de aprender. Le tomé cariño. "Olivia", le dije un día, "¿te gustaría estudiar contador público?, estoy segura de que el notario estaría de acuerdo en hacer algunos cambios en tu horario y tal vez apoyarte con la colegiatura." Tenía pendientes un par de materias de Preparatoria. "Arregla eso y cuando lo tengas hablo con el notario." Pasó un año y nada. Siempre ha danzado en mi cabeza la pregunta de por qué una persona teniendo la oportunidad de progresar no quiere hacerlo. Alguna vez me dieron una respuesta que me cuesta trabajo aceptar: "Si crece, va a ser diferente a su clan y, para ella, su familia era lo primero".

Pasaron los años, para ser exactos, catorce, Olivia comenzó a cambiar, estaba de mal humor, a veces me contestaba sin respeto, empecé a pensar que no estaba contenta con su trabajo. Hablé con ella, pero reaccionó hermética. Le habíamos encargado al contador externo una auditoría, para mejorar algunos procesos administrativos. Una tarde me crucé con el Ingeniero Carrillo en un pasillo y me dijo: "¿Me puede dar el teléfono de su casa, con discreción?". Ese mismo día nos reunimos en mi casa. "Paulina, la conozco desde hace años y sé qué clase de persona es, confiable. Necesito contarle algo, el contador ha descubierto un robo hormiga, lo ha estado haciendo Olivia durante casi tres años. El notario piensa que usted está involucrada, por eso no le han dicho nada. Estoy impresionado y sorprendido de la forma en que Olivia ha manejado el sofware para hacerlo, es muy lista, no se me hubiera ocurrido a mí. Pienso que en algún momento se equivocó al hacer la póliza de ingresos del día y de ahí surgió la idea, no puedo creer que lo haya planeado. Comenzó con pequeñas cantidades de ingresos en efectivo, probablemente al sentirse segura fue aumentando el robo, la cantidad pasa de dos millones." Perdí el habla, no lo podía creer, ahora tenía sentido su comportamiento, quería que la corriera.

Pasaron unos días y el notario me informó de los hechos. Programamos una reunión para el día siguiente después de salir el personal. Le pedí a Olivia si podía quedarse, el contador nos va a informar acerca de su auditoría y de nuevos procedimientos. No sospechó nada, al día siguiente llegó estrenando un traje amarillo huevo y, aparentemente, de muy buen humor. En la reunión estábamos presentes el notario, dos abogados, el contador, el Ingeniero de sistemas, Olivia y yo. El Ingeniero Carrillo tomó la palabra y con expresiones directas informó de los hechos. Yo observaba a Olivia, por instantes su rostro cambió, apretaba la mandíbula y tenía la vista fija en la mesa. "¿Tiene algo que comentar?", le preguntó Carrillo. El silencio invadió la sala; el notario tomó la palabra y le dijo: "No la voy a demandar, no va a salir de esta sala lo que aquí se ha hablado, le entregará a Paulina todo lo de su oficina y queda despedida". El silencio de Olivia continuó. El notario me preguntó si quería decir algo. "Olivia", le dije, "el notario está siendo muy generoso contigo, ¿no vas a darle las gracias?" Más silencio, entonces continué: "Me siento muy triste y decepcionada, no te reconozco". Terminó la junta y bajamos para que me entregara lo que tenía en su despacho, entre todos los papeles, las copias amarillas de los recibos que debía anexar a la póliza diaria, pero que no había depositado por dos años. Al terminar, me mostró su bolsa abierta con aire retador y preguntó: "¿Quiere revisarla?".

Al día siguiente, el personal comenzó a preguntar por ella, al principio sus compañeros, después los abogados, yo no tenía respuestas, el notario ofreció no hablar. La tensión se hizo más evidente, de modo que subí al despacho del notario, pidiéndole que hablara con los abogados. "Convóquelos", me ordenó. La noticia se regó. Ese mismo día Olivia llamó a una de sus amigas y, al enterarse de que el notario no había cumplido con su promesa, enfureció. Nunca volvimos a saber de ella.

Acostumbraba ir a comer sola, los abogados tenían sus propios compromisos y la mayoría de los empleados llevaban comida que calentaban en un microondas. En una ocasión le pedí al notario mayor que me prestara una sección de la notaría que no se usaba. Pondríamos mesas y sillas de plástico, además de un microondas. "Tengo planes para usarlo", me dijo. "Préstemelo por un tiempo, los empleados comen en su escritorio, sería bueno dejar el trabajo por una hora, además pueden socializar, la inversión es pequeña, cuando decida usar esa parte, guardamos las mesas y sillas en la bodega del sótano, son apilables." Finalmente aceptó. Pensé en llevar uno o dos días a la semana comida de mi casa y comer en el nuevo "comedor". Llegué con mis viandas listas para calentar, las mesas eran rectangulares y estaban dispuestas en paralelo, con sillas alrededor; cuál fue mi sorpresa al ver que quienes llegaban se sentaban de espaldas a las personas que ya había. No quise volver a ver tal actitud, continué frecuentando el Lynis acompañada por mi libro en turno.

Pedro contrató a una joven abogada, Marisa, muy dinámica, nada tímida. No tardó en proponerme que saliéramos a comer, parecía conocer muy bien la zona, me gustó la idea, era una forma de romper con la rutina.

"Tengo un amigo", me dijo, "que te caería súper, quiero que lo conozcas, qué te parece si el domingo próximo vienes a comer a casa de mis papas y lo invito." Acepté. Gente encantadora, la comida exquisita, su papá era quién le daba los tips para elegir los restaurantes donde sugería comer. Supuse que su amigo estaba al tanto de los planes de Marisa y me sentí observada. Según me había contado, era una persona muy culta, daba cursos de arte y además era psiquiatra, había estudiado en la Sorbona.

Esa semana hice una cita con el doctor Gómez, mi analista. Ya cómodamente instalada en mi sillón frente a él, le dije: "Tengo una amiga que me presentó a un amigo con el que quiere que me relacione". "¿Cómo se llama?" "Ignacio de la Barquera", contesté. Estiró sus brazos hacia atrás, balanceándose en el sillón, al mismo tiempo que lanzó una fuerte carcajada. "Usted no va a llegar a nada con él, es sabido que tiene una pareja, un galán de telenovelas, no es doctor ni psiquiatra, lo conozco bien."

En ese entonces, tuve problemas con mi coche, el taller estaba lejos, aprovecharía para recogerlo a la hora de comida. Cuando Marisa supo de mis planes se ofreció a llevarme. "Para nada, ¿y luego nos regresamos cada una en su coche?, soy más práctica", le dije, "tomo un taxi de ida y vuelvo en mi coche." Ella no aceptaba el no, insistía. Comencé a sentirme molesta, yo era muy independiente, no me gustaba que me dijeran qué y cómo hacer las cosas. Me sentía incómoda y acorralada. "¿Qué vas a hacer en la tarde?" "Voy a tomar café con unas amigas en Sanborns", y, sin ser invitada, apareció. Le presenté a Martha y a Marga, pidió un café, que bebió de un sólo trago y se despidió. "¿Qué pasa?", les pregunté a las dos, "me siento mal, me siento acosada." Ambas se miraron. "¿Qué no te has dado cuenta?, esta chica es lesbiana y te está persiguiendo." Ahora entiendo su insistencia en presentarme a Ignacio, quería que saliéramos las dos parejas, pero el reparto que hacía ella no era el mismo que el mío.

A la mañana siguiente le pedí a Pedro que me regalara unos minutos, era urgente. "Esto te va a parecer de locos, pero Marisa me está asediando, no lo soporto, no sé qué hacer." "Vives en un capelo", me dijo, "acabo de hablar con ella, renunció y no le acepté su renuncia, debí haber sabido esto antes." No me volvió a molestar, pero tuve que soportar su presencia por varios años.

Mi compadre Miguel Ángel me llamó un día desde Guadalajara: "¿Te gustaría conocer a un viudo rico?". "Lo puedo tratar, pero no es un viudo rico lo que busco." "Es un amigo del Club y anda buscando pareja, hace unos días me pidió consejo para elegir un reloj que quería regalar a una candidata." "Bueno, dale mi teléfono y a ver qué pasa." Recibí la llamada de Salvador, lo cité para comer en Bondi, nos describimos para poder reconocernos. Era lunes, había olvidado que Bondi cerraba, él llegó puntual y esperó, mi oficina estaba a escasas calles, lo cual ayudó. "Perdón, olvidé que hoy no abrían", y sugerí otro lugar. Vestía un traje de lino que parecía que había dormido con él, sus zapatos raspados no habían recibido una gota de grasa nunca. "No te fijes mucho, Paulina", me dije, tal vez sea un hombre interesante." A diferencia de como suele suceder, en esta ocasión fue él quien me contó casi toda su vida, habló de su negocio de maquinaria para la construcción, venía a México cada quince días, tenía dos hijas y un varón, quién trabajaba con él en la empresa.

Comenzamos a salir a comer o cenar cuando atendía su negocio en México. Poco a poco fue tomando confianza y comentaba más cosas de su familia. Una de sus hijas estaba casada con un extranjero y vivían en Chapala, le preocupaba que el yerno se aprovechara de la niña rica y le pidió a su hija que hiciera su testamento a favor de su hermana.

Me invitó a conocer su departamento, era muy espacioso, los muebles los había traído de Miami, de un departamento que tuvieron cuando su esposa, enferma de cáncer, estuvo allí en tratamiento. Parecían comprados en Hermanos Vázquez. Eso no era lo peor, el polvo era amo y señor de todo. "¿No tienes alguien que te ayude con la limpieza?", pregunté. "Hay chicas en el edificio, pero me dan desconfianza." Prendió la enorme pantalla de TV, se sentó y con un movimiento rápido aventó los zapatos. "¿Se te antoja un café?", preguntó. "Sí, gracias", contesté. "En la cocina están la cafetera y el café." De inmediato se me quitaron las ganas. "¿Qué extrañas de tu esposa todos los días?", le pregunté. "Elegía y colocaba sobre la cama la ropa que me debía poner." Otro que busca una administradora de hogar.

La siguiente vez que me llamó le sugerí que fuéramos al teatro. No recuerdo el nombre de la obra, era de suspenso. En algún momento de tensión, todo el público y yo brincamos del asiento y gritamos. Salvador tocó mi brazo y me dijo: "¿Eres nerviosita?". "¿Qué, tú no te asustaste?" "No, estaba viendo la coreografía."

Comenzaron a caerme gordas las cenas en restaurantes caros, qué aburrido era este hombre. Cuando comencé a rechazar sus invitaciones, dijo: "Es que tú no me necesitas". ¡Qué triste!, su autoestima estaba por los suelos.

Reconozco que soy seria, por eso siempre digo que necesito un hombre con sentido del humor. Parece que no llegó a mi vida o no lo supe buscar.

Eran tiempos difíciles, las sucesivas inflaciones habían convertido al peso en millones, fue el presidente Salinas quien eliminó tres ceros. Al término de su período, la economía estaba detenida por alfileres y la crisis económica estalló al comienzo del sexenio del presidente Zedillo por la falta de reservas internacionales. Ese año despertamos con la noticia del levantamiento Zapatista en Chiapas. ¿Estábamos en guerra? Los amigos del Taller de Lectura al que asistía convocaron a una reunión, queríamos hablar del suceso. ¿Quién era el comandante Marcos?

En una ocasión asistí a un evento a beneficencia del internado de la sierra Taraumara, en el hotel Camino Real, busqué entre la multitud de asistentes a Rodolfo, mi cuñado, necesité los lentes y olvidé quitármelos al acercarme a él. "Qué lentes tan horribles", dijo. Tenía razón, a partir de ese momento empecé a pensar en otra solución, veía difícil dejar de perderlos. En tiempos de mi trabajo en *Sandoz*, tenía que hacer unas láminas enormes con datos para el cálculo de costos, usaba varios colores. Un día me llamó el contador: "Paulina, recientemente he encontrado muchos errores, estoy seguro de que tiene que ver con su vista, le recomiendo se cheque, es posible que necesite lentes". Tenía razón, el diagnóstico fue astigmatismo. Desde entonces pasé a ser la chica de lentes, solamente los usaba para trabajar, ir al cine y, con el tiempo, para manejar y ver la TV. Los perdía como si fueran lápices, nunca pude con lentes de contacto, los trifásicos eran un suplicio. En fechas previas al comienzo de clases, las tiendas de lentes tenían buenas ofertas, era mi oportunidad, compre tres lentes con la misma graduación, uno para la oficina, otro para manejar y otro para la casa, elegí los más baratos, que también me parecieron los más feos. Era presumida y no los usaba siempre.

El doctor Alberto Osio era cliente de la notaría, hablé con él y de inmediato ofreció operarme, ¡y gratis! No fue fácil decidir, ¿y si me quedo ciega?, pensaba, qué importaba usar lentes horribles. Dejé pasar el tiempo, dar el paso era casi imposible para mí. Siempre que el doctor Osio iba a la notaría, pasaba a saludarme y recordaba su ofrecimiento. No sé qué pasó, una mañana, al despertar, grité: "¡Ana, sí me opero!", y antes de arrepentirme hice cita para los estudios preoperatorios. La operación se llevaría a cabo en un quirófano en Lomas. Me acompañó Ana Paula, no era yo la única paciente, era parte de un grupo de ocho personas, cada una esperábamos acostadas en una especie de reposet, las enfermeras nos ponían gotas en los ojos con matemática regularidad. Llegó mi turno y pasé al quirófano, una de las paredes era de cristal, tenía instalado un monitor en el que nuestro familiar podía ver con precisión todos los pasos de la operación. Asistía al doctor Osio un médico de Bahamas, quien seguramente estaba estudiando la especialidad, toda la comunicación era en inglés, para mí como si hubieran hablado en chino. Diez minutos y ya estaba con Ana Paula, mi lazarillo. Me habían colocado sobre los ojos unas medias esferas con orificios, las recomendaciones eran dormir bocarriba y cuidar de no tropezar para evitar el desprendimiento de retina. La tensión cansa, mi cuerpo pedía a gritos dormir.

A la mañana siguiente nos presentamos en el consultorio, mis compañeros de operación se veían felices hojeando revistas y leyendo noticias en los periódicos, nadie tenía puestas las esferas, ya sentada llegó una enfermera y quitó las mías. Llegado mi turno, pasé al consultorio: "¿Cómo se ha sentido?", preguntó el doctor Osio y me ofreció una revista. "Lea", me ordenó amablemente. Todavía sorprendida comencé a leer. "Vamos a esperar un mes para hacerle unos lentes para su vista cansada, preferiría que no maneje, lo más importante es evitar un golpe o una frenada imprevista. Agende su cita, la veo en un mes."

Volví a nacer, ¡qué hermosa era la luna! Las visitas a los museos, maravillosas, podía leer los letreros sin dificultad, los detalles de las pinturas, la intensidad de los colores, todo era nuevo para mí.

Pasados unos meses, un domingo en casa, Ana Paula me apresuró: "Mamá, mamá, ven. Van a pasar un programa de la clínica Barraquer en Barcelona, es la técnica con la que te operaron". Ya cómodamente sentadas, Ana me dijo: "Ahora te toca a ti, yo ya lo vi cuando te operaron, no fue precisamente agradable".

Unos años después pensé que sería necesario revisar mis ojos, no podía encontrar al doctor Osio, en esta ocasión Google no colaboraba, los números de teléfono no existían. Decidí hacer una cita en la clínica San Francisco en la colonia Del Valle. Antes de pasar con el oftalmólogo, me hicieron varios estudios. El doctor que me atendió había conocido al doctor Osio, él fue quién me dio la mala noticia, había muerto a causa de una leucemia, según su colega, descuidó el problema. También recibí una buena noticia, la operación que me practicó Osio fue excelente, ni siquiera necesitaba cambiar la graduación de mis lentes.

LOS VIAJES I

En Inglaterra, al terminar la Prepa y antes de entrar a la universidad, los alumnos deben tomar un año sabático, ya sea trabajando o viajando; esto es para reflexionar acerca de lo que quieren estudiar o hacer en el futuro. Anna Xóchitl, mi sobrina, lo hizo viniendo a México. Entre otras cosas, visitó a los proveedores de la tienda de artesanías que su mamá tiene en Chippenham.

Nos dijo que se le antojaba conocer un santuario de mariposas Monarca. Hay varios en los límites de Michoacan y el Estado de México. El lugar a donde fuimos, El Rosario, se ubica en las montañas michoacanas. En esta zona encuentran las condiciones necesarias para reproducirse, obtener alimento, oxigeno, protección contra vientos violentos y una temperatura agradable.

Después de viajar en un autobús desde la Ciudad de México, recorrimos un segundo trayecto en un camión de redilas. Lo que seguía era un camino pequeño, muy empinado, hasta llegar a la cima de la montaña. Renté un burro, para que Ana Paula y Anna Xochitl se turnaran en la subida, estrenó el borrico Anna diciendo arre, y tal vez también lo repitió al galope porque no la volvimos a ver hasta llegar a la meta.

Cuidaban muchísimo el lugar, fuimos pasando en grupos de diez personas a una pequeña hondonada, nos pidieron que no hiciéramos ruido. Las ramas de los árboles estaban llenas de mariposas, todas apiñadas formando racimos enormes y bellísimos. Me senté en medio del aleteo a reflexionar, fue muy emocionante, no pude contener el llanto. El contacto tan cercano con esta expresión de la naturaleza me conmovió.

Los colores naranja intenso y negro son la estrategia de defensa contra sus depredadores, ya que estos asocian los colores chillones con veneno y sabores desagradables. El oyamel, o abeto, es el árbol elegido por estas mariposas. En primavera y verano se alimentan del néctar de las flores, les da energía, y en invierno tan sólo necesitan agua.

De regreso tuvimos la oportunidad de conocer a un hombre de edad avanzada, quien nos contó cómo habían estado en contacto con la Universidad de Toronto, con Fred Urquhart, quién por muchos años buscó la ruta de la mariposa Monarca desde Toronto hasta encontrar el santuario en las montañas michoacanas. Había contratado a miles de voluntarios a través del recorrido, quienes marcaban las alas de las mariposas, de esa forma se logró trazar la ruta. Las mariposas solamente viajan con luz de día y recorren aproximadamente 130 kilómetros en cada jornada.

Fred Urquhart recibió en 1998, junto con su esposa y compañera en la investigación, la Orden de Canadá, la mayor condecoración civil que da el gobierno de ese país. Murió a la edad de 90 años.

Elsa, esposa de Rodolfo, mi cuñado, era de Chihuahua. En un viaje de turismo a la sierra Taraumara llevó cobijas que regalaba indistintamente en la calle al encontrar personas que las necesitaban, cuenta que le ofreció una a un rarámuri de edad, él rechazó el obsequio. No hablaba español, así que Elsa le pidió a la empleada de una tienda que le dijera que era un regalo. Así comenzó la que llegó a ser una gran obra de apoyo a los originales de la Taraumara.

La labor de Elsa era exhaustiva, la colecta inicial creció. A través de Lolita Ayala, la donación de cobijas supero las expectativas. Una fábrica de sueteres regalaba diez mil piezas. Frijol, arroz y más eran parte de lo que se enviaba a la sierra. Consiguió que los transportes Estrella Blanca donaran el envío en dos camiones. Por seguridad, la carga se entregaba en Sisoguichi, un pequeño pueblo en la sierra donde se asentaron jesuitas y lasallistas, posteriormente, al llegar ella, comenzaba el reparto en Norogachi. Esto se repetía cada año.

Mi querida concuña organizó un viaje al que nos invitó a varias mujeres, mis amigas Lilian y Carmelita, Cuquita, esposa de uno de los socios de Estrella Blanca, Regina, quien junto con su esposo editaba una revista y ofrecieron donar el 7% de lo recabado en las suscripciones, y Nelly, muy involucrada y entusiasta.

Volamos de la Ciudad de México a Chihuahua. Por mi insistencia hicimos turismo, visitamos la Quinta Gameros, que era refugio de la más importante colección de artnouveau de América Latina. En 1971, el nieto de la familia Requena hizo un contrato con el

INAH para donar el mobiliario familiar y exponerlo en la Quinta Gameros, ellos no contaban con los medios necesarios para restaurar tan valiosas muestras del arte de principios del siglo XX.

Partimos en tren desde Chihuahua hacia Creel, donde compramos frijol y arroz, los envasamos en bolsas de dos kilos y completamos con cajas de galletas. Elsa había contratado a Rafael Morquetcho, quien nos acompañaría en una Suburban durante cuatro días por las Barrancas del Cobre. Esa tarde, antes de salir hacia Sisoguichi, fuimos a comer en un pequeño restaurante donde conocimos al doctor Cheroque. Él vivía en Panalachi con su familia, era un típico norteño, alto, güero, de trato directo, con aspecto de artista de cine sobre su moto. Compartimos la mesa con él y la conversación giró alrededor de los corredores taraumaras, a quienes él entrenaba. Nos contó entusiasmado del triunfo de Victorino Churro de 52 años en el maratón 100 millas en Denver en 1993. De regreso al hotel, Lilian me dijo: "Cómo voy a creer que un desnutrido taraumara le haya ganado a los atletas americanos". Ella no sabía que unos días después Cheroque nos invitaría a comer a su casa y allí conoceríamos a Victorino, y que la historia se corroboraría con un video que nos mostró. En la comida, Victorino lucía una camisa amarillo intenso. Nelly le preguntó si se la vendía, de inmediato se la quitó y la entregó. Debajo traía otra, y tal vez otras más de diferentes colores. "¿Quién te la hizo?", le preguntamos. "Mi mujera", contestó. "¿Qué hiciste con el dinero del premio del maratón de Denver?" "Me hice una casita y compre unas cabras."

Ese día visitamos un taller de carpintería y un

terreno donde cultivaban papas. Elsa había invitado allí tiempo atrás a Manfred, un amigo alemán residente en México. Quedó tan conmovido por lo que vio que motivó a un grupo de alemanes jubilados a donar su tiempo y conocimientos a personas necesitadas de la sierra Taraumara. El plan fue poner un taller de carpintería formando una cooperativa. Manfred consiguió donativos para adquirir el terreno, la maquinaria y que las tres personas expertas en el manejo de los equipos vinieran por unos meses a capacitarlos. Entre las piezas que fabricaban había juguetes y adornos navideños. Siempre me pregunté, qué pensaría, cien años después, un antropólogo al encontrar estos adornos de estilo alemán fabricados en la sierra Taraumara.

La ayuda de Manfred no terminó allí, los juguetes que salían del taller de la sierra los compraba Nestlé, como parte de los productos que contenían sus canastas navideñas. Yo todavía conservo algunas piezas, mi árbol de Navidad es elemento importante del ornato junto con mi nacimiento de barro de Tonalá, Jalisco.

Otra de las obras en las que participó Manfred fue el programa de leche Liconsa. Se les entregaba cierta cantidad de leche en polvo a las madres bajo la condición de que acudieran regularmente con el bebé para medirlo, pesarlo y registrar su avance.

El padre Javier de Sisoguichi nos invitó a la residencia que tenían los jesuitas junto a la iglesia. Él era originario de Guadalajara y de porte elegante, nos contó de la labor que hacían con los taraumaras, defendiéndolos de los abusos para quitarles sus tierras. En una ocasión, en la ciudad de Chihuahua, capital del estado, se reunieron frente a Palacio Nacional un grupo de rarámuris en espera de ser recibidos por el gobernador. El padre Javier intervino exigiendo que los atendieran. "El Licenciado está en Monterrey", le dijeron. "Pues comuníquenme con él", pidió enérgicamente. "Aquí están desde hace días esperándote unos ciudadanos, quienes votaron por ti." El gobernador llegó en un helicóptero.

Un gran edificio, que en tiempos fue un internado para jóvenes, lucía vacío, los lasallistas no tenían personal que quisiera hacer labor social trabajando en ese apartado lugar de la sierra. También había un hospital, administrado por las hermanas Adoratrices. Sisoguichi era el centro administrativo más importante de la región. Elsa había organizado el viaje pensando en que pudiéramos asistir a la ceremonia de Primera Comunión de las niñas del internado, donde yo tenía una ahijada, Alicia. El día de la celebración se acercó su mamá, me pidió que si también llevaba al altar a su otra hija, y lo hice orgullosa. Todas lucían un vestido blanco de manta, igual a su atuendo tradicional. El internado era grande, el día que llegamos la hermana Elvira nos mostró todas las instalaciones, el dormitorio lleno de camas lucía impecable, los salones de clase, en perfecto orden, me impresionó la cocina, grande como la de un restaurante, ollas y sartenes relucientes. Todas las alumnas aprendían a cocinar. Me contaba la hermana que cuando regresaban a sus casas hacían pequeños hornos en el patio y usaban latas de sardina a modo de charolas para hornear pan dulce. Su vida cambiaba después del internado.

También les enseñaban costura, vi mi primera máquina de coser Alfa en el salón de manualidades, fue parte del envío en los camiones de Estrella Blanca, también rollos y rollos de tela que mi amiga Martha donaba, con ellos fabricaban los vestidos de las niñas, no desperdiciaban nada. Me pidieron que le tomara una foto a una niña que lucía un vestido hecho con parches de los retazos que quedaban. La puerta del internado siempre estaba abierta, era importante, me comentó la hermana Elvira, que las niñas no se sintieran enclaustradas.

Rafael, nuestro chofer y acompañante, se veía integrado en la obra, cuando nos encontrábamos en el camino a algún taraumara, se detenía y le entregaba una despensa. En uno de estos recorridos vimos a un hombre de edad con un violín, no me aguanté y le pregunté si lo vendía, pagué $100 y recibí un tesoro. Recuerdo ese momento cada mañana al verlo colgado en una pared de mi recámara. Ese día bajamos a la profundidad del cañón, el camino era bueno, el espectáculo, como de otro planeta, árido, rodeado de espectaculares montañas. De regreso paramos en un comedor junto al camino, donde disfrutamos de unos huevos con machaca y frijoles, sin faltar las deliciosas tortillas de harina.

Todavía nos esperaban más sorpresas, rumbo a Cuzárare nos detuvimos en el Valle de los Monjes, lugar de gran energía. Nos comentó Elsa cómo en una ocasión tuvo la suerte de sobrevolar la zona y ver desde la altura huellas atribuidas a aterrizajes de extraterrestres. ¡Y los arcoíris! El que yo vi no formaba un arco, era una franja horizontal impresionante, seguramente algún científico me podría explicar su funcionamiento, pero qué importa, para mí lo primordial fue experimentar el asombro ante tal fenómeno de la naturaleza.

Ya en el poblado entramos a una tienda de artesanías, la chica que nos atendió nos contó cómo un grupo de mujeres había formado una cooperativa. Algunas no sabían leer ni escribir, ellas ayudaban haciendo la limpieza del local, todas participaban. La joven nos compartió haber estudiado en el internado, también su madre, eran la prueba viviente de lo que lograban las hermanas.

Para terminar el día fuimos al hotel Cabañas Cuzárare. Años antes, Elsa regaló a los habitantes de ese lugar una Virgen de Guadalupe, trabajada en *pewter*, que fue colocada en el tronco de un árbol en las afueras del hotel ya que no permitían a los taraumaras el acceso. El lugar se convirtió en un centro de oración en medio del bosque. Le pidieron a Elsa que fuera la mayordoma, algo inusual ya que ese era un cargo ostentado siempre por hombres. Era una muestra de cariño y admiración hacia ella. Expresiones como esta las viví en todos los lugares que visité.

Así terminaba parte de mi viaje, salimos para Creel en la Suburban. De allí, Lilian, Carmelita y yo continuábamos el viaje en el tren Chihuahua-Pacífico hasta Los Mochis y las demás rumbo a Chihuahua y México.

Al momento de abordar el tren, Lilian dijo en un tono de alivio: "Al fin nos deshicimos de Elsa". Tiempo después lo comenté con mi concuña. No pareció sorprendida. "Nos juntamos dos personas de carácter fuerte, ella no soportó no ser el centro de atención o quién dirigiera al grupo."

El espectáculo a través de las barrancas era sorprendente, los puentes, espectaculares, el tren no llevaba mucha velocidad, lo que nos permitía admirar el paisaje. En Mochis abordé un avión a México, Lilian y Carmelita continuaron su viaje a Baja California.

Pasados algunos años de mi separación, cuando mi condición económica mejoró, comenzó mi inquietud por tener actividades recreativas. Para nada pensaba en irme a una playa a descansar, y mucho menos sola. Fue entonces cuando encontré la oportunidad de viajar con el INAH. Los "Viajes Culturales" fueron una increíble experiencia: iba sola y no, es decir, con personas que tenían los mismos intereses que yo, en cada viaje hacía nuevos amigos.

Había para todos los gustos y colores: viajes a zonas pehispánicas, coloniales, ecológicas, tanto en México como en países centroamericanos. A veces en la ciudad por una mañana o también salidas de un día a lugares cercanos y, en ocasiones, hasta por diez días, como el viaje a Guatemala.

Una de las salidas de las que tengo mejores recuerdos fue la de "Muertos en Zintzuntzan, lugar de colibríes". Se encuentra en las orillas del lago de Patzcuaro, cerca de la ciudad del mismo nombre. En ese viaje conocí a Nora, boliviana residente en México. La amistad continúa a la fecha, cada vez más cercana e indispensable.

El paseo incluía visitar Las Yacatas, pirámides prehispánicas testigos de la época en la que Zintzuntzan fue capital del pueblo tarasco. El arqueólogo Tomás, quien nos adentraba en ese maravilloso mundo con sus relatos, había sido parte del equipo de trabajo de campo de la zona, tenía infinidad de anécdotas de sus vivencias con los pobladores del lugar.

Había leído acerca de las celebraciones del "Día de muertos" que los mexicanos nos burlamos de la muerte, en mi opinión, con estas ceremonias buscamos consuelo por la pérdida de nuestros seres queridos y, de alguna forma, queremos sentirnos cerca de ellos. Esta fue una experiencia que sobrepasó todas mis expectativas.

En la tarde de aquel 2 de noviembre, salimos en el autobús rumbo al cementerio. El tráfico era terrible, la carretera era prácticamente un estacionamiento de coches que venían de Patzcuaro y otras ciudades cercanas. Al llegar ya había anochecido. Tomás nos hizo algunas recomendaciones: "Respeten el lugar y a los dolientes, no tomen fotos, no hablen fuerte".

El cementerio está en una ladera, el espectáculo era impresionante. Las tumbas estaban adornadas con cientos de veladoras y flores de cempazúchitl, la cantidad de velas reflejaba la importancia económica de la familia. Junto a cada tumba, una gran canasta con los alimentos que le gustaban al difunto, cubierta con una carpeta bordada y almidonada. El ambiente estaba impregnado de olores a flores, comida y cera.

Tratando de no ofender a ningún pariente, me atreví a preguntar a quién visitaban, tuve respuestas afectuosas. El aire de misterio y solemnidad me invadía, estaba realmente emocionada. Nadie de mi familia estaba en ese cementerio, así que hice una oración por mis padres, estoy segura de que me escucharon.

Desde hace algunos años pongo un pequeño altar

de muertos dedicado a mis padres y a mis suegros. Ojalá logre trasmitir esta costumbre a mi hija. Actualmente estamos invadidos por el Halloween, cada año tocan a mi puerta niños, acompañados de sus padres, quienes viven en mí mismo edificio, no puedo contra la masiva propaganda, pero después de darles dulces, los invito a ver mi altar de muertos.

Este viaje fue el punto de partida de muchos otros. El programa era semestral, y si querías tener un buen lugar en el camión cuando la visita era fuera de la ciudad, tenías que inscribirte con tiempo, ahora se puede hacer por internet, pero en el pasado era necesario hacer los trámites en las oficinas del INAH en Orizaba y Puebla. Cuando la visita era dentro del DF, la cita era a las 10 de la mañana cerca del lugar a visitar, al principio iba sola, pero después de varios viajes empezaba a conocer personas que, como yo, iban con frecuencia. A veces, al terminar, nos íbamos a comer juntos.

Siempre iba una persona especializada en la historia del lugar, yo pedía permiso para grabar y me colocaba detrás del expositor para que no se sintiera incómodo. Todavía conservo los cassettes de la ida a Regina Coeli, al convento carmelita del Desierto de Tenancingo, la visita desde Tlatelolco hasta la plaza de Santo Domingo. La iglesia de La Santísima y el Exconvento de la Merced, y Xochicalco, lugar que me encanta y que he tenido la oportunidad de visitar en varias ocasiones acompañada de expositores con diferentes visiones del lugar. La primera vez fue por invitación de una vecina, Margarita. Iba con un grupo de estudiantes de arquitectura de la UNAM, quienes grababan y fotografiaban toda la visita, y su maestro, quien daba conferencias en todo el mundo. Me sentí transportada al pasado, podía imaginar los colores con los que estuvieron recubiertas las pirámides. Cuando el profesor nos describió el juego de pelota, todos nos quedamos sin aliento, el silencio era sepulcral, tan sólo su voz, enamorándonos de la tradición de nuestros antepasados, resonaba. Tal vez lo más interesante fue descender al observatorio, pasamos en grupos de 20, el camino hasta llegar a la bóveda estaba bordeado por botes donde se quemaba copal, el aroma, hechicero. Ya en la bóveda, uno de los jóvenes se posicionó en el centro bajo el haz de luz que proyectaba la abertura octagonal, como le indicó el maestro, y para mi sorpresa, pude, por primera y única vez en mi vida, ver el aura de una persona, un azul violeta rodeando la parte superior de su cuerpo.

Al final de la visita fuimos a los restos de lo que fueron las viviendas de los astrólogos. El maestro nos dijo que sus intestinos trabajaban muy bien gracias a la posición en que defecaban, incómoda si la comparamos con el actual baño francés, pero mucho más saludable. Para finalizar, les pidió hacer un proyecto de viviendas subterráneas.

En Guatemala, durante diez días, disfruté de lo que para ese momento ya era mi pasión, la arqueología. Fue en Semana Santa, me asignaron de compañera de habitación a Lourdes, una joven entusiasta, quién colaboró para hacer que el viaje fuera memorable. Nos hospedaron en un hotel nuevo de 10 niveles, nosotros lo estrenamos. Lo primero, después de instalarnos, fue un recorrido por el centro de la ciudad que, como en todo Centro América, no tiene mayor atractivo. Visitamos una iglesia en donde tenían listas para la procesión las imágenes de Jueves Santo; es famosa la imaginería guatemalteca. Al día siguiente nos trasladamos en la mañana a Antigua, que en época de la colonia fue la capital del país, y donde pudimos admirar los bellos edificios testigos de la opulencia colonial. Las ruinas de la antigua catedral de San José, destruida por el terremoto de 1773; calles con alfombras hechas de flores, artesanía que también encontramos en México; bellísimos arreglos florales en la herrería de los balcones; las calles angostas y llenas de gente. Logramos subirnos a un camión de redilas, desde donde pude tomar fotos de los arreglos, todos y cada uno eran obras de arte.

Camino a Tikal nos detuvimos en Quirigua, donde vi el mayor número de estelas jamás imaginado, en un estado de conservación perfecto, los glifos parecían recién labrados. Cómo me hubiera gustado saber leerlos, cuántas historias de personajes mayas, de acontecimientos, de guerras y victorias. La naturaleza había diseñado para la historia un entorno verde intenso.

Llegamos al hotel Camino Real en Flores Petén, ya estábamos en la selva y mis enemigos, los mosquitos, seguramente me esperaban ansiosos. Un par de meses antes del viaje un arqueólogo me recomendó tomara diariamente vitamina B y vitamina A. No sabía si iba a funcionar, llevé toda clase de repelentes que nunca usé. Después de registrarnos en el hotel, como a las cinco de la tarde, fuimos al lago, atravesando un enorme terreno lleno de pasto. Los mosquitos pululaban a nuestro alrededor, el calor era sofocante, algunos compañeros se lanzaron al lago, otros, regresamos a la alberca del hotel. No tardaron en aparecer las ronchas rojas en la piel de casi todos ellos, yo me libré, la receta había funciónado.

Don Eduardo, papá de mi amiga Martha, me había hecho un encargo. Su segundo apellido era Pinelo, sus abuelos fueron emigrantes italianos que llegaron a Flores Peten en el siglo XIX. "Por favor", me dijo, "trata de contactar a alguien con mi apellido." "Lo prometo", contesté. No tenía la menor idea de cómo, pero, como siempre, la solución vino a mí sin buscarla.

Después de desayunar, el plan era ir a Tikal. En Guatemala tienen algunas reglas, los guías deben ser guatemaltecos, nuestro experto sería un visitante más. El autobús nos estaba esperando en la entrada del hotel, el guía saludaba amablemente. Cuál fue mi sorpresa al llegar frente a él y ver bordado en su camisa el nombre Pinelo. Más tarde busqué la oportunidad de hablar con él. La historia tuvo final feliz; uno de los muchos Pinelos que vivían en Flores Petén contactó a Don Eduardo y años después lo visitaron en México.

Tikal, una de las joyas mayas, tiene dos pirámides gemelas, con una pendiente mayor que otras. No me resistí y pronto estuve en la cima pero, a la hora de bajar, era imposible, el vértigo no me dejaba, me senté a reflexionar, no puedes quedarte aquí, Paulina. Pedí ayuda a un joven, le expliqué que necesitaba bajar en zig-zag pero sin ver adelante, apoyé mis manos en sus hombros y muy despacio tras él comencé a descender. Al tocar el suelo, mi suspiro se escuchó en kilómetros.

El guía nos pidió no salirnos nunca de los senderos, era fácil perderse en la selva. Al terminar el recorrido de toda la zona arqueológica, nos esperaba una deliciosa comida en una fresca palapa. Todavía tuvimos la oportunidad de disfrutar una maravillosa puesta de sol desde el hotel. El sol se reflejaba en el lago, los colores se mezclaban en el horizonte, mi respiración cada vez era más tranquila.

Salimos para Panajachel, pueblo a la orilla del lago Atitlán. Ahí conocí a una joven vendedora de artesanías que se llamaba como yo, le compre unos listones de telar de cintura, que las indígenas usan en el pelo, pero yo, que lo tenía corto, lo convertí en collar. En una lancha grande recorrimos el lago, visitando algunos pueblos de las orillas; en uno de ellos, al bajar, se acerco a mí un indígena, tomó mi mano y comenzamos a platicar como si ya nos conociéramos, fue algo mágico. En ese recorrido visitamos Santiago, un pueblo con muchas tradiciones, ahí compré un huipil ceremonial que atrae elogios siempre que lo uso.

Chichicastenango es famoso por su mercado de los jueves. Cuando viajas en tour no te dan mucho tiempo para compras, el colorido y belleza de las artesanías en Guatemala son un imán; Lourdes y yo decidimos no comer con el grupo y dedicar ese tiempo para hacer compras en el mercado. Naranjas y plátanos fue nuestra comida ese día, además, tenía un plan, cuando algo me gustaba, compraba tres, uno para mí, otro para regalar y otro para vender. Los gastos que no incluía el viaje del INAH, los pagó la venta de artesanías al llegar a México.

Sonó el teléfono en la habitación, debe ser el despertador, pensé. Escuché una voz que casi me infarta: "Estamos todos arriba del autobús, esperándolas para ir al aeropuerto". Las maletas estaban listas, nos vestimos como si fuera película de risa, todavía en el elevador me iba abotonando el vestido. No saludé al subirme al autobús, traté de ordenar mi cabello y, ya más tranquila, pedí disculpas. "Perdón, no nos despertaron los de recepción."

En 1998 viajé con Emilio Quezada, fundador en el INAH de los "Viajes Culturales". Ya jubilado, siguió de forma particular con muchas de sus asiduas clientas. Le comenté a Ana Paula mi deseo de hacer un viaje. "Yo quiero ir", me dijo, "varias veces han convocado para una visita en la Ibero, pero en todas las ocasiones yo tenía trabajos que entregar o cosas impostergables." Ana estaba dándole los últimos toques a su tesis como Diseñadora Industrial. La noche previa a la salida la pasó en vela terminando el trabajo. Su papá se encargaría de llevarla a la imprenta. En el autobús nos tocó en asientos separados, Ana eligió reponer la falta de sueño en el trayecto. Su compañera de lugar casualmente era amiga de la mía, se acercó a nuestro lugar a charlar. "¿Qué tal te fue con tu acompañante?, ¿ya te confesó?, ¿te atosigó a preguntas?" "Para nada, desde que se sentó abrazó a Morfeo."

Pasamos a Querétaro a recoger a la expositora que nos daría la plática de la zona arqueológica de Ranas y Toluquilla, ella había dirigido el trabajo de campo hacía años y, además de la información técnica del lugar, nos contó vivencias con los trabajadores. Ana Paula, ya repuesta y con su cámara Minolta lista, comenzó a capturar los espacios de la zona arqueológica. Se acercó a ella mi compañera de viaje, también traía una buena cámara. Más tarde supe que era Rosa Nissan, fotógrafa profesional. Adoptó a Ana Paula todo el viaje:

"Dame ideas", le decía. Supongo que hablaban el mismo idioma.

Las misiones de Sierra Gorda fueron fundadas por franciscanos en la segunda mitad del siglo XVIII, con la finalidad de evangelizar a los indígenas de la región. Ellos ayudaron en la construcción, dejando plasmado su propio sentido artístico en la decoración de fachadas y retablos. Jalpan, dedicada al apóstol Santiago, fue fundada por Fray Junípero Serra; su fachada está decorada con intrincados y bellos adornos en el más puro estilo barroco-mestizo y es Patrimonio Cultural de la Humanidad. Rosa le tomó una foto a Ana Paula con la fachada de la misión al fondo, me encanta, la tengo en mi escritorio, su sonrisa me saluda todos los días. Landa fue la última misión en construirse y la más ostentosa. Tilaco, dedicada a San Francisco de Asís, construida en pendiente con el campanario separado de la iglesia. En la fachada podemos admirar mazorcas de maíz y cuatro sirenas con rasgos indígenas; es la misión mejor conservada. Tancoyol, dedicada a Nuestra Señora de la Luz, tiene un amplio atrio con su capilla posa, lugar donde los frailes evangelizaban a los indígenas. Concá, dedicada a San Miguel Arcángel, lo que le falta en tamaño lo compensa en detalles, está decorada con grandes flores y follaje, es la más mestiza de las misiones.

Esta parte del viaje la hicimos en tres días, la primera noche nos quedamos en un hotel deprimente, la regadera estaba arriba del WC, fue bastante incómodo ducharse; fuimos recompensados la segunda noche en el Hotel Hacienda Concá, grandes jardines, habitaciones amplias y buen desayuno. Puedo sacrificar lujo de hotel, pero disfruto mucho la buena comida.

Dejamos atrás las misiones y emprendimos el viaje a Xilitla, en la huasteca potosina. La carretera era sinuosa y corría bordeando la montaña, yo a veces echaba una mirada, el fondo de la barranca no se alcanzaba a ver, era mejor no mirar y ahuyentar pensamientos trágicos. No sé cuánto tiempo pasó, me pareció interminable.

Al fin llegamos. "Si quieren, pueden ponerse el traje de baño, hay unas pozas donde pueden refrescarse", nos informaron. Ana Paula les tomó la palabra. Alguna vez había oído hablar de Xilitla, pero hay que vivirlo, es un lugar de fantasía, escaleras que no llevan a ningún lado, fachadas de mansiones sin mansiones, todo emergiendo de la selva. Edward James fue el autor de esas esculturas surrealistas. Después de esta visita, traté de saber más de él, tiene una historia muy interesante. Nació en Escocia, en una familia aristócrata, se rumoreaba que era hijo bastardo de Eduardo VII, su padrino. Heredó la inmensa fortuna de sus padres, estudió en la facultad de bellas artes de la Universidad de Oxford. Después de pasar por dos divorcios y de saltar de Paris a Nueva York y Los Ángeles, en 1944 llegó a Cuernavaca, invitado por un antiguo amigo de Oxford. Fue entonces cuando la rueda del destino le puso enfrente a dos personas cuya amistad mantendría por el resto de su vida: la pintora surrealista Leonora Carrington y Plutarco Gastelum, un atractivo sonorense de sangre yaqui, empleado de la oficina de telégrafos en Cuernavaca, quién sería su ángel ejecutor.

Plutarco se encargó de buscar una propiedad donde cultivar orquídeas: Las Pozas, un terreno en la ladera de una montaña, atravesada por un rio que en su camino forma pozas de agua transparente. Después de las orquídeas, albergó un zoológico. Mientras la naturaleza alimentaba el romanticismo de James, Gastelum se ocupaba de terracear la ladera, lidiar con los peones y preocuparse por la raya. Plutarco enfermó de Parkinson y James lo llevó junto con toda su familia a Londres.

Plutarco hijo heredó la propiedad a la edad de 23 años, pero no tenía dinero para mantenerla. Los boletos por el pago de la visita, decían, los administraba American Express. Tengo pendiente regresar, pero con más tranquilidad, poder disfrutar el sonido de los insectos, respirar ese aire húmedo entre el follaje, soñar entre las esculturas de cemento, tal vez igual a como lo hizo Edward James.

Había conocido a Nora en el viaje a Zinzunzan con el INAH, comenzamos a vernos, hicimos química, poco a poco fue presentándome amigas, nos reunía a tomar café en su casa. Esta amistad todavía está viva.

En algún momento externamos el deseo de viajar a Egipto y comenzamos a planear el viaje. Ella conocía a Noha, egipcia casada con un mexicano, quien nos recomendó una agencia especializada en viajes a ese país.

Planeamos ir en Semana Santa, fechas en que ambas teníamos vacaciones. Era temporada alta, lo que suponía un costo mayor, y nos dimos el gusto de elegir un par de hoteles que verdaderamente fueron sensacionales. El vuelo de KLM a Amsterdam y las esperas para conectar a El Cairo sumaron 24 horas, nos sentíamos jóvenes. Al llegar, nos estaba esperando un empleado de la agencia, quién nos ayudó con todos los trámites. Al ver mi pasaporte español, dijo: "Ese es el bueno". Lo que ocurría era que España tenía muy buenas relaciones con los países árabes, de hecho, caminado por la zona de embajadas, vi varias oficinas oficiales de dependencias españolas.

Las primeras 2 noches nos hospedamos en el hotel Mena House Oberoi, espectacular, lugar que alojó a la mayoría de las personalidades que asistieron a la inauguración del canal de Suez en noviembre de 1869. Desayunamos en una terraza que bordeaba un relajante jardín, desde donde podíamos ver las pirámides de Giza.

Nos integraron a un pequeño grupo de españoles, nuestra primera visita fue a la mezquita Mehmet Alí. Debíamos dejar nuestros zapatos en un mueble a la entrada, Nora prefirió llevarlos en la mano. La entrada a las mezquitas debía ser en horarios en los que no hubiera ceremonias religiosas. Había comprado una cámara Olympus en el aeropuerto de Amsterdan y comencé a atrapar las imágenes con las que he revivido este viaje muchas veces.

Al día siguiente, ya integradas al grupo y cuidadas por nuestro guía, Khaled, visitamos las pirámides de Giza. Hay muchas investigaciones acerca de cómo transportaron y colocaron las enormes piezas que conforman estos monumentos. Me sigo asombrando, no quiero pensar en los miles de esclavos que dejaron su vida en esta obra.

A la mañana siguiente nos recogieron a las 4 de la madrugada para tomar el vuelo a Luxor, donde embarcaríamos en el crucero *Sonesta Moon Goddess* para nuestro recorrido por el Nilo. Los sobrecargos parecían modelos, muy altos, delgados y unos ojos bellísimos, eran nubios.

Al llegar a nuestro camarote encontramos una canasta repleta de fruta con una tarjeta de bienvenida del capitán. Nos reunimos con nuestros compañeros de grupo e hice un comentario elogiando tanto el camarote como la fruta de bienvenida. Khaled rápidamente intervino cambiando de tema, en ese momento supe que nosotras, a diferencia del resto del grupo, viajábamos en VIP: teníamos un balcón desde donde podíamos disfrutar la ribera del Nilo que, aproximadamente, tenía unos 50 metros de pasto y después la arena del desierto. Eran imágenes que sólo había visto en fotografías. El crucero navegaba durante la tarde y parte de la noche, en el día bajábamos a visitar los templos y tumbas. El sol quemaba, la arena también.

El primer día visitamos Karnak, un templo considerado uno de los mejores ejemplos de la arquitectura egipcia, sus 134 columnas de 23 metros de alto conducían al templo de Amon. La nave central, empezada hacía 1375 aC por Amenofis III, es el mayor templo de adoración en la historia. Lo conforman varios templos incomparables, entre los cuales se encuentran el dedicado al dios Amon, a su esposa la diosa Mut y a su hijo el dios Jensu, dios de la luna. Fue conocido desde la conquista árabe con el nombre de Karnak, que significa fortaleza.

La comida en el crucero era de tipo internacional, disfruté mucho de los desayunos con fruta abundante, higos, dátiles, un melón tipo valenciano pero muy pequeño que era delicioso. También había platillos calientes. Nora disfruto todo el viaje el té, del que se surtió ampliamente. Las cenas, deliciosas. La canasta de frutas de bienvenida se fue quedando y finalmente la regalamos a los niños que encontrábamos en nuestros recorridos fuera del barco.

El Valle de los Reyes, en donde se encontraban tumbas profusamente decoradas, paredes y techos con escenas de divinidades estelares, formaba el cortejo que acompañaba a las barcas solares en su navegación por el Nilo. Tan sólo quedaban los sarcófagos de granito, todas las tumbas habían sido saqueadas, excepto la de Tutankamón, olvidada durante más de 3,000 años hasta 1922, cuando la descubrió Howard Carter. Había quedado enterrada bajo los escombros de la tumba de Ramses VI, construida un poco más arriba. Las extraordinarias riquezas encontradas las podemos admirar en el museo del Cairo. También visitamos el Valle de las Reinas, con las mismas características.

Después de nuestra visita a los templos de Luxor, en el crucero entramos en una esclusa, algo necesario cuando el nivel del agua es diferente. Entra el barco, se cierra la compuerta trasera y abren la compuerta delantera dando acceso al agua, avanza el barco y se repite la acción en las siguientes dos esclusas.

La visita a Edfu, la hicimos en calesas. Recuerdo que Khaled nos recomendó mucho no olvidar el número de nuestra calesa, pues, de regreso, teníamos que viajar en la misma. De la antigua capital de la región, llamada por los griegos Apolinópolis Magna, queda el templo mejor conservado de todo Egipto, dedicado a Horus. Fue erigido por Ptolomeo III en 327 aC. Sus sucesores, hasta Cleopatra VII, última Reina de Egipto, continuaron las obras del templo.

Ya de salida estaba esperándome un niño a quién le había tomado una foto, recordaba mi nombre, trató de venderme algo de la tienda de su padre, pero el tiempo era nuestro peor enemigo, le dimos fruta y propina, debíamos buscar la calesa 171. Nuestro calesero nos vio: "Regreso en cinco minutos", dijo, lo cual no sucedió, pero Khaled, que nos cuidaba mucho, nos acomodó en otra, era un mundo de carruajes.

Cerca del muelle encontramos a un hombre con una canasta en la que guardaba una enorme serpiente, rápidamente se la colgó a Nora y ella, sonriente, posó para la foto. "Yo también quiero", dije, todo parecía ir bien, hasta que alguien puso mi mano sobre la serpiente, sus músculos se movían haciendo que se retorciera, fue una sensación horrible, mi cara en la foto refleja el horror que estaba viviendo.

Hubo dos cenas especiales, Khaled nos llevó a unas tiendas cercanas al embarcadero y nos pidió que compráramos atuendos egipcios, nos explico que era ropa que las mujeres usaban en la intimidad de su hogar. Esa noche disfrutamos de comida y música egipcia en la cubierta del crucero con todos los turistas arreglados de acuerdo al protocolo. Para la noche del capitán, Nora y yo habíamos puesto en la maleta sendos huipiles que lucimos con mucho orgullo. No había tiempo para aburrirse, siempre estábamos de fiesta, no faltó la danza del ombligo, el mago con sus habilidades, todas las noches espectáculos diferentes.

En la sugestiva escenografía de rocas graníticas, la isla sagrada de la diosa Isis dirige sus columnas y pilares hacia el cielo sereno, dándonos la impresión que existe sólo en la fantasía. Philae era la mayor de las tres islas con que terminaba hacia el sur el grupo de rocas que forma la primera catarata. De los otros dos islotes, el de Biga, hoy en parte sumergido, era particularmente sagrado porque era el lugar del sueño eterno de Osiris, y por lo tanto estaba prohibido a todo ser humano. Solamente tenían acceso los sacerdotes, quienes llegaban en barca desde Philae a celebrar los ritos sagrados. El templo de Philae es uno de los tres edificios religiosos ptolemaicos que mejor se conservan, junto con los de Edfu y Dendera.

El sentido de la mercadotecnia en este país árabe es impresionante, cuando el crucero estaba atracado, desde el balcón de nuestro camarote, veíamos a los vendedores ofreciendo su mercancía en lanchas. Lanzaban las prendas protegidas por una bolsa de plástico a los pasajeros en cubierta, eran potenciales jugadores de baseball, nosotras recibimos varias bolsas, y a esa distancia comenzaba el regateo, si no llegabas a un acuerdo, las devolvías.

El fin del recorrido fue Aswan, por la tarde hicimos un paseo en falucas, típicos veleros egipcios. Llegamos a una aldea nubia donde conocimos la vivienda de una familia local, quienes nos invitaron té y nos ofrecieron tatuajes temporales, dibujos con tintas especiales con los que acostumbran decorar el cuerpo de las mujeres el día de su boda. El hecho de que fueran efímeros me entusiasmó, elegí unas flores que lucí en mi brazo hasta llegar a México. También visitamos un mercado en Aswan, lleno de canastas enormes con especias, me llamó la atención ver flores de jamaica, que ellos usan para hacer té.

Para evitar las constantes inundaciones del Nilo,

durante el gobierno del presidente Nasser se construyó la presa de Aswan. Para llevar a cabo esta majestuosa obra de ingeniería, Egipto necesitó la ayuda de varios países, tanto económica como tecnológica.

De regreso a la ciudad del Cairo nos hospedamos en el hotel Marriot Cairo. Originalmente un palacio construido para recibir a Eugenia de Montijo, invitada especial a la inauguración de la presa Aswan. A los lados del palacio en donde están el lobby y los salones de recepciones se erigen dos torres que albergan las habitaciones.

El museo del Cairo fue proyectado por el arquitecto francés Marcel Dourgnon. Reune la colección más importante del mundo. Entre los primeros coleccionistas de objetos egipcios figuran los agentes consulares de distintos países europeos acreditados en Egipto a principios del siglo XIX, quienes, luego, vendieron las valiosas piezas a los museos europeos.

En 1858, Augusto Mariette, uno de los directores del museo de Louvre, fue enviado a Egipto a colectar antigüedades, posteriormente fue nombrado director de excavaciones. En 1863 fundó el primer museo, en 1891 las colecciones fueron trasladadas al palacio de Giza y por último, en 1902, al museo actual. En la planta baja se pueden admirar piezas que han sido traídas de los diferentes templos, Karnak, Deir... En la planta alta se encuentran las piezas que fueron encontradas en la tumba de Tutankamon, perteneciente a la XVII dinastía, hijo de Akhenaton y Nefertiti y quien gobernó bajo la regencia de su madre y murió a la edad de 18 años. Las piezas encontradas en esta tumba son impresionantes por su belleza y valor. El oro y las piedras preciosas deslumbran. El sarcófago es de una magnitud inimaginable. Si consideramos que este faraón murió prematuramente, los preparativos para su entierro debieron de ser acelerados.

Hicimos algunas visitas sin el grupo, estuvimos en el barrio Copto, en donde se encuentra la iglesia de San Sergio, lugar donde según la tradición cristiana se refugió la Sagrada Familia cuando huyó de Herodes hacia Egipto. Coincidimos en Domingo de Ramos, compré un arreglo de palma que luce en la entrada de mi casa después de tantos años. Fuimos a un mercado de artesanías para turistas, ese día nos llevó Khaled, nos dio tiempo de disfrutar y elegir alguna de las maravillas que me decían "cómprame". Las escuché y compré varias pashminas, unos cojines que le dan un toque oriental a mi cama y un mantel de algodón con decoraciones egipcias que sigue activo en mi casa.

Nora tuvo la magnífica idea de ir a Alejandría. Teníamos varias opciones para hacer el viaje, contratar un coche con chofer o ir en tren. Esto último era mucho más exótico. La ruta de El Cairo a Alejandría atraviesa el delta, un paisaje totalmente diferente, lleno de vegetación y plantíos de algodón. Llegamos a la estación, compramos los boletos y, oh, sorpresa, estaban impresos con signos árabes. ¿Cómo localizar nuestro andén?, ¿nuestro vagón?, con dificultad, pero lo logramos. Habíamos comprado boletos de primera, los pasajeros locales vestían de traje, se respiraba ese ambiente refinado. El plan era pasar el día en Alejandría y regresar por la tarde. Al llegar todavía no teníamos mapa, abordamos un taxi y le pedimos al chofer que nos llevara al centro. Verdaderamente era para infartarse, manejaba terrible y además gritaba. Sin consultarnos, dejó que se subiera una señora quién, al bajar, le pagó, pero el chofer no estuvo de acuerdo con la cantidad, dejó el coche en mitad de la calle y corrió a alcanzarla y ella se metió en una tienda. ¿Qué hacemos?, nos preguntamos Nora y yo. Al fin regresó el chofer y siguió con sus explosiones de enojo. Llegamos al malecón y le pedimos que parara, le pagué lo que habíamos acordado, quería más. Nora se asustó: "Págale lo que pida", dijo. "Para nada, no se atreverá a hacernos daño, hay gente." Caminamos por el malecón hasta llegar a lo que nos pareció el centro y tomamos la decisión de entrar a un hotel para que nos ayudaran a contratar un taxi por horas. El lugar donde estábamos se hallaba a un par de calles de la estación, el abusivo chofer había dado vueltas por todo el tráfico para cobrarnos de más. En el hotel nos atendieron muy bien, el nuevo chofer entendió que nos llevaría a los lugares que eligiésemos de acuerdo al tiempo que teníamos para tomar el tren de regreso. En un puesto de jugos le pedimos que nos comprara unas naranjas, no aceptaron, tan sólo vendían jugos, y jugos compramos.

Alejandría fue fundada por Alejandro el Magno en 332 aC. Fue la ciudad cultural del mundo antiguo. Su biblioteca guardó más de un millón de documentos desde el siglo III, su destrucción es un misterio. Actualmente cuentan con una nueva biblioteca que, si tengo salud y tiempo, podré visitar en el futuro. El Faro, una de las siete maravillas de la antigüedad, fue destruido por un terremoto. Visitamos la ciudadela de Qalibay, lugar donde originalmente estuvo el faro. Por último fuimos al museo Grecorromano donde pudimos admirar las huellas que dejaron las culturas griega y romana en sus respectivas dominaciones de Egipto.

Y ya con mejor sabor de boca por el trato que nos dio nuestro nuevo guía y chofer, emprendimos el regreso a El Cairo en la comodidad del tren.

Noha nos había pedido llevar un regalo para su madre, quién vivía en el Cairo; no fue difícil localizar su casa, en pleno centro; un edificio antiguo de ocho niveles con elevador. Habíamos anunciado nuestra visita, nos esperaban con un delicioso té. La mamá de Noha hablaba poco español, pero eso no impidió compartir unos momentos agradables con ella. Este fue el final de nuestro viaje, aunque a través de las fotografías, y ahora narrándolo, lo he vuelto a vivir.

Mi trabajo en la Notaría era árido, lo compensaba con mis viajes y buscando siempre qué aprender para llenar mi espíritu. No recuerdo quién me informó de los cursos de "Historia de Religiones" que impartía Enrique Bonavides en el museo de Antropología e Historia. No era lejos de la Notaría, solo un día a la semana y el horario era accesible. Cuando me integré, estaban estudiando Dioses Romanos. Hubiera querido tomar Mitologías griegas y romanas, pero hay que tomar lo que la vida te va ofreciendo.

Compré una grabadora y en casetes llevaba a mi casa la tarea. Siempre me gustó la historia, cuando visito zonas arqueológicas quisiera que las piedras me contaran lo que presenciaron siglos atrás. Los Mitraeos en la época romana tenían ritos litúrgicos que los cristianos adoptaron, este sincretismo ha ocurrido en muchas religiones a través de la historia. Después, en clase, vino el Judaísmo. No era una clase de catecismo, realmente era historia, estudiamos el Antiguo Testamento analizando y comparando hechos con estudios antropológicos. Recuerdo algunos pasajes que me impresionaron. Cuando Moisés salió de Egipto y las aguas del mar Rojo se abrieron para que los judíos cruzaran, parece fantástico, pero hay una respuesta más lógica al hecho. La parte por donde cruzaron los judíos era una zona de pantanos, en la cual bajaba el agua según la época del año. Cómo este ejemplo conocí otros que justificaban los hechos si se comparaban con los descubrimientos arqueológicos. Por eso esta clase me pareció fascinante. El curso de Judaísmo duró seis meses.

Continuamos con religión musulmana, fue muy interesante conocer las leyes de esta religión y las razones por las que existen. Me sorprendió saber que es la religión con mayor crecimiento en la actualidad. No soy religiosa, soy espiritual, pero me sería muy difícil vivir bajo las reglas de la religión musulmana. En una clase, Enrique nos llevó un contrato matrimonial, lo había bajado de internet. Las leyes que protegen a las mujeres casadas, ya las quisiera yo. También se especificaba las condiciones en caso de divorcio, la devolución de la dote y mucho más.

Por algún problema administrativo, Enrique dejó de dar las clases en Antropología y nos mudamos a un departamento en Polanco, la distancia era la misma. Pude cursar los seis meses de cristianismo. Poco a poco fue cambiando la historia por la filosofía y ahí fue donde empecé a tener problemas, seguramente tiene que ver con mi personalidad, se me da mejor recordar los hechos que el análisis de las emociones, llegaba cansada del trabajo diario y perdía el hilo.

En ocasiones asistía a pláticas que daba Enrique en otros espacios y con temas de análisis histórico, en una ocasión acerca de los judíos y palestinos desde la fundación de Israel, pasando por su expansión a tierras palestinas.

Esa sed de conocimientos me ha acompañado a lo largo de lo que yo llamo: mi segunda etapa de vida.

MI FAMILIA

Al escribir estas líneas voy tras los 77 años, con buena salud y mejores ánimos. Siento que estoy viviendo la mejor época de mi vida, sin grandes responsabilidades y haciendo muchas de las cosas que siempre quise y no pude, a veces por compromisos de trabajo y otras por falta de dinero. Además de escribir este testimonio de vida, estudio inglés, apoyo a la Fundación Comparte Vida como voluntaria, juego a ser microempresaria con mis deliciosos pasteles y tengo una intensa vida social. A veces, Ana Paula me bromea diciendo: "Tengo que pedir cita para verte".

Como ya he contado, mi madre murió a los 32 años, mis abuelos maternos en 1918, víctimas de la gripe española, a los 28 y 31 años de edad respectivamente. Mi padre, a los 59. A mis abuelos paternos no llegué a conocerlos. Por estas razones siempre pensé que era una tradición familiar morir antes de los 60. Un día vi que llegaba la fecha. Parece que sí voy a cumplir los 60, pensé, hay que celebrarlo. Y puse manos a la obra para organizar una fiesta inolvidable.

Mi amiga Diana tenía una escuela y me prestó el salón de usos múltiples, el jardín, todo. Contraté mesas, sillas, meseros, deliciosa taquiza, trío y karaoke. Hice la lista de los invitados, eran 54, incluida la familia, no faltó nadie. Vinieron amigos de San Miguel de Allende, Querétaro, Guadalajara y todos los del DF, Ana Paula sería la edecán. Como eran varios grupos, el taller de lectura, los bolivianos y otros, era importante asignarles lugares en las mesas.

Poco a poco fueron llegando, fue muy emocionante encontrar amigos que hacía tiempo no veía, a Maricarmen, como 25 años. Al pasar por una mesa escuché a Lilian, mi amiga suiza, preguntar a Maricarmen: "¿Cuántos años tienes de conocer a Paulina?". "Como 35", respondió. "Casi como yo", dijo Lilian.

Miguel Ángel y Vicky trajeron tequila de Guadalajara, no sé cuánto pero, por los resultados, creo que mucho, y además muy bueno, era exclusivo para exportación.

Llegó el trío, que nos acompañó mientras devorábamos la taquiza. Después vino el pastel, con todo y velitas, bueno, no todas, solamente unas cuantas. Apareció "Don Karaoke" con todo su equipo. Debo confesar que alguien me lo recomendó, en aquel entonces no tenía ni idea de qué se trataba, fue un verdadero éxito la combinación de karaoke, tequila y el entusiasmo de mis amigos. Cuando recorría las mesas oía comentarios como: "¿Cuándo nos va a tocar?"; "Hay cinco en la lista de espera".

Ana Paula, en su papel de edecán, cuando llegó "Don Karaoke", le dijo: "A mí no me haga salir a cantar, yo soy la de los cheques", pero no tardó en olvidarlo, pronto la vi cantando con Mariana, hija de Yolanda y Toño, mis muy, pero muy, queridos amigos. Más tarde la vi también con otros grupos, ella y todos se contagiaron de la alegría. La verdad, quienes hicieron la fiesta inolvidable fueron mis amigos.

Bailamos y cantamos. Generalmente, las personas te dan las gracias al despedirse y ya, pero por una semana seguí recibiendo llamadas de agradecimiento y comentarios de lo padre que lo habían pasado y, claro, con ganas de celebrar más de mis años.

Ana Paula, demostrando sus buenas artes de diseño, me hizo un precioso álbum con las fotos y tarjetas de felicitación de la fiesta. Ahora, pasados los años, lo hojeo para recordar todo y a todos. Este álbum es un tesoro, me hace revivir aquel día y, al ver todas las caras sonrientes y felices, lo vuelvo a disfrutar.

Algunos de mis amigos ya se me adelantaron: Eduardo, el papá de Martha, quién alguna vez me dijo: "Si tuviera 15 años menos, te pediría que te casaras conmigo", un amigo inolvidable a quién admiré mucho; Rodolfo, mi cuñado; Toño Borrego; Filemón, el alma de las fiestas del Taller de Lectura. Aunque se hayan ido, todavía están vivos en mi corazón.

En esta fiesta comenzó el romance de Edgar y Nora, que todavía, felizmente, sigue.

Diana me preguntó: "¿Cómo vas a parar este entusiasmo?". "No te preocupes, sólo tengo pagada una hora más de karaoke." A las 12 de la noche salimos todavía enfiestados. Y yo sigo disfrutando.

Cuando todavía no existían los celulares, y pocas personas tenían teléfono, la espera del cartero era todo un acontecimiento, recibir noticias de amigos y familia, una alegría. Algunos afortunados recibíamos tarjetas de ciudades lejanas, por donde viajaban nuestros amigos. En fechas navideñas eran tantas que nos servían para decorar la casa. Recuerdo un Santa Claus de fieltro que colocaba en la puerta de entrada, lleno de tarjetas. Con el pasar de los años seguí poniéndolo, pero con tarjetas recicladas y, finalmente, fue a dar a la bodega con el resto de los adornos.

Actualmente hago la broma de: "Ya no me llegan cartas, me llegan cuentas, propaganda, estados de bancos, teléfono, luz y, a veces, una invitación".

Un día de principios de noviembre del año 2004, recibí una carta invitándome a una comida que organizaba el Centro Riojano de México. Mi primera reacción fue de sorpresa, no tenía la menor idea de que existía tal centro, ¿cómo me habían localizado? Venían los datos para confirmar la asistencia, de modo que llamé. Doroteo Gamarra me atendió, sumamente amable. "No conozco a nadie", le comenté. "No importa, cuando llegues, pregunta por mí."

Primero traté de que Ana Paula me acompañara, pero ya tenía un compromiso, igual que varias de mis amigas. La curiosidad ganó y decidí ir sola. La comida era en las instalaciones de la pista de canotaje del Club España en Xochimilco. Al llegar, fue fácil encontrar a Doroteo, que rápidamente me acompaño a una mesa donde Blanca, riojana, y su familia, me recibieron muy bien. Para empezar, nos sirvieron salchichones, chorizos, quesos, tortilla de patata, todo regado con delicioso vino riojano. Continuamos con una deliciosa paella y, de postre, leche frita.

Doroteo, excelente anfitrión, recorría las mesas conversando con todos. Al llegar a mi mesa, le pregunté: "¿Hay alguna persona de Santa Engracia?". "Espera", me dijo, y volvió con un sobre en el que estaba escrito un nombre y un teléfono. Esta persona es de Santa Engracia, pero no está en la comida. El número telefónico era de Chihuahua, larga distancia, y le faltaba un número a la clave, pero fue fácil arreglarlo. El apellido, Fernández, podía ser mi pariente.

La ansiedad era grande, me faltó tiempo al llegar a casa para marcar el número. Me contestó una mujer, pregunté por José Manuel Fernández, comentando que tenía planeado un viaje a España y pensaba buscar a mi familia en Santa Engracia. "No se encuentra, llegará tarde, puede llamarle mañana temprano."

Lo primero que hice al llegar a la oficina al otro día fue llamar. Me contestó José Manuel. Después de un rato de estar hablando, le pedí su email, había mucho que decir y no me gustaba abusar del teléfono en la oficina. En la tarde, de camino a casa, sonó mi celular, era José Manuel. "No me aguanté", dijo, "y le llamé a mi madre Faustina en Santa Engracia, somos parientes, ella sabe bien de ti y de tu hermana, pensábamos que estaban en Venezuela."

Faustina era viuda de Tomás, uno de los tres tíos de mi madre, con quienes se crio al quedarse huérfana. Todo esto era muy emocionante, al fin tendría contacto con la familia de mi madre, seguro que me contarían de ella, cómo era, qué le gustaba, en esos momentos quería dejar todo y volar a España para soltar tantas preguntas acumuladas.

José Manuel y yo comenzamos a cruzar emails, él también estaba emocionado, llevaba 20 años en México, dijo recordar que cuando era pequeño me vio en una ocasión en el pueblo. Fue la única vez que visité Santa Engracia, tendría unos 11 años. Tía Consuelo y tía Isabel querían que la familia de mi madre nos vieran a Ascen y a mí lo bien que estábamos.

Cuando mis padres se casaron, mamá vendió sus tierras a los tíos, las cosas no fueron fáciles, se pelearon entre ellos y con mamá, no fueron a su boda en Logroño. Papá, al irse a México, prohibió todo contacto con la familia de mamá. Pero tía Consuelo, que era un cascabel, no podía dejar las cosas así, tenía que presumirnos.

Había algo que no entendía, cómo era que mamá tenía tres tíos de edades tan cercanas a la suya. Tal vez su abuelo se había casado dos veces. José Manuel tenía las respuestas. El abuelo de mi madre, Gregorio, estuvo en la cárcel 20 años por matar en una pelea a un hombre de Rivaflecha, pueblo cercano.

En la segunda mitad del siglo XIX, España sufrió las Guerras Carlistas. Los soldados pasaban rumbo a Navarra y, en época de cosecha, se robaban el trigo, el aceite y todo lo que podían. En una ocasión, le avisaron a mi bisabuelo que estaban golpeando a su hermano. Se dio la pelea, todos los hombres llevaban puñales y vino la desgracia.

Ya había nacido mi abuelo Secundino cuando su padre fue a la cárcel. Después de 20 años, al regresar el bisabuelo Gregorio, tuvo tres hijos más. Juan José (1906-2000) Eugenio (1908-1997) y Tomás (1913-). Junto a ellos se crió mi madre al quedar huérfana de padre y madre en 1918, toda una vida viviendo como hermanos. Mi bisabuelo murió en 1936, a la edad de 73 años, dos meses antes de empezar la Guerra Civil. Tuvo un entierro civil y su féretro fue cubierto con la bandera republicana.

En aquella época era frecuente que se casaran entre parientes cercanos. Eugenio, tío de mi madre, quiso casarse con ella, pero ya había aparecido mi padre en su vida y los planes cambiaron. Fue entonces cuando mi madre les vendió sus tierras y mi padre tuvo que rescatarla de las disputas que surgieron entre los tíos por la posesión de las propiedades.

Así fue como mis padres se instalaron en Madrid, donde yo nací.

Gracias a la amistad con José Manuel, fui aumentando los conocimientos de esa época de la vida de mi madre.

Un domingo fui a visitar a Mercedes Escauriazar, estaba viviendo en una residencia de descanso en Tlalpan. Me encantó el lugar, los jardines muy bien cuidados, llenos de flores y árboles, las instalaciones, de primera. Ella compró una suite de 50 metros, suficiente para una persona y sus recuerdos: libros, fotos de sus padres, hijas y nietos adornaban el lugar, dispuestos con gran gusto.

Ya cumplió 88 años y la vi igual que hace ocho años, en 2005, cuando viajamos juntas a España. Menudita, muy ágil física y mentalmente. La tarde se pasó volando, su plática fue enriquecedora. Me contó de cómo, al buscar documentos para solicitar su pensión de exilada, la Embajada Española la remitió al Museo de Antropología. Cuál fue su sorpresa, y la mía al escucharla, con la cantidad de información y documentos que allí tenían de su padre, que ella ni sus hermanos conocían. Sus padres y sus hermanos, ella de 11 años, llegaron a Veracruz en el vapor *Mexique* en julio de 1939, procedentes de Burdeos, Francia, como exilados de la Guerra Civil española gracias a la generosidad del entonces presidente de México, Lázaro Cárdenas.

En 2004, Mercedes y yo solicitamos, en la Oficina Social y de Trabajo del Consulado Español en México, una prestación que el Gobierno Español da a las personas de la tercera edad, tanto en España como a los que residimos en el extranjero, que consta de vacaciones a precios preferenciales. El boleto de avión nos costó $1,026 dólares. Además, estuvimos durante dos semanas en un hotel en la costa catalana por tan solo 65 euros, incluyendo comidas. Otro de los beneficios era que podíamos quedarnos en España por dos meses más, esto con la idea de poder visitar a nuestras familias. Para mí esta era la principal motivación, hacía 35 años que no veía a mis primos.

No conocía a Mercedes antes del viaje, la amistad era con su hija Marichu. Qué bueno que acepté viajar con ella, fue una compañera maravillosa. Cuando llegamos al aeropuerto de Barcelona, el 28 de febrero de 2005, conocimos al resto de los españoles que componían el grupo, venían de Venezuela y otros países latinoamericanos. Nos trasladamos en un autobús hasta

Salou, al hotel *Oasis Park*. Esa misma tarde nos citaron en el lobby del hotel para ofrecernos una serie de tours que durante las dos semanas siguientes nos llevarían a lugares de interés de la región Catalana. Mercedes y yo revisamos las propuestas y elegimos algunos de los viajes.

El clima en esa fecha era frio, íbamos a la playa con botas, abrigo y bufanda, algo difícil de imaginar en México. La vista del Mediterráneo, maravillosa, acantilados que abrazaban pequeñas playas, en esa época, sin gente. Lo que ocurre en España es que muchos hoteles de zonas de veraneo cierran en invierno, entonces el gobierno los contrata para poder dar este tipo de prestaciones y al mismo tiempo ayudar a que los trabajadores conserven sus empleos.

Visitamos Reus, el Monasterio de Santa María Poblet, Tarragona, ciudades que disfruté muchísimo, todas llenas de historia y arte, tanto gótico como romano. Emigré de España a los 15 años, y en precaria situación económica, para mí, el conocer todos estos lugares tenía un significado emocional muy grande.

Por las noches, en el hotel había espectáculos, a veces bajábamos, otras, regresábamos cansadas y preferíamos cargar baterías para el día siguiente.

Mercedes tenía una amiga, Encarna, había vivido en México durante 60 años. Fuimos a visitarla a Valencia, tenía un piso en el centro, nos quedamos con ella un par de días. Estaba enferma, salimos a comer a un restaurante de paella cerca de su casa, ella en silla de ruedas. La conversación fue muy emotiva, Encarna extrañaba México, lloró. Se dice fácil, pero fueron 60 años en los que enviudó, perdió amigos, quienes se fueron antes que ella; estaba enferma y sola. Un día, saliendo del Sanatorio Español en la Ciudad de México, tomó un taxi y la asaltaron. Los pocos amigos que todavía tenía la convencieron de que lo mejor era regresar a Valencia, donde tenía sobrinos que la querían y podían cuidarla.

Al día siguiente, Mercedes y yo salimos a visitar y conocer la ciudad. Te emborrachas de arte, un día es nada para ver tantas maravillas. En cada edificio, en cada plaza, en cada fuente se encierran historias que me gustaría escuchar.

Estaban próximas las Fallas, fuimos a la apertura de estas fiestas en la plaza municipal, las calles estaban llenas de gente que se dirigía a "La Mastreta", nunca había oído esto, qué sería. El alcalde y la reina de las fiestas dieron unas palabras de bienvenida y de repente comenzaron los terribles estallidos, algo como petardos explotando todos al mismo tiempo y cada vez más fuerte. No sé cuánto tiempo duró aquel ruido tan espantoso, me pareció eterno. Al fin vino el silencio, la gente aplaudió y comenzaron a desalojar la plaza. Seguramente esto tiene algún significado, pero no me gustó.

Decidimos tomar algo refrescante y, a la hora de pagar, mi cartera había desaparecido. No llevaba mucho dinero, pero sí mi tarjeta del libretón Bancomer, la necesitaba para sacar efectivo del cajero. También mi licencia de manejar, mi IFE y mi tarjeta de crédito. Los sobrinos de Encarna recomendaron hacer la denuncia en la oficina de la policía. Fue un trámite rápido, no cancelé la tarjeta del Libretón, me arriesgué y llamé a Ana Paula, en México. Ella me iba a alcanzar en unas semanas en Logroño y ofreció traerme un duplicado que tenía en casa. Traspasé casi todo lo que tenía en el Libretón a mi cuenta de cheques por internet y cancelé la tarjeta de crédito. El resto del viaje, lo hice en efectivo, olvidé el incidente y decidí seguir disfrutando.

Algo que nunca olvidaba en las salidas diarias era mi Olympus, todavía de rollo. En las semanas posteriores a mis viajes, armaba mis álbumes, no nada más con las fotos sino con todos los recuerdos que acumulaba, tickets, tarjetas etc.

Uno de los días en que no teníamos planeada ninguna excursión, decidimos hacer un recorrido por la ciudad en un trenecito de la municipalidad. La mayoría de los edificios son de departamentos para la temporada de vacaciones, estaban vacíos. La ciudad parecía sacada de una película de ciencia ficción. Toda la gente era de la tercera edad, no había niños ni jóvenes. Casi al final del recorrido se subió un grupo de mujeres, una de ellas llevaba la batuta, ordenaba donde debían sentarse. Mis paisanos no tienen filtro en la boca. Cuando al fin se sentó, burlándose, dijo: "Mira que está blandito, cuidado el que tenga almorranas", el asiento era de metal. Mercedes y yo no pudimos aguantar la risa, a carcajadas. La tal señora me tocó el hombro y me dijo: "Oye, no te rías que es verdad", pero Mercedes y yo no podíamos parar de reír. Hablan tan fuerte y golpeado que parece que están peleando. También tuve la impresión de que las esposas son las que mandan en las relaciones, los maridos solo les dan el avión.

Decidimos darnos una escapada un par de días a Barcelona. Avisamos en el hotel, uno de los requisitos del plan era que estuviéramos las dos semanas en el hospedaje asignado. Salimos temprano en tren para

Barcelona. Lo primero que hicimos al llegar fue visitar a un sacerdote amigo de Mercedes, estaba en España esperando un riñón. Fue fácil encontrar la iglesia y la residencia donde vivía, en la Av Diagonal, una de las calles más importantes de Barcelona. Le dio mucho gusto ver a Mercedes, platicaron un rato y nos despedimos, él tenía un compromiso y nosotras debíamos buscar alojamiento para esa noche. Fue fácil encontrarlo, en el Hostal Oliva, en el maravilloso Paseo de Gracia. Dejamos nuestro pequeñísimo equipaje y, sin perder tiempo, salimos a disfrutar de la ciudad.

El Paseo de Gracia es la calle con más arte en el mundo. He de decir que soy gran admiradora de la obra de Gaudí, y Barcelona es Gaudí. Años más tarde tuve la oportunidad de volver y espero poder regresar una vez más, es una de las ciudades donde me gustaría vivir. Visitamos la todavía no terminada iglesia de la Sagrada Familia, obra maestra de Gaudí. Es verdaderamente impresionante, se comenzó en 1882, con un proyecto de estilo gótico. Cuando se hizo cargo Gaudí, a los 31 años de edad, cambió todo a su muy personal estilo "modernista". No tengo palabras para describir tanta belleza. Las veces que la he visitado me estorba la gente, es el lugar más visitado de España. Una de mis fantasías es recorrerla a solas.

Necesitábamos reponernos, así que fuimos a La Rambla buscando dónde cenar. Decidimos tomar unos churros con chocolate en el Café de L'Opera. Ya con nuevas energías, recorrimos la concurrida Rambla, llena a todas horas de gente, kioscos de flores, cafeterías, actores callejeros, comercios. Pasamos por el Mercado de la Boquería, cerrado a esa hora. Ya de regreso, rumbo al

Hostal Oliva, cruzamos la Plaza de Cataluña. Era admirable la energía de Mercedes, estaba a punto de cumplir los 80 y tenía más resistencia que yo.

Al día siguiente visitamos el Parque Gúell, otra maravillosa huella de Gaudí. Nos tocó un día caluroso. Cuando nos dio hambre, nos encaminamos a buscar dónde comer, fue entonces que descubrimos que los horarios de los restaurantes eran muy estrictos con la hora de la comida, no dan servicio después de las tres. El hambre agiliza la mente, preguntando aquí y allá encontramos un restaurante de carnes estilo americano y menos estricto. El menú no era maravilloso, pero con hambre todo sabe bien.

Decidimos regresar a Salou, tomamos el metro, nos llevó a la estación del tren. Las comunicaciones en estas ciudades españolas son excelentes, sobre todo en las rutas de cercanías, ciudades cercanas a la capital. Éramos unas perfectas novatas, casi al llegar a Salou, nos acercamos a la puerta de salida, el tren paró, pero nunca se abrió la puerta, buscamos al encargado y nos informó: "Tenían que haber tocado el timbre verde". "Y ahora, ¿qué hacemos?" "Pues en el siguiente pueblo se bajan y toman un tren de regreso", nos dijo. "¿Y tenemos que volver a pagar?" "No, yo al llegar lo arreglo." "Gracias."

Después de todos estos retrasos y esperas, al fin llegamos al *Oasis Park*, todavía a tiempo para la cena. Todo me gustaba del hotel, la habitación amplia, limpia, la recepción, los empleados muy amables, la mayoría emigrantes latinoamericanos, todo, excepto la comida. Era abundante pero le faltaba sazón. En eso soy exigente, me encanta comer bien, Mercedes también se quejaba.

El último tour que hicimos fue a Monserrat. Para Mercedes tenía un significado especial, es muy religiosa. Tuvo la oportunidad de asistir a una misa. Monserrat está ubicado entre rocas impresionantes en lo alto de una montaña, a 720 metros sobre el nivel del mar. El primer tramo lo hicimos en autobús y después tomamos un tren llamado "Cremallera". La vista desde el monasterio es maravillosa, sobre todo si tienes la suerte de ir un día sin niebla. Monserrat es un monasterio benedictino de los siglos XII y XIII. En el interior de la Basílica pudimos ver de cerca la imagen de la virgen, hay una escalera que sube hasta la Moreneta, desde donde se puede apreciar la talla sobre un trono de plata repujada.

En una de las terrazas, desde donde puedes ver el valle y el agreste paisaje, al señalarle algo a Mercedes con la mano, se me resbaló una argolla de plata, creo que la mala comida del hotel surtía efecto, estaba adelgazando. Eso era grave para mí, me costaba tanto trabajo mantener mi peso, siempre he sido la envidia de mis amigas, quienes se la viven en dietas que no cumplen.

Ese mismo día visitamos las bodegas Codorniu, donde producen un vino espumoso, denominado "Cava". Fue una interesante experiencia recorrer las bodegas subterráneas, lo hicimos en un pequeño tren que circulaba entre las estanterías de botellas. En algunos tramos del trayecto, el tren giraba a 45 grados a una velocidad impresionante, imaginaba que con la cola rozaría las botellas y todas en cadena se romperían derramando el vino. Pero en la realidad, y gracias a la pericia del conductor, llegamos sin accidentes a un salón en donde nos ofrecieron una cata de tan delicioso vino.

Terminó mi viaje con Mercedes, ella viajó a Bilbao para visitar a sus primos y yo tomé el tren en Tarragona para llegar a Logroño, donde me encontraría con Ana Paula para juntas recorrer los lugares de mi infancia y adolescencia.

Unos meses antes de iniciar este viaje escribí a mi prima Ester, informándole acerca de los planes de visitar La Rioja y reencontrarme con todos mis primos. Hacía muchos años, más de 35, que había perdido el contacto con ellos. Al principio te escriben y de repente se te acaban las cosas que decir, por eso prefiero los tiempos actuales, las comunicaciones son más fáciles. Ahora les llamo por teléfono y nos hacemos una visita telefónica. Además, lo hago desde mi computadora en un programa que se llama *Voip Buster*, en el que son gratis las llamadas a España. Recuerdo que al principio mis primos casi me cortaban, te va a salir muy cara la llamada, me decían, les explique y a partir de entonces todos las disfrutamos más.

Al fin llegué a Logroño, ¿reconocería a Ester?, 35 son muchos años. Se fue el tren y se vació el andén. Ahí estaba, acompañada por José, su esposo, José Luis, María y también Irene. ¡Qué recibimiento tan caluroso! Yo los abrazaba a todos una y otra vez. A Ester sentí que hacía poco que la había visto, los años acumulados ni siquiera los veía, enseguida surgió la química entre nosotras.

Mi prima Irene era ciega desde su primera edad. Según me cuentan, le dio sarampión y la temperatura tan alta afectó su nervio óptico. Al principio veía sombras y fue perdiendo la vista poco a poco. De jovencita estuvo en un colegio para ciegos en Madrid, donde aprendió a leer braille, a tejer y otras habilidades para manejarse sola. Ojalá la hubieran llevado al colegio desde más pequeña, pero el sentido de equivocada protección se los impidió. Por otro lado, las reglas del colegio solamente le permitían estar hasta los 16 años.

Actualmente los problemas son mayores, casi no oye, a pesar de los aparatos que usa, lo que hace muy difícil la comunicación. Pienso lo duro que ha de ser ese encierro dentro de sí. Qué daría por conocer sus pensamientos.

José Luis y María practican el alpinismo y otros deportes de montaña. Han viajado por todo el mundo, tienen una camioneta que han acondicionado para los viajes, es su hotel ambulante. No los veré mucho en esta ocasión, tienen planeado ir a los Pirineos la próxima semana. Ester y José se angustian por la vida de peligro que llevan José Luis y María. Pero de qué sirve la vida si no la disfrutas haciendo lo que te gusta.

Algo que ansiaba después de tantos años de ausencia, era recorrer las calles de mi infancia y adolescencia, viví en Logroño de los 8 a los 15 años. El departamento, o piso, como lo llaman en España, estaba ubicado en Avenida de la Vía N° 53 - 4° derecha. La vía del tren pasaba a lo largo de la calle, de ahí el nombre. Al crecer la ciudad, reubicaron la vía, la calle cambió de nombre y actualmente se llama Jorge Vigón. Tomé fotos del edificio donde viví, de las calles, del Parque del Espolón, ¡cómo disfruté esa mañana! Me sentía transportada en el tiempo, cada lugar me traía recuerdos de mi niñez. Busqué una iglesia cercana a mi antigua casa, nunca la encontré. Cuando pregunté por ella, al llegar a comer, me explicaron que habían vendido el terreno para construir un edificio. Me pareció terrible ver cómo destruían la historia de una ciudad para convertirla en otra más "moderna". Regresé a casa de Ester, esa tarde llegaba Ana Paula, al fin ella iba a conocer a la familia y sus lugares de origen. A partir de ese momento, fue mi sombra, mi acompañante, mi fotógrafa y, más que nada, mi amiga.

Lo primero que quise visitar fue el Instituto Sagasta, donde estudié el equivalente a la secundaria. Es un edificio construido en 1842, para mí, bellísimo, rodeado de árboles y, actualmente, muy bien conservado. Pasamos a las oficinas y pedí permiso para visitar las instalaciones, no sin antes aclarar mis motivos sentimentales para ello. Quería especialmente ir al Salón de Actos. Fueron muy amables. "Pueden recorrer todo y, cuando terminen, vengan que una persona los acompañará al Salón de Actos." Creo que me transporté a otra época, el patio en donde salíamos al recreo me pareció mucho más pequeño que el de mis recuerdos. Como los edificios públicos del siglo pasado, el patio estaba en el centro, rodeado de ventanales que daban marco a los tres niveles de aulas y pasillos. De hecho, esto se duplicaba, había dos patios, el Instituto era para niños y niñas, pero separados.

    Regresamos a las oficinas y ya nos esperaba una chica, quién nos acompañaría el resto de la visita. Pasamos junto a una puerta que decía "Cafetería", inmediatamente mi mente reaccionó y con toda seguridad dije: "En este lugar estaba la clase de música". "Es correcto", confirmó nuestra guía. A partir de ese momento, comenzó el asombro de Ana Paula al ver cómo recordaba cosas no siempre importantes pero que fueron, en un tiempo, parte de mi vida.

El salón de Actos me pareció igual de solemne, pero no estaban aquellos cuadros que tanto me gustaban, pinturas de gran tamaño. En una de ellas se veía a una hermosa mujer con su pequeña hija junto a una ventana, era una escena muy andaluza. En mis posteriores viajes a Logroño traté de entrar al Museo de la Ciudad, esperaba encontrarlos allí, pero estaba cerrado al público por remodelaciones, la obra estaba parada, parece que no se ponían de acuerdo en cuestiones de presupuesto, sobre quién tenía que pagar, si el gobierno de la Rioja o el gobierno central.

Ana Paula fue con sus primos José Luis, María y Eduardo a la calle Laurel. No se puede ir a Logroño sin visitarla, llena de bares puerta con puerta. Cada uno tiene la especialidad de un pincho diferente: tortilla de patata, setas, pimientos del piquillo, todos acompañados de buen vino o cerveza y, lo mejor, mucha alegría. Las fotos no me dejan mentir, todos se ven felices. La gente en estos bares está parada y va recorriendo uno y otro degustando un pincho aquí y otro en el siguiente.

Pateé la ciudad acompañada de Ana Paula, ella suponía que Logroño era un pueblo, pero es una ciudad de 150,000 habitantes, para mí, una tacita de porcelana con su sabor tradicional de ciudad del norte de España y con los adelantos de una ciudad moderna. Algo que me llamó mucho la atención fueron los semáforos para ciegos. Cuando se ponía la luz verde, comenzaba un sonido de pájaros que aumentaba su velocidad al agotarse el tiempo.

El rio Ebro atraviesa la ciudad, es muy caudaloso, pero nunca vi ninguna embarcación. Toda la ribera está llena de árboles y jardines donde se puede hacer ejercicio o pasear. El progreso, que embellece la ciudad, me producía orgullo y agradecimiento por conservar algo que era también mío. Al Ebro lo atraviesan varios puentes de piedra y de hierro. Todo lo recorrí con mi fotógrafa personal, para mí eran recuerdos, para ella, sorpresas. Encontramos a lo largo de la ribera del rio algo parecido a andamios, llenos de nidos para cigüeñas. La idea de estos "nidos" era evitar que las cigüeñas anidaran en las torres de las iglesias, destruyéndolas.

Pronto me comuniqué con Faustina, quería ir a Santa Engracia. Al principio la sentí distante, recelosa. "Vengo con los brazos abiertos", dije, y todo cambió. Su hija, Pilar, vivía cerca de mi prima Ester, a unas cuatro calles, quedamos de vernos en una cafetería a las cinco de la tarde. Faustina llegó acompañada de sus hijas Pilar y Clotilde, también su nieta Sara, hija de Pilar, quién resultó ser amiga de mi sobrino Eduardo. Logroño es una ciudad pequeña en donde casi todos se conocen. Fue una plática emocionante, las preguntas y respuestas se cruzaban y quedamos para ir a Santa Engracia ese fin de semana. La botella de Tequila Centenario que llevé de regalo fue muy festejada, cosa rara, a la mayoría de los españoles les parece un licor muy fuerte, seguramente José Manuel ya los había entrenado.

El sábado pasó Sara a recogernos, el resto de su familia se nos había adelantado, los preparativos para la comida requerían de sus hábiles manos. Tanto en España como en otros países mediterráneos, la forma de agasajarte es alrededor de la mesa disfrutando deliciosos manjares. En La Rioja no deben faltar las costillas de cordero asadas sobre sarmientos, los pimientos del piquillo rellenos de bacalao, sin olvidar el jamón serrano, curado en casa, los espárragos y frescas ensaladas con lechugas y tomates de la huerta, aderezadas con aceite de olivo de la propia cosecha.

Después de los postres, Pilar dijo haber encontrado a una amiga de mamá, salimos hacia su casa. En Santa Engracia nada es lejos, apenas viven unas 50 familias, aunque el censo es mucho mayor. Por cuestiones de impuestos hay quien prefiere estar registrado en este pequeño pueblo que en la ciudad. Apenas habíamos caminado unos 20 metros cuando anuncié: "Aquí adelante hay una calle con mucha pendiente". Alguna vez visité una casa de parientes de tía Consuelo, tenían un jardín en la parte posterior donde cultivaban azafrán, muy temprano salíamos a recoger los pistilos. Seguimos caminando por la calle y más adelante volví a anunciar: "A la izquierda está la iglesia". Tenía impresionadas tanto a mi prima Pilar como a Ana Paula, hasta yo me sorprendía al recordar cosas que tan sólo vi en una ocasión y hace más de 60 años.

Al fin llegamos a casa de María, la amiga de mamá. ¿Cuantos años tendría? Según nos contó, era cinco años menor que mamá. Muy bajita, su pelo totalmente blanco, con una expresión de tranquilidad y alegría en los ojos. Nos contó que cuando eran pequeñas, mi mamá les leía novelas mientras todas las amigas bordaban. Ella sí había estado en la boda de mis padres en Logroño. Salió de la cocina, donde estábamos reunidas y, al regresar, traía una fotografía que mi madre le había dedicado: "Con todo cariño, tu amiga, Pepita".

¡Qué guapa era mi madre! María nos prestó la foto y la escaneamos, ahora la disfruto todos los días en mi escritorio. Nos despedimos, prometí volver, y lo he hecho. Cada vez que vuelvo a España, ella es mi visita preferida.

Ya de salida del pueblo, después de despedirnos de Faustina, pedí que me llevaran a Valtrujal, pueblo abandonado del que ya les conté aquellas inolvidables vacaciones en un verano de mi niñez. Ahora ya había carretera, aunque no había pueblo. Estábamos debajo de una tormenta de viento y truenos. Paramos a un lado de la carretera y quise bajarme, las ruinas del pueblo estaban bajando la ladera, pero no me dejaron ir, el viento era tan fuerte que me hubiera zarandeado como a una frágil hoja. Ésta es una tarea que tengo pendiente.

Eduardo, el más joven de los hijos de Ester, fue nuestro guía en ese viaje por La Rioja. Hay que conocer las carreteras, las señales y las reglas, él tenía todo, además de la disposición y el cariño para hacerlo. Fuimos al bellísimo monasterio San Millán de la Cogolla (siglo XII), en donde se encuentran los primeros escritos en castellano. Los libros, de enorme tamaño, para que los monjes del coro pudieran leerlos, son de una belleza impresionante. El lugar donde están almacenados tiene un inteligente sistema de ventilación que los protege del clima y de las ratas depredadoras. Gracias a ello podemos apreciarlos después de tantos siglos.

El monasterio está construido en un precioso valle, al pie de los Montes Distercios. Hay un lugar desde donde están hechas la mayoría de las fotos que conocemos, Eduardo nos llevó para que hiciéramos lo mismo. Ana Paula tomó muchas fotos, tanto del monasterio como de los alrededores, meses después, ya en México, pude admirar la maravilla de montaje en la que se aprecia el monasterio, el valle y las montañas, en esa época nevadas. Ana me lo regaló y luce espléndido en mi estudio.

Ese mismo día visitamos Nájera y Santo Domingo de la Calzada, pequeñas ciudades con bellísimas catedrales. Cómo admiro el cuidado que tienen para mantener como si no hubiera pasado el tiempo todas estas ciudades llenas de historia. Eduardo conocía el lugar para disfrutar la sagrada hora de la comida en cada pueblo que visitábamos, la comida riojana es deliciosa.

Ya en la tarde, a través de una carretera que serpentea entre La Rioja y Navarra, llegamos a Lafragua, famoso lugar de bodegas de vino. Un lugar increíble asentado arriba de un montículo desde donde se divisa todo el valle. No pudimos entrar a ninguna bodega, debía de hacerse cita, pero visitamos el pueblo, sus bares, tiendas y, casi a la fuerza, me llevaron a una farmacia, traía una tos tremenda, pero yo insistía que como no tenía fiebre no había problema. El farmacéutico me regañó, me recetó un antibiótico que hizo efecto en un par de días. Ha de haber sido muy molesto para Ana Paula y Eduardo el constante tamborileo de mi garganta. Todos mis primos, quienes vivían en diferentes pueblos de La Rioja, se pusieron de acuerdo y organizaron una comida en la bodega de Chelín, en Arnedillo.

Chelín fue constructor y había levantado un edificio con dos departamentos, uno lo rentaba y el otro lo usaba de fin de semana. En la parte baja estaba la bodega. En La Rioja, cuando organizan un festejo entre amigos o familiares, en lugar de hacerlo en casa tienen sus "bodegas", la de Chelín es un lujo, tiene una cocina abierta con todo lo necesario y al frente una enorme mesa, porque el festejo es alrededor de los manjares. Espárragos, alcachofas, tomates del huerto, salchichones, chorizos pimientos del piquillo y, lo mejor, las chuletas de cordero, todo rociado con el mejor de los vinos, el de La Rioja. Ana Paula me dijo: "Fue la mejor comida de mi vida", estaba conociendo a su familia, yo reconstruyendo la vida de todos. Eran felices, con hijos, nietos y estabilidad económica. Boabdil, el último rey de Granada, dijo: "No es más rico el que más tiene, sino el que menos necesita", ellos no ambicionaban hacer grandes viajes o poseer fortunas, vivían una apacible vida con todo lo que necesitaban.

Había sido una semana de emociones, nos despedimos con la promesa de que volveríamos pronto, este fue el primero de una serie de viajes en los años venideros. La siguiente semana estaba destinada a visitar el sur de España, Sevilla, Granada y Córdoba. Ana Paula se había encargado de hacer el programa y reservaciones de hoteles.

Sevilla, podría vivir en esta bellísima ciudad, en el barrio de Santa Cruz, con sus plazuelas llenas de naranjos, ¡cómo me di gusto tomando fotos! La torre de la Giralda, que es el campanario de la catedral, la escalé por la diminuta escalera que lleva a lo más alto y desde donde se pueden disfrutar los techos de la catedral y los alrededores.

Nos hospedamos en un pequeño pero muy agradable hotelito en el barrio de la Santa Cruz, todo lo que queríamos ver estaba cerca, Los Reales Alcázares de Sevilla, una probadita de lo que sería la visita a la Alhambra de Granada. La Plaza de España en el parque de María Luisa, construcción hecha para la exposición Iberoamericana de 1929, tiene forma semielíptica, simulando el abrazo de España a sus antiguas colonias, toda ella decorada con magníficas cerámicas.

Al día siguiente teníamos planeado ir a Granada, así que pasamos a BBVA a comprar los boletos para La Alhambra. Oh, sorpresa, los boletos estaban agotados para los siguientes 15 días. Nos fuimos a comer un bocadillo, pues con el estómago lleno, las penas son menos. El mesero nos escuchó cuando comentamos el problema de los boletos y rápidamente nos ofreció la solución. "Pueden salir para Granada en el primer autobús a las 8 de la mañana, al llegar, tomen un taxi a la taquilla de la Alhambra, todos los días venden 300 boletos." La esperanza regresó iluminando nuestra mirada.

En el camino a Granada disfrutamos del paisaje tapizado de olivos centenarios, herencia de los moros. Como niñas obedientes, seguimos al pie de la letra las instrucciones del mesero, Ana Paula se puso en la fila y yo conté cuantas personas había delante de nosotras. Al fin teníamos los boletos. La entrada era a las 2 de la tarde, fuimos a dar un paseo en espera de la hora.

Yo estaba ansiosa, fuimos las primeras en la fila. Pero en ese momento, al leer con cuidado el boleto, descubrí que el acceso a los Palacios, la parte más importante de la Alhambra, era a las 5 de la tarde, hora en la que teníamos que tomar el autobús de regreso a Sevilla. Angustiada, le comenté a la chica de la entrada. "Espere", me dijo, "voy a hablar con el encargado." A los pocos minutos llegó y me preguntó si tenía los boletos para Sevilla, se los mostré. "Usted no vino desde México para quedarse sin ver los Palacios", acto seguido puso un sello en nuestros boletos y, mágicamente, la hora de entrada cambió, en media hora podríamos accesar. Ana Paula me dijo: "Mamá, por qué te preocupas tanto, siempre consigues todo". La ley de atracción estaba trabajando.

No tengo palabras para describir todas las sensaciones que experimenté en ese lugar, escuchaba el sonido de las fuentes, el canto de los pájaros, era primavera. Había mucha gente pero, al cerrar los ojos, todos desaparecían. ¡Qué belleza! Qué ingenio de los artesanos para realizar las filigranas en paredes y contraventanas. Todavía, cuando cierro los ojos, me imagino en esos patios llenos de fuentes.

A la mañana siguiente salimos desde Sevilla en el primer tren AVE a Córdoba, dejamos las maletas en un compartimiento de la estación y, ya ligeras de equipaje, como dice la canción de Serrat, fuimos a descubrir lo que Córdoba nos ofrecía.

La Mezquita, ahora iglesia católica, es una mezcla de dos estilos, han dejado su huella ambos, aunque predomina el árabe. Sus arcos pintados de rojo son la imagen de la ciudad. Contratamos a un guía para aprovechar mejor el tiempo. Ana Paula captó cada espacio con su cámara.

Había que recargar pilas, no fue difícil encontrar un restaurante a nuestro gusto. El dueño nos tomó una foto que me encanta, mi sonrisa dice: "Qué padre lo estoy pasando". Es maravilloso caminar por las calles serpenteadas, todas peatonales; las fachadas llenas de flores, balcones que inspiran a una noche romántica; las casas vestidas de blanco, en algunas, tras la reja de entrada, se puede atisbar el patio central saturado de plantas y geranios.

Regresamos a la estación para tomar el último AVE y llegar a Madrid a pasar la noche. Fueron días maravillosos, viajar con Ana Paula fue una experiencia inolvidable, la cereza del pastel.

Ya en Madrid, tenía que ir al parque del Retiro y recordar los momentos en los que papá me llevaba a remar en el estanque. También fuimos a buscar el piso donde viví mis primeros ocho años. Abrió la puerta una joven que, al oír las razones de mi visita, sin ninguna desconfianza, me dijo: "Pase". "No", le contesté, "le voy a describir como es el piso antes de pasar." Cada rincón estaba en mi memoria, los cambios, en la decoración.

El tiempo se acababa, Ana Paula regresó a México y yo todavía pude quedarme una semana más disfrutando mi Madrid.

De regreso del viaje a España, Ana Paula me pidió que le ayudara a buscar un departamento, tenía ahorros y quería invertir. Marcó en un mapa la zona en donde eligió buscar. Vimos muchos, a mí no me entusiasmaban. Sus ahorros eran para el enganche, pediría un crédito al banco. "Mamá, encontré uno que me gusta, ¿me acompañas?" Era un edificio nuevo en Mixcoac, había varios departamentos para elegir; la distribución de uno de ellos nos gustó a las dos. "Mamá, no me alcanza." "Yo te presto", le dije. "No, gracias, no te voy a poder pagar." ¡Cómo me costó lograr que aceptara! Al final siempre ha sido buena para el manejo del dinero, mejoraron sus ingresos y lo que debía pagar en quince años, lo liquidó en tres.

Ana Paula comenzó a llamarme antes de la cena. "Mamá, no me esperes a cenar." "¿A dónde vas?" "Por ahí." "¿Con quién?" "Con alguien." Así, casi todos los días. Hasta que me atreví a dejar el respeto a un lado y proponer: "¿Podría conocer al señor alguien?", y los invité a cenar en una cafetería.

Me agradó Erick. No hubo confesiones, supe de él y de su trabajo poco a poco. Es crítico de cine, muy educado y atento conmigo, pero no pasa de las palabras de cortesía. Consulto en su página web, cinegarage.com, las entrevistas y críticas que hace, me sirven para decidir qué película ver.

Después de los trámites de banco y notaría le entregaron el departamento. "Está tan lindo", me dijo, "que me duele que lo vayan a destrozar los inquilinos." "Ana, ya tienes edad de independizarte, si eso quieres." Su papá le regaló el refrigerador, sus padrinos, Miguel Angel y Vicky, tenían muebles almacenados, de los que eligió mecedora y una banca austriaca. El comedor lo armó con la mesa que años antes yo había embodegado y un mueble colonial, regalo de sus padrinos. Bancomer le había regalado, por sus depósitos, cubiertos, vasos, vajillas, toallas, batería de cocina, refractarios...

Mis amigas empezaron a anticiparme lo mal que me iba a sentir cuando Ana se cambiara, pero yo era tan feliz de ver a mi hija crecer. Pasados varios meses, Ana Paula y Erick decidieron vivir juntos.

Han pasado quince años, Ana y Erick se llevan

bien, veo a mi hija contenta y tranquila. En ocasiones, cuando tengo la suerte de que vengan a comer a casa, observo sus miradas de complicidad. Decidieron no tener hijos, soy prudente y respetuosa de sus decisiones, pero si alguna vez hago algún comentario, Ana me dice, bromeando: "Renta a los nietos de tus amigas y llévalos al zoológico".

Desde que se conocieron, Erick pasa la Navidad con nosotras. En los primeros años íbamos a Guadalajara, con la familia de Vicky y Miguel Angel, mis cuñados y compadres. La primera vez que celebramos en México me preocupé, ¿cómo sería una Navidad de tres? Recordaba aquella fecha en Tecamachalco, con Sergio y Ana de apenas tres años, en la que lo pasé de lo más aburrida. Pero en esta ocasión las cosas fueron diferentes, flotaba la buena vibra, me sentí feliz. Ha habido muchas otras Navidades, frecuentemente nos han acompañado amigos suyos, también familia y, en un par de ocasiones, Sergio, papá de Ana. Recuerdo el año en el que la mesa estaba llena, Vicky y Miguel Ángel vinieron de Guadalajara; Anna, mi sobrina, con Carlos, su esposo, y Charlie, el benjamín de la familia; la mamá de Carlos; Ana Paula, Erick y yo. Mi maestro Francisco me recomendó dar como regalo de Navidad a mis invitados un texto de esta incipiente autobiografía. Busqué en mis borradores y elegí lo que pensé que sería interesante para cada uno de ellos.

Es más fácil acostumbrarse a lo bueno que a lo malo. Ana trabajaba en Loreal, y cuando la empresa cambió sus oficinas a Insurgentes, venía a comer a mi casa por lo menos cuatro veces a la semana, caminando o en bici. El comedor para empleados no estaba mal, pero era mejor la comida de mamá, dejar por un rato el ambiente de oficina la relajaba y era para mí un regalo.

En una ocasión me trajo el libro PEQUEÑO CERDO CAPITALISTA, de Sofía Macías. Es un libro de asesoría económica personal, dirigido especialmente a jóvenes. "Léelo, mamá, casi todo lo que dice tú me lo has enseñado." Me sentí feliz con su reconocimiento. Debo dar gracias, tengo una vida llena de actividades y compromisos sociales, pero pasar tiempo con Ana Paula vale mucho más. La conversación de la sobremesa, a veces corta, para mí era el mejor de los postres.

Cuando se trata de decisiones económicas, Ana suele pedir mi opinión. En una de nuestras sobremesas me comentó: "Mamá, hace tiempo me invitaron a invertir en un bar, no hice caso, pero me han vuelto a invitar y veo que les está yendo bien". Después de preguntarle de cuanto era la inversión, le dije: "Ana, eres muy jóven, si pierdes ese dinero, no te arruinas, es bueno experimentar, aprender cosas diferentes enriquece". El grupo ha crecido, tres restaurantes, dos bares. Tal vez no sea un negocio millonario, pero disfruto los pasos que da Ana.

Después de años exitosos, un día me dijo: "Mamá, ya no estoy contenta en Loreal, la empresa ha cambiado. Tengo dinero para vivir un año sin trabajar, mi salud es primero, voy a renunciar". No le faltaron ingresos como *freelance*, trabajos interesantes, sin tanto estrés: la instalación de la exposición "*James Bond*"; un reality show de un chef alemán, apoyó al equipo de producción; una conferencia sobre grabados en el Colegio Alexander Bain, los alumnos expusieron sus trabajos y, como invitada especial, Ana Paula con sus grabados. Y yo, como mamá gallina, asistía a todo.

"Mamá, ¿podrías darme clases de cocina?, me gustaría aprender lo que tú haces, la comida del día a día." "Claro, yo encantada, tú eliges el menú y el próximo martes vienes temprano, cocinamos y comemos." Esto duró más de un año. Resultó buena alumna, me invitó a comer a su casa el día de las madres y me presumió una deliciosa sopa de tortilla y pescado a la veracruzana con arroz blanco. El postre lo llevé yo. Erick también cocina muy bien, sus ensaladas me encantan; ahora hablan el mismo idioma, cada uno con su acento.

Después de ese año y medio sabático, Ana comenzó a trabajar en una empresa pequeña, lejos de casa, la convivencia a la hora de comer se terminó. Es parte de la vida, pero mi corazón no se acostumbra. Ella nuevamente está congestionada de trabajo, la veo poco. Este sentimiento de ausencia es común entre mis amigas, algunas casi obligan a sus hijos a que las visiten y las llamen todos los días; no es mi estilo, pero sé que no me voy a acostumbrar y, ¿resignarme?, hasta el sonido de la palabra me desagrada, seguiré buscando la medicina.

Un año después regresé a España. En viajes anteriores a Logroño había buscado a mis amigas y compañeras del Instituto Sagasta: Luisa y Maria de Jesús. Acudí al censo, pero no recibí más que palabras insensibles. Entonces pedí ayuda a una emisora de radio que en esos días había instalado un templete en el Paseo del Espolón. Me senté en una banca para observar el movimiento, luego de un tiempo, ya más segura, me acerqué y le expliqué a uno de los periodistas lo que buscaba: "Vengo de México y quiero saber si me pueden ayudar a localizar a unas amigas de mi adolescencia". "Un momento", contestó. Regresó con la respuesta: "La locutora está interesada en usted, ¿puede esperarla?". "Sí, seguro", y regresé a mi banca. Los periodistas de radio viven deprisa, los minutos valen oro. La vi acercarse, joven, dinámica. "¿Podemos vernos el próximo lunes en la emisora?, conversamos un poco para conocer algunos detalles y fijamos la fecha para la entrevista al aire." Estaba emocionada, volé a casa para contarle a Esther, mi prima. Yo no era aquella Paulina de mi juventud, era más atrevida, luchaba por lo que quería.

El programa se llamaba "Otros Acentos", ese día entrevistaron a varios dirigentes de fundaciones que ayudaban a emigrantes. Aunque en la entrevista sólo debería contestar las preguntas de la locutora, estaba nerviosa. Una voz solemne anunció: "Nosotros también nos fuimos".

Locutora: Nuestra siguiente invitada no se fue de España, se la llevaron. De eso hace casi 50 años. En 1957, tras haber vivido unos años con sus tíos, su padre, ya instalado en México, la llevó a América. Aquí, en Logroño, dejó amigas y ahora, tras su cuarto viaje, las quiere encontrar. Paulina Pérez, muy buenas tardes y gracias por acompañarnos. No sé si el destino tiene algo que ver en esto, pero Paulina se acercó a esa carpa que nosotros instalamos en el Paseo del Espolón y nos vino a contar su historia. Yo le dije que teníamos un asiento, un micrófono, para contarla. Si te parece, Paulina, vamos a comentar como fue esa marcha a México en primer lugar que como yo decía al principio, no te fuiste sino que te llevaron.

Yo: Bueno era muy chica, primero se fue mi padre, porque las cosas no estaban bien, en 1950 mi padre tenía un negocio y aparecieron unos tíos en México que se habían ido muchos años antes. Nos ofrecieron una mejor posibilidad de la que teníamos entonces y tardó siete años en obtener los papeles como residente y también en nacionalizarse, fue entonces cuando nos llevó a mí, que tenía catorce años, y a mí hermana. Yo acababa de terminar el bachillerato en el Instituto Sagasta.

Locutora: Y la razón, como muchos emigrantes, buscando mejores horizontes de trabajo. Ha mencionado un Instituto que todos ustedes conocen, el Instituto Sagasta de Logroño, allí, Paulina hizo amigas, especialmente dos chicas: Maria Luisa Cuadra Fernández y María de Jesús Bueno Borja, dos nombres que quiere que ustedes anoten. ¿Por qué?, porque Paulina, después de tantos años, las está buscando. Si cualquiera de ustedes tiene contacto con esas personas, las puede conocer, ahora vamos a dar algún detalle (entonces dio los números telefónicos de la estación). Estas personas compartieron cuatro años en el Instituto Sagasta. Creo que su búsqueda no ha sido fácil, usted llegó a Logroño en un cuarto viaje, recientemente. Vamos a explicar estos viajes si te parece, Paulina, y, luego, cómo ha sido esa búsqueda.

Yo: Este es el cuarto viaje, pero empecé a buscarlas hace año y medio, y pensé que sería fácil. Nada más tenía el primer apellido de ellas y, gracias al señor Benito del Instituto Sagasta, obtuve el segundo. He buscado a través del censo, pero me dijeron que era confidencial. He ido a la revista Comunidad, en donde me ofrecieron publicar una fotografía de aquella época.

Locutora: Saldrá en octubre, así que estén atentos, porque la revista Comunidad, que edita el Gobierno de la Rioja, seguro llega a muchas de sus casas, fíjense en esa foto que nos puede servir de pista.

Yo: Y bueno, yo las sigo buscando por todos los medios, les comento a los amigos de mi familia, algunos ofrecen investigar. Tal vez no estén en la Rioja y se hayan cambiado a otras provincias y por eso ha de ser más difícil, no tengo otros datos ni la relación con sus familias.

Locutora: Sé que ha tenido suerte y ha encontrado, Paulina, a una amiga de su madre, originaria de Santa Engracia de Jubera, y se va a reunir con ella mañana. Cuéntenos que es lo que espera de ese encuentro.

Yo: La vi hace año y medio, hablamos, para mí fue muy emocionante porque encuentro pocas personas que conocieron a mi madre, quién murió cuando yo tenía seis años, y esta persona, María, era muy cercana a ella, fue a su boda, y mañana voy a verla nuevamente para charlar un buen rato y que me hable de mi madre.

Locutora: Son recuerdos que nosotros queríamos traer a este programa. Decíamos que el destino nos había unido en el caso de Paulina y el mío, en este espacio del Espolón, buscando a María Luisa y María de Jesús. No son las únicas personas que Paulina busca, también a Ramiro Valverde. ¿Qué relación tiene con esta persona?

Yo: Él vivía en nuestra casa, era estudiante. Quiero encontrarlo para darle las gracias por algo que hizo por mí cuando era adolescente. Lo que hizo fue motivar a mi familia para que yo entrara a estudiar al Instituto Sagasta, eso ha sido importante en mi vida.

Locutora: Vamos a terminar esta conversación, Paulina, con un sueño. Ayer charlaba con ella, y le decía que quizás su sueño sería vivir en México y en España, tiene el corazón dividido. ¿Por qué pasar diferentes temporadas en los dos lugares?

Yo: Bueno porque tengo cariños en ambos lados. En México, a través de 50 años, he encontrado a mi familia adoptiva, como yo llamo a mis amigos, la familia que elegí. Tengo una hija allá y aquí mis recuerdos. La forma de dividir mi tiempo sería: los veranos aquí, por el clima, no creo que soportaría el invierno.

Locutora: ¿Cuantos grados hace allí? ¿la temperatura mínima en invierno?

Yo: En la mañana temprano 6 grados, a medio día sube; nunca hace demasiado frío.

Locutora: Le costaría acostumbrarse al frío de España, aunque el calor de muchas personas que la van a recibir, compensaría. Nosotros, como decíamos "También nos Fuimos". Paulina, muchas gracias por estar con nosotros y compartir su historia.

El encuentro con mis amigas llegó a través de la revista Comunidad, en el número de octubre/noviembre de 2006. Mi sobrino Eduardo fue el primero en avisarme: "Tía, tan cerca y tan lejos, ¿recuerdas a Elena, amiga de mis padres?, es prima de una de tus amigas". En el siguiente viaje a La Rioja ella me acompañó a Zaragoza, donde pude ver a la familia Fernández, a Luisa y a sus padres. Me regalaron una foto de mi primera comunión que ellos conservaban porque fueron amigos de mis padres. Años después visité a Luisa, quién vivía en Barcelona. María de Jesús vivía en Pozuelos, cerca de Madrid. Nos vimos en mi siguiente viaje y años después asistí a la boda de su hija.

LOS VIAJES II

Viajar se había convertido en un vicio. Había oído comentarios de Costa Rica, un país donde el cuidado a la naturaleza es prioridad. No tenían ejercito, los costos de mantener uno eran empleados en mejorar la educación. Mis vacaciones de fin de año serian en Costa Rica, decidí. Empecé a hacer cabildeo entre mis amigas, hubo quién me dijo: "¿Por qué Costa Rica?". "Porque quiero conocer", y no hacía labor de convencimiento, más allá de la información que ya les había dado, costos del viaje y programa. Mandé un email: "Quien se anime al viaje a Costa Rica, debe depositar 300 dólares antes del viernes, recuerden que es fin de año, hay que reservar avión y hospedaje". Muy ordenadas, depositaron Diana, Martha D, Arcelia y Lety; yo completaba el quinteto.

No soy fan de los viajes en tour, pero este ofrecía salidas todos los días y la oportunidad de conocer con tranquilidad lugares de difícil acceso. La distancia entre el Golfo de México y el Pacífico es de aproximadamente 170 kilómetros, de Limón a Punta Arenas, se puede cruzar el país en dos horas. Nos hospedamos en un Holiday Inn en las afuera de San José, la capital. Excelente hotel, incluido el desayuno buffet. Algunos días la salida era muy temprano, el desayuno lo tomábamos en el camino.

Bosque de lluvia, un lugar impresionante que se visita en un funicular que recorre todo el bosque viajando sobre las copas de los árboles. Yo llevaba mis gemelos, con la esperanza de ver pájaros exóticos pero, aunque la velocidad era lenta, mi escasa habilidad y paciencia no dieron el ancho.

Costa Rica tiene más de doscientos volcanes, de los cuales cinco están activos. Visitamos el volcán Arenal. En la ladera de la montaña hay un hotel, al que bordea el rio Tabacón, de aguas termales. En su recorrido forma cataratas de poca altura creando balsas que la gente aprovecha como si fueran albercas. La vegetación es exuberante. La temperatura de todo el año es en promedio de veintidós grados, cuenta con dos temporadas: seca y húmeda. El hotel ofrecía un delicioso bufete que disfrutamos con calma, parte del encanto cuando viajamos un grupo de amigas son las sobremesas. Estaba programado el regreso al atardecer para poder disfrutar la vista del volcán después de la puesta del sol. Las lenguas de fuego se veían impresionantes, un espectáculo muy bello, pero atemorizante.

En este viaje olvidé la prudencia, el programa de ese día era *rafting*. No soy una persona de deportes de riesgo, pero algo ocurría dentro de mí, sentía ansias por disfrutar y no pensaba. Llegamos a un gran remanso del rio donde nos equiparon con chalecos salvavidas, nos dieron una clase exprés de comportamiento y nos instalaron en balsas para ocho personas. El responsable de la nuestra era un joven canadiense, delgado, de baja estatura, que demostró gran habilidad en todo el trayecto. Diana se hecho para atrás y decidió viajar con el chofer de la camioneta hasta el punto de llegada. El canadiense se sentó en la parte de atrás de la balsa, junto a mí, nos daba instrucciones de cuándo y cómo debíamos usar los remos. Era imposible esquivar todas las rocas, cuando golpeábamos alguna, la balsa rebotaba. Delante de mí iba Lety, la vi volar y caer al agua. El canadiense era realmente hábil, tomó a Lety por los hombros del chaleco como si fuera de papel y la regresó a la balsa. El trayecto fue de cuatro horas y esta escena se repitió varias veces. Yo fui privilegiada, cada vez que había conato de choque, el canadiense extendía su brazo derecho y me detenía. Durante el recorrido llegábamos a remansos donde descansábamos y, por supuesto, fuimos aprendiendo. A lo largo de todo el recorrido nos acompañaban pequeñas balsas con una sola persona, siempre cuidando nuestra seguridad. Esta ruta era de segundo nivel, nosotras no llegábamos ni a primer nivel, pero la experiencia fue maravillosa, qué bueno que fui inconsciente y no me privé de este ejercicio. Al terminar, nos ofrecieron un CD que habían grabado de todo el recorrido de nuestra balsa. Cuando Ana Paula lo vio, dijo: "Mamá, nunca imagine que te atreverías a hacer algo así, pero lo más impresionante es que te ves feliz en todas las fotos". Efectivamente, lo disfruté muchísimo.

 El 31 de diciembre salimos temprano rumbo a Punta Arenas, en el océano Pacifico. Desayunamos en *Sanchiri Ledge* unos huevos revueltos bastante insípidos. Desde la terraza veíamos un valle precioso, surcado por el rio Pacuare cubierto de bruma, es zona cafetalera. Al llegar a la costa nos esperaba un Catamarán que nos llevaría hasta la isla Tortuga. La atención fue espléndida, bebidas, frutas y el mar, un deleite para la vista. Isla Tortuga está deshabitada, sólo se puede llegar en lancha. Además de disfrutar la playa de fina arena, hay gran variedad de actividades: kayac, snorkel, aquanautas, voleibol... Yo elegí la tranquilidad de la playa. El almuerzo, servido bajo una gran palapa, era de calidad y variado, no faltaron el vino y los postres. De regreso en el Catamarán disfrutamos la puesta de sol. Como siempre, cuando veo los albumes y las caras alegres de mis amigas, vuelvo a sentir la alegría que me regaló ese viaje.

Me hubiera gustado que en el hotel tuvieran preparado algún evento para celebrar el fin de año. Pero no nos quedamos sin celebración, nos recomendaron varios lugares y, democráticamente, elegimos el que prometía el mejor festejo. Fue en un hotel más céntrico, con música en vivo, cena y bebidas. Estaba a reventar, era imposible aburrirse, la alegría era contagiosa.

El café de Costa Rica es de los mejores del mundo, una tarde fuimos a un lugar donde lo preparaban de forma tradicional: lo colaban en una especie de calcetín, delicioso.

En esa época tomaba clases de inglés en Polanco y, al regresar de este viaje, me pidieron que hiciera una presentación. Preparé fotografías en *Power Point*, llevé artesanías y preparé la parte difícil, el inglés. Al terminar, se acercó una alumna y preguntó: "¿Trabajas en una agencia de viajes?". "No, ¿por qué?" "Es que contagias."

Hacía tiempo que Rodolfo nos insistía en hacer un

viaje a Campeche, su tierra natal. Al fin nos convenció, tendría que lidiar con cuatro mujeres muy diferentes: Lilian, Carmelita, Martha D y yo. Carmelita ofreció su camioneta y partió con Rodolfo hacía Campeche, el resto queríamos pasar Navidad con la familia y los alcanzamos un par de días después en avión. Nos alojamos en el Hotel Francis a unos pasos de la casa de la familia de Rodolfo, en pleno centro histórico.

Campeche es una ciudad muy bonita, las fachadas de las casas tienen un estilo propio, pintadas de diferentes colores, verde, azul, amarillo, la mayoría de una sola planta. El calor es intenso, los campechanos acostumbran dormir en hamacas, las hay también de todos colores, nosotras teníamos aire acondicionado en el hotel.

Rodolfo es un gourmet, le gusta cocinar y disfruta la comida, conocía su ciudad y dónde comer bien. Fuimos a un restaurante en la costa. Desde la terraza contemplábamos la inmensidad del mar, el sonido de las olas, la brisa refrescante. El menú, de lo mejor: panuchos de cazón, coctel campechano, joroches, camarones al coco, pámpano en escabeche; elegimos y compartimos, y de postre, bienmesabe.

Visitar la muralla era obligatorio. Desde la fundación de Campeche, la ciudad había sido atacada y saqueada por enemigos de diferentes nacionalidades a medida que crecía el comercio y aumentaba la riqueza de la región. En vista de que las medidas antipiratería fueron insuficientes, se proyectó la construcción de fortificaciones defensivas y se aumentó la flota guardacostas. En 1686 se comenzó la construcción de una muralla que bordeara la ciudad. El muro, de 2560 metros de extensión, forma un hexágono irregular con ocho bastiones defensivos, los cuales, en la actualidad, tienen diferentes funciones: museos, galerías culturales, jardín botánico. Todavía se pueden ver faros en algunas torres de iglesias, que en la antigüedad orientaban a los barcos.

Había visitado el sureste mexicano años atrás, pero Campeche era nuevo para mí y también para mis amigas. Comenzamos nuestra ruta para visitar las ruinas mayas. Mis revistas de Arqueología eran la guía personal, trataba de leerles durante el trayecto, más de una vez Lilian se incomodó y me callaba, ese carácter autoritario lo tuvimos que soportar todo el camino.

Edna, nuestra primera parada, data entre 500 y 900 dC, algunos de sus edificios muestran rasgos arquitectónicos de los estilos Puuc y Chenes, llegó a ocupar 25 kilómetros cuadrados. Se han localizado más de 200 estructuras, entre basamentos, plataformas, edificios y conjuntos habitacionales. La gran acrópolis es tal vez el conjunto más representativo. El estilo general del conjunto acusa una gran influencia cultural proveniente del Peten guatemalteco. En la pequeña acrópolis se distingue una gran escalinata con glifos con imágenes geométricas, animales y humanos. Encontramos, además, una compleja red de canales hidráulicos que sirvieron para la irrigación del valle, aspecto que redundó en la capacidad productiva de sus tierras. Rodolfo se veía feliz, presumiendo los tesoros de su Estado, y yo, fascinada imaginando cómo pudo ser la vida cotidiana cuando estas ciudades estaban habitadas.

En Mérida nos hospedamos en el Hotel Misión Fray Diego, adaptación de una casa del siglo XVII. La ciudad es preciosa, tiene ese sabor de la época porfiriana. Las casas en el Paseo Montejo, nombrado así en memoria del fundador de la ciudad Francisco de Montejo, te transportan al pasado. El clima en esta época suele ser más benigno, lo que ayuda a poder disfrutar las calles del centro, los cafés al aire libre y los músicos callejeros acompañados de marimba.

La comida yucateca me encanta. Nos habían recomendado la excelente cocina de la Hacienda Teya, cuál fue nuestra sorpresa al llegar y encontrar a nuestra amiga Alicia acompañada por sus hijos, uno de ellos estaba viviendo en Mérida y ella planeaba hacerlo pronto. Disfrutamos tanto la comida como los jardines que rodean la Exhacienda, la cual fue fundada en 1683, como hacienda agrícola y ganadera, cambió al cultivo de henequén a principios del siglo XX y dio riqueza hasta los años setenta. En 1974, Don Jorge G Cárdenas la adquiere en completo estado de abandono e inicia un proyecto que le llevaría más de veinte años, convirtiéndose así en el pionero en rescatar haciendas en Yucatán. La mayor parte de las haciendas están semi derruidas, quedan únicamente como testimonios de una febril actividad sepultada en el pasado. Afortunadamente, algunos cascos han sido adquiridos para restaurarlas y convertirlas en hoteles, casas de campo, salones de fiestas.

Por la carretera Mérida-Progreso llegamos a Xcunya, antigua hacienda henequenera. Las características de las construcciones de la última etapa tienen un claro parentesco con la arquitectura tropical caribeña. En la casa de máquinas encontramos restos de maquinaria destruidos, oxidados, los techos caídos. Un joven ofreció contarnos la historia de lo que fue y nos explicó el proceso del henequén. Le pregunté si sabía en qué fecha dejó de laborar la hacienda. Parece que a Lilian le molestó mi pregunta y, con sus acostumbrados exabruptos, que hacía días eran frecuentes, ordenó que me callara. Me fui a caminar por los alrededores de la hacienda. El viaje dejaba de ser un placer, y no era yo la única víctima de su mal carácter, también se ensañaba con Rodolfo. Se turnaban para manejar y Rodolfo parecía no llevar los lentes correctos y le atinaba a todos los hoyos de la carretera, lo que enfurecía a Lilian.

Chichenitzá era punto obligado, sin importar si lo habíamos visitado anteriormente. Esta zona arqueológica es famosa mundialmente por el juego de luz y sombra que en cada equinoccio ocurre sobre la escalinata del basamento piramidal conocido como el castillo. En este, el sol, conforme asciende sobre el horizonte, va iluminando la alfarda poniente del basamento, creando triángulos de luz y sombra que parecen descender hasta la cabeza de la serpiente en el desplante de la alfarda. Este evento, logrado a partir de la correcta orientación e inclinación de los planos del basamento, muestra el gran nivel de conocimiento astronómico y arquitectónico que poseían los mayas y ha dado pie para que sea una de las culturas más estudiadas en torno a estos temas. Como siempre, tomaba fotos para después poder revivir mi viaje y mis sensaciones, y que, sin planearlo, me han servido para poder contarlo.

La ruta Puuc, que aglomera las ciudades mayas de Labna, Kabah y Uxmal, fue nuestra visita al día siguiente. Labna es un yacimiento pequeño, famoso mundialmente por su arco de notable perfección y fina ornamentación. Kabah, su importancia es notable pues el nombre de la ciudad es mencionado en el libro del Chilam Balam de Chumayel. El Codz Poop, o alfombra enrollada, es el edifico más relevante, también se le denomina Palacio de los Mascarones. Está sobre una plataforma artificial y sus paredes están ricamente decoradas. La fachada oeste tiene mascarones de Chaac y debajo de los mismos hay una greca de serpientes entrelazadas. Esta ornamentación tan recargada es el extremo al que llegó el estilo Puuc. La riqueza que este viaje me dio, en comparación con visitas anteriores, se debe a la madurez que da la edad; la afición por la arqueología fue creciendo a lo largo de mi vida.

Uxmal, que significa "tres cosechas", hace referencia a la complejidad de esta ciudad situada en los cerros de Puuc, un conjunto de colinas donde, rompiendo la monotonía de la llanura yucateca, se asentaron varias ciudades mayas. En su apogeo la habitaron 20,000 pobladores. Uxmal se une a Kabah por un sacbe de 18 kilómetros, fue sede del poder económico y político y, a diferencia de la mayoría de las ciudades prehispánicas, la disposición de sus estructuras no parece seguir un orden geométrico, los edificios están orientados en relación con fenómenos astronómicos, como el ascenso y descenso de Venus. Destacan los mascarones de Chac y las serpientes, es probable que el movimiento ondulante se refiera al movimiento aparente del sol.

En el camino a Izamal, ya reducido el grupo a cuatro (Carmelita nos dejó su camioneta y se fue a Cancún a visitar a su hermana), Lilian recordó haber comido unas gorditas llamadas polkas. Comenzamos a buscarlas, la hora de la comida ya había pasado, pero nuestra insistencia no aceptaba un no. Las respuestas nos llevaron a una vivienda típica del lugar, redonda, techo de palma, rodeada de árboles frutales. La familia nos recibió con gran calidez y de inmediato las mujeres comenzaron a preparar las polkas, imagínense, del comal a la boca, para mí, un banquete. A la hora de pagar no recuerdo la cantidad, pero era algo ridículo, nosotras le pusimos precio generoso a la comida y les dejamos un poco más.

Ya con el estómago lleno, regresamos al centro del pueblo, estacionamos y comenzamos nuestro recorrido. Izamal es conocida como la ciudad de las tres culturas, prehispánica, colonial y contemporánea. Alberga añejas casonas teñidas de amarillo. Entre sus atractivos está el conjunto conventual que se entremezcla con los montículos precolombinos que prácticamente se encuentran en medio de los patios particulares, lo que indica la grandeza que debió de tener este asentamiento. Fue un poderoso centro rector durante el periodo clásico, fundado por Zamna, quien fue sacerdote, inventó la escritura, los libros y descubrió el henequén y su uso.

Ya de regreso en el Estado de Campeche, y siguiendo nuestro curso intensivo de maya, visitamos Becán. Este asentamiento está rodeado por un foso único en el área maya, lo que para algunos investigadores da testimonio de una continua actividad bélica entre esta y otras ciudades de la región y, para otros, una clara división de espacio de las clases sociales. A escasos dos kilómetros, y muy cerca de Xpujil, encontramos Chicanná, ejemplo de eclecticismo, tiene elementos arquitectónicos y decorativos que también se encuentran en Rio Bec, en los Chenes y en la región Puuc. No hay pirámides grandes, pero el rico ornato de sus construcciones sugiere que Chicanná fue un centro destinado al uso de las élites regionales.

Ya en la tarde llegamos a Xpujil, cerca de la frontera con Guatemala. Su nombre deriva de una planta silvestre conocida por su forma como "cola de gato". Nos registramos en el Hostal Zoh, antes de cenar era importante cargar gasolina, en ninguna de las dos gasolineras que había en el pueblo encontramos, no les habían surtido desde hacía varios días. Nos recomendaron buscar a los huachicoleros, quienes la vendían en tambos al precio que querían. Necesitábamos la suficiente para ir al día siguiente a Calakmul y después a Escárcega, donde esperábamos encontrar gasolina. Ya alimentada la camioneta, planeamos cenar y acostarnos temprano. Rodolfo se excusó, buscaría unos tamales para cenar. Ya a punto de reunirnos con Morfeo, entró Martha D a la habitación, angustiada. "No es posible", dijo, "Rodolfo va a dormir en la camioneta, vamos a pagarle una habitación", a lo que Lilian se opuso. Martha salió y resolvió el problema.

A la mañana siguiente salimos temprano, Calakmul abría a las ocho de la mañana, de la carretera principal debíamos tomar un camino de 8 kilómetros, estaba asfaltado, pero la maleza lo invadía parcialmente, tenía muchas curvas y difícilmente podrían circular dos coches al mismo tiempo. Calakmul, además de ser un importante centro arqueológico, es el núcleo de la reserva de la biosfera, con una extensión de 70 kilómetros cuadrados, cuenta con una alta diversidad biológica. Se han censado 358 especies de aves, 75 de reptiles, 18 de anfibios, 31 de peces, 380 de mariposas y 86 de mamíferos, entre los que destaca el jaguar, que cuenta aquí con una de las mayores poblaciones en todo Centroamérica. En cuanto a la flora, se han contabilizado unas 1,500 especies.

Esta ciudad maya fue descubierta a principios de la década del treinta del siglo XX. Es una de las urbes más importantes del Clásico Maya, junto con Tikal y Palenque. Los estudios jeroglíficos han dado cuenta de una historia de guerras entre Calakmul y Tikal por casi un siglo de historia. Se observa una planeación urbana única, con grandes plazas ceremoniales y conjuntos residenciales, es el sitio en el que se han encontrado un mayor número de estelas en el área maya. Las estelas constituyen el principal objeto de estudio epigráfico e iconográfico, mismo que ha hecho posible la reconstrucción de la historia política y dinástica de esta cultura. Cuando contemplas desde lo alto de una pirámide el horizonte, el paisaje es espléndido, las copas de los árboles forman una alfombra verde de la que emergen infinidad de cúspides de pirámides.

Ya a mediodía, cuando decidimos regresar, pensando en el problema del camino angosto, esperamos un rato en el estacionamiento hasta que vimos partir un coche, lo seguimos a una distancia prudente, de manera que si aparecía otro vehículo en sentido contrario, nosotros podíamos prevenir una colisión.

Emprendimos el camino a Escárcega donde, además de comer, esperábamos encontrar gasolina. El ambiente dentro de la camioneta era tenso, manejaba Lilian, ya no había hoyos, pero tampoco conversación. Llegamos a Palenque al atardecer, lo primero fue buscar alojamiento y después de una cena ligera recuperar fuerzas para el día siguiente. Rodolfo no se quedó en nuestro hotel, cada vez era más obvio su problema financiero.

Palenque es uno de mis lugares favoritos, es mágico, las ruinas emergen en la selva, siempre que he ido todo está verde. Tenía mucho interés en conocer los nuevos descubrimientos de los que había leído en mis revistas de Arqueología, pero no se pudo, la zona estaba acordonada, había letreros de "Prohibido el Paso". También estaba restringida la visita a la tumba de Pakal. Tuve la suerte de visitarla muchos años antes y se puede ver una reproducción en el Museo de Antropología de la Ciudad de México. Este yacimiento arqueológico maya, enclavado en el centro de una selva tropical, es uno de los sitios más impresionantes de esta cultura. Es de menor tamaño que Tikal o Copan, pero de una belleza indescriptible. La Unesco la declaró, en 1987, Patrimonio de la Humanidad.

Los glifos mayas empezaron a ser descifrados en su totalidad a mediados del siglo XX. La primera mesa redonda en Palenque tuvo lugar en 1973 en la casa de Moisés Morales. Cerca de cuarenta mayístas participaron en ella, entre los que destacaban tres epigrafistas cuyos nombres entonces casi nadie conocía. Los tres eran personas totalmente diferentes: Linda Shele, Peter Mathews y Floyd Lounsbury. La última tarde de la reunión, mientras sus colegas paseaban, los tres permanecieron frente a sus notas. Algo sucedió que de pronto los hizo ver todo muy claro. Primero lograron identificar, entre los glifos, un prefijo formado por tres elementos que llamaron makina. Ese prefijo, confirmaron después, era parte del nombre de los soberanos de Palenque. Con él, los pudieron ubicar a todos. Comenzaron a trabajar en la hipótesis de que una fecha era seguida por un evento y a su vez por el nombre de quién fue el protagonista.

La escritura de los mayas del período clásico ha sido la más estudiada. La lista de quienes investigaron los glifos de Mesoamérica es larga. Todos los trabajos por separado tuvieron un momento de conjunción para lograr contarnos la historia de quienes gobernaron el mundo maya. Esto es para mí lo más atractivo al visitar una zona arqueológica, que las piedras me hablen y me cuenten su historia.

A la mañana siguiente tomamos un pequeño tour que nos llevaría a conocer Bonampak y Yaxchilan, era día de Reyes. En el camino a Bonampak desayunamos en un restaurante junto a un afluente del Usumacinta y partimos rosca, lo difícil sería cumplir con el compromiso de los tamales el día de la Candelaria a quien le tocara el niño. En el grupo viajaban algunos españoles, me impresionó cómo las parejas con bebes no se limitaban. Se interesaron mucho en ver mis revistas, me siento orgullosa de haber conservado por más de 15 años la suscripción que comenzó por la sugerencia de Don Eduardo.

Bonampak debe su fama a los murales de tres cuartos completamente pintados, ubicados dentro de la estructura del Templo de los Murales. Además de estar considerados como los mejor conservados de la cultura maya, son dignos de mención por derrumbar la suposición de que los mayas eran una cultura pacífica, las pinturas muestran claramente el oficio de la guerra. Su hallazgo se atribuye a dos indígenas: José Pepe Chambor y Acasio Chan. Los adelantos de la técnica fotográfica logran que las pinturas de Bonampak se vean con más detalle y claridad en las fotos de la revista de Arqueología que en vivo. Desde 1990, el Instituto de Investigaciones Estéticas de la Universidad Autónoma de México se dedica al registro y estudio de murales precolombinos. Allí, compré tres hilos de semillas que luzco con mucha frecuencia, tienen una propiedad muy especial, siempre que los uso me llevan a Bonampak y a la escena en la calzada que conduce a las pinturas, verde y húmeda.

Continuamos el viaje a Yaxchilan, veintiún kilómetros. Para acceder al sitio es necesario cruzar el rio Usumacinta en una pequeña lancha. El rio es caudaloso, por un momento sentí miedo, nada de chalecos salvavidas. La zona arqueológica se encuentra en un meandro, fue un gran centro durante el periodo clásico, dominante de la zona del rio Usumacinta. Es especialmente conocido por sus dinteles de piedra esculpidos con gran destreza y conservados en buen estado, están colocados encima de las puertas principales. Estos dinteles, junto con las estelas erigidas entre los principales edificios, contienen textos jeroglíficos que describen la historia dinástica de la ciudad.

Esa noche todavía la pasamos en Palenque, nuestro recorrido maya se terminaba, la idea era viajar al día siguiente a Veracruz, Rodolfo nos pidió quedarse en Villahermosa, buscaría a unos conocidos que le debían dinero. Al llegar a Villahermosa, Lilian se dirigió a una gasolinera, de inmediato abrió la cajuela de la camioneta y aventó las bolsas del equipaje de Rodolfo, vociferando insultos, los empleados lucían asustados, Martha D intentó calmarla y que recapacitara, pero fue inútil. Tan sólo me quedan dos días de soportarla, ni uno más, pensé.

Al llegar a Veracruz, buscamos alojamiento en Boca del Rio y, lo importante, comer, ya había caído el sol, los horarios en los viajes no son los rutinarios. Compartimos un plato de frijoles negros con plátanos fritos.

Final del viaje, aproximadamente 400 kilómetros hasta llegar a mi camita.

LA VIDA EN MÉXICO

Cuántas cosas en ese 2007, al fin jubilada, no nada más de papeles sino de trabajo. La notaria quedó en el pasado, ahora era dueña de mi tiempo, después de pasar dos meses en España, estaba llena de proyectos.

Para comenzar, podría tomar clases de galletas. *The Baker Shop*, en Comercial Mexicana de San Jerónimo era un buen lugar, los horarios ya no eran problema. Así conocí a Constanza de Alba, chef entusiasta y con muy buenas recetas de familia, su abuela austriaca la había motivado en su carrera.

La receta de galletas de mantequilla es excelente, pero era necesario practicar, y quién se iba a comer tanta galleta, de modo que les dije a mis amigos: "Necesito que me compren", y así empezaron a llegar los pedidos.

Al principio pensé, con ese dinero pago mis clases, que son caras, $500 a $800. En algún momento las recetas de Constanza se repetían y fue cuando empecé a tomar clases con Vanesa Mussi. Su oferta era más sofisticada, para paladares más exigentes, aprendí técnicas que me ayudaron a hacer un pastel tan sólo viendo los ingredientes, a entender porque se bajaba sin abrir el horno. Las proporciones en repostería son muy importantes. Recuerdo especialmente la experiencia que tuve con la tarta de Santiago, típica de Galicia. Probé con la receta de un chef argentino, con la de una amiga española, era frustrante, de repente sin abrir el horno, cuando ya casi estaba lista, se bajaba totalmente.

Se me ocurrió llamar al Centro Gallego, pregunté por la persona que hacía la tarta de Santiago y me comunicaron con él. No soy gallega, le dije, soy riojana, acto seguido le conté mi tragedia y le pedí su receta. Se imaginarán mi sorpresa cuando empezó a dictármela con todo detalle. Ellos preparaban la mezcla para tres tartas, la refrigeraban y según las necesidades del restaurante las iban horneando.

Después de tantos fracasos, me sentía insegura y le pedí a Vanessa me vendiera su receta, la comparé con la del Centro Gallego e hice mi propia versión. Actualmente es uno de los pasteles que más me solicitan.

La lista de productos fue creciendo, galletas decoradas con motivos navideños, pastel de limón verde, el cotizado alemán de chocolate y nuez, así hasta acumular más de 50 deliciosas recetas. Comercialmente, una lista tan grande no es bueno, así que seleccioné una variedad de 14 pasteles.

Los merengues de chocolate, rellenos de chispas, tienen su historia. Ana Paula y su prima Laura los comenzaron a hacer para sus regalos de Navidad, al ver el éxito, Ana los comenzó a vender y, al acumularse los pedidos, mamá fue la encargada de primero cuidar los tiempos de horneado y poco a poco de todo el proceso.

Todavía estaba en la notaría cuando comencé a hacerlos para mis propios regalos. En una Navidad llevé una enorme canasta al Lynis, restaurante donde comía diario. Carlos, el dueño, se acercó a mi mesa y dijo: "Le cambio su receta por tres recetas de mi carta, las que quiera". Le contesté de broma: "No, porque algún día voy a comer de esta receta". No satisfecho me envío a Nacho, el chef, con la misma petición y mejor propuesta, pero no acepté. No como de esa receta, pero el dinero que me produjo en épocas navideñas pagó algunas vacaciones.

Me encanta hacer los pasteles, ver cómo mis amigos los disfrutan, ¡cómo despierta en mi esa raíz fenicia que llevamos los españoles! Además he tenido respuestas a mis propias preguntas: ¿qué hubiera pasado si hace muchos años hubiera tenido el valor de poner una pastelería? Creo que podía haber sido exitosa, pero la seguridad que te da tener un ingreso fijo te quita la oportunidad de lanzarte a un riesgo con mejores posibilidades.

Un día me animé a recorrer mi rumbo, repartiendo tarjetas; a partir de entonces mis clientes no solamente eran mis amigos, se fue corriendo la voz y lo que comenzó como un juego se convirtió en un pequeño negocio. Y, ¿por qué no?, también me animé a visitar la cafetería *D'Village* frente al Parque Hundido. Germán, el dueño, al leer la tarjeta, preguntó: "¿Hace el pastel de limón verde?". "Si", contesté. "¿Con glaseado?" "Sí." Y me ordenó uno. A partir de entonces, y durante diez años, cada semana le surtía cuatro pasteles: dos de zanahoria Manhattan, uno de naranja y el famoso de limón verde. Me consentía, en uno de mis viajes a España, en que me ausenté dos meses, a mi regreso me recibió como si me hubiera visto la semana anterior.

El cuerpo te va diciendo que los años pasan, ya no es tiempo de jugar, ahora mis pasteles son el regalo para mis amigos cuando me invitan a comer, para compartir con Ana Paula y Erick; también con mi vecina y amiga Alicia, nos tomamos un café y componemos el mundo.

No todo es dulzura en mis experiencias como repostera. Años después, Ascen estaba de paso por la ciudad, venía de Los Cabos, donde asistió al festejo del aniversario de 50 años de casados de Laura y Paco, amigos de toda la vida. De hecho ella fue quién los presentó. Paco era compañero de trabajo en *Smith Kline* y Laura empleada en la farmacia que gerenciaba mi papá en Tijuana. Laura y la hijastra de mi papá habían venido de vacaciones a la ciudad, hospedándose en nuestra casa; entre las actividades que tuvimos para que disfrutaran de sus vacaciones surgió una fiesta con la familia de Paco, y lo demás es otra feliz historia.

Mi relación con Ascen siempre ha sido difícil pero, en el fondo, sueño con que las cosas cambien. Pensé en un menú que le gustara, una crema de cilantro con nuez, arrachera, abundante ensalada de lechuga francesa, nopales con queso y, para cerrar, pastel alemán de chocolate y nuez.

Ana Paula pasó por ella y, tras una visita a la zona escultórica de Ciudad Universitaria, llegaron a casa. La abracé, sentí su cuerpo inerte, había aceptado mi invitación por compromiso. La mesa estaba puesta, usualmente nos sentábamos en la sala y platicábamos un rato mientras la comida se calentaba. En esta ocasión, Ascen pasó de la puerta a la mesa. Cuando más de dos personas comparten una conversación, es en plural, incluyente, pero con ella no fue así. Necesito pensar que no existe mala intención, que el problema es el uso del español, después de más de 45 años de vivir en Inglaterra, el inglés es su idioma. La conversación fluyó alrededor de la producción de cacao en México, que siendo los productores originarios de esta delicia, actualmente hemos perdido el liderazgo. Ascen ha tomado algunos cursos de chocolatería, impartidos por Callebaut en Inglaterra, y quería visitar la planta que tienen en Toluca.

Al hablar de chocolates, Ana Paula recordó que su amiga Bárbara le preguntó por mis pasteles para la fiesta de cumpleaños de su niño. "Te va a llamar, olvidé avisarte", dijo. "¿Te comentó de que sabor?", pregunté. "No, ella te dirá." "Tengo dos para cumpleaños, uno de chocolate y otro de naranja, este le gustó mucho a Alexander cuando vino al cumpleaños de Charlie." En ese momento intervino Ascen: "Yo siempre le digo a Alex que tiene estómago de basurero". ¿Qué debí hacer en ese momento?, ¿contestar algo como: "Estás diciendo que mi pastel es basura"? Callé, una buena anfitriona no pelea con sus invitados. Me hubiera gustado que, tal vez un poco bromeando, Ana Paula me defendiera. ¡Somos tan parecidas!, tenemos aficiones comunes. ¿Por qué ese resentimiento enquistado, nos separa?

Terminado el café se despidieron, Ana la iba a llevar a otra visita y a mostrarle sus grabados.

Tengo un grupo de amigos al que llamo "Bolivianos" por varias razones: quien comenzó a reunirnos fue Nora, boliviana; con el paso del tiempo, se integraron otros paisanos suyos, además de mexicanos. Al principio éramos mujeres sin pareja y comenzamos a ir al cine los domingos, después aumentaron las actividades, nos reuníamos para celebrar cumpleaños, viajar y festejar, el motivo era lo de menos, lo importante era pasarlo bien.

Edgar y Nora formaron una pareja envidiable, se conocían de muchos años antes, pero fue hasta mi fiesta de 60 años, en el 2002, que hicieron clic, es posible que tuviera que ver un poco el buen tequila que nos desinhibió a todos. Edgar tiene un gran sentido del humor. Recuerdo que un día hace muchos años dijo: "¿Por qué no hacemos una fiesta de carnaval?", nos propuso, "en Bolivia los carnavales son extraordinarios, espléndidos en colorido, música y alegría. Ofrezco mi casa, qué les parece si todos asistimos con disfraces". La idea fue bien acogida y de inmediato comenzamos a pensar, ¿de qué me disfrazo? El ingeniero en sistemas de la notaría tenía un hermano en el negocio de los payasos, además de una escuela. Le pregunté si podría prestarme un disfraz de payasa, me envió uno precioso aún sin estrenar. Una faldita corta de muchos vuelos, medias rayadas que hacían lucir mis piernas larguísimas, zapatos enormes. El que sueña, sueña en grande, pedí que me enviaran a una payasa para maquillarme. Fue tan generosa que me llevó unos cuadernos de colorear especiales para hacer trucos. Era prácticamente imposible reconocerme, eso sí, no debía hablar. Entré a la casa payaseando, saludé a señas, bailé, hice el show para la alegría de todos y finalicé saludando con un gran alboroto. Ya me había divertido y deje rodar algunas palabras, con lo cual fui una más en la fiesta.

Nora y sus amigas bolivianas hacían labor social, cocinaban platillos típicos y los vendían en kermeses que organizaba la embajada misma, nuestro grupo no podía faltar. A veces estos festejos se hacían en la embajada, o en casa del embajador y, en los últimos años, en el Club Naval, donde disponían de más espacio y podíamos disfrutar de los bailes folklóricos de diferentes regiones de Bolivia. También había mesas con artesanías que, cuando nos veían llegar, gritaban: "Ya llegaron las amigas de Nora". Éramos buenas clientas, no podíamos dejar de comprar, los bordados son verdaderamente preciosos.

En abril de 2002 celebramos el cumpleaños de Beatriz, una de las integrantes del grupo, en Xochimilco. Rentamos por cuatro horas una trajinera grande, llevamos baguettes y todo lo necesario para hacer unas deliciosas tortas. Nora, como siempre, muy delicatesen, llevó alcachofas. No faltó el tequila, el pastel con todo y velitas. Abordamos la trajinera en el embarcadero "Antonio Lozada", la ruta no fue la tradicional, llena de embarcaciones chocando unas con otras y escuchando mariachis y bandas al mismo tiempo, no, en esta ocasión la ruta fue por las tranquilas aguas rumbo al Club España de canotaje. Poco a poco fuimos dejando atrás las casas y nos encontramos con las chinampas, huertas flotantes en las que se logran cinco cosechas al año, sistema de cultivo tradicional desde tiempos prehispánicos y que continúan siendo ejemplo de sustentabilidad. Bordeando los canales se levantan los ahuehuetes que, además de embellecer el paisaje, sirven para afianzar los bordes de las chinampas. Apareció una trajinera rebosante de flores y Jesús, todo galantería, nos obsequió a todas y cada una de nosotras un ramo. El ambiente alimentaba nuestros sentidos, invitaba a la reflexión. Han sido muchos los años de amistad, de celebraciones, unas más originales que otras, pero todas con entusiasmo.

Fue en la boda de mi sobrina Mariel donde conocí a Enrique Guillemín, acompañaba a Martha Elma, cuñada suya y prima de Sergio, mi exesposo. Era una boda con mucha alegría, clásica de la comunidad judía. La pista de baile dividía el salón en dos partes, las familias judías por un lado y nosotros por el otro, seguramente el menú fue diferente, pero a la hora de bailar todos éramos uno. Enrique tenía plática agradable, fue buen compañero de fiesta, bailamos, compusimos el mundo y ni la presencia de Sergio me hizo desperdiciar la oportunidad de divertirme.

"Tengo un grupo de lectura, estoy seguro de que te gustará", dijo Enrique, "nos reunimos cada seis semanas, estamos leyendo EL PERFUME, de Patrick Suskind. Todavía no sé donde nos reuniremos, pero si te interesa, llámame."

Siempre me gustó leer, y esto sonaba atractivo. Compré el libro, me atrapó. Llegada la fecha de la reunión, llamé a Enrique. "Te devuelvo la llamada, déjame checar la dirección, a veces hacen cambios", dijo.

No pasaron ni cinco minutos cuando sonó el teléfono. "La verdad es que tenía que preguntar si te podía invitar, están encantados, casi no hay mujeres en el grupo", aclaró.

La reunión era a las 9 de la noche, a unas cuantas calles de mi oficina en Polanco, así que hice tiempo trabajando en algunos pendientes. El anfitrión era Enrique Marcué, uno de los fundadores del grupo. Efectivamente, el número de hombres era superior al de mujeres, me dedique a observar, parecía que yo era la única persona que no conocía a nadie. La sesión iba a comenzar, pasamos a la sala, nos sentamos formando un gran círculo. Para mí todo era nuevo, alguien comenzó a hablar sobre el libro, a dar opiniones tanto de la forma como del contenido. Fueron turnándose uno a uno y me tocó a mí. Hasta ese día había leído por placer, sin pensar en tantos calificativos y análisis como los que acababa de escuchar, tenía todas las miradas sobre mí, hablar con la verdad fue la solución. Comencé: "Soy una lectora aficionada, tan sólo eso, pero me pregunto cómo se documentó el autor acerca del proceso para producir los perfumes, la precisión me pareció impresionante". Uno de los asistentes me dio la respuesta: "Suskind usó un tratado sobre perfumes y por ello fue demandado, pero finalmente ganó".

La siguiente sesión fue en casa de Guillemín, en esta ocasión el grupo era más reducido, LA PEQUEÑA EDAD, de Luis Spota, fue el objeto de análisis. Eran muy desvelados, como a las 4 de la madrugada decidí retirarme, el libro elegido para la siguiente sesión fue LA TABLA DE FLANDES, de Pérez-Reverte, pero no lo tenían todavía, le di a Lety mi tarjeta personal y le pedí que me avisara. Me sentí invisible en el grupo y sin deseos de regresar, tampoco recibí invitación.

Meses después coincidí con Guillemín en una fiesta familiar. "¿Qué pasó?, no volviste al taller", dijo. "No he sabido cuándo se reúnen." "La próxima será en mi casa, te espero." Lo pensé y me dije a mi misma, te gusta leer, y el atractivo de este grupo es el análisis, toma tan sólo eso, no necesitas más, los amigos los tienes fuera. Decidí no buscar amigos, pero los encontré.

En el momento que escribo estas líneas estamos a punto de cumplir ventiocho años, somos resistentes pero, más que nada, hay un cariño profundo, podemos reñir entre nosotros pero ojo, que nadie de fuera agreda a un compañero porque todos nos ponemos en guardia para defenderlo.

Veintiocho años, vistos hacia atrás, son pocos, o lo parecen; vistos desde el principio, una eternidad.

Cada año, en agosto, hacemos un pequeño viaje fuera del DF, a veces cerca, otras no tanto. Así he disfrutado San Miguel de Allende, Oaxaca, Puebla, Tepeji del Rio, Jalapa, Querétaro, Taxco, Tlaxcala, Toluca, Atotonilco... En 2007 fueron a Guanajuato, no pude ir, estaba en Logroño visitando a mi familia. Hubo años de vacas flacas, pero también celebrábamos, la Ciudad de México tiene mucho qué ofrecer, tan sólo dormíamos en casa y hacíamos del día una fiesta continua, qué padre lo pasamos en Xochimilco, horas de diversión en la trajinera recorriendo las tranquilas lagunas, disfrutando el relajante paisaje la comida y la convivencia con los ya entrañables amigos. El postre, en casa de Miguel y también la cena, qué buena la tortilla de papa. Al día siguiente la cita fue en mi casa a partir de las 12, todo el día comiendo, bebiendo y, lo mejor, disfrutando con los amigos. Algunas costumbres habían cambiado, no sé si por la edad o por el miedo o todo junto, ya casi nadie fumaba, algunos hasta la copa habían dejado, pero la alegría todavía la conservamos. Durante los primeros años terminábamos las reuniones con baile, Filemón era el promotor, el veterano, pero siempre tenía aire para bailar con todas.

A Lilian, mi amiga suiza, le gustaba incursionar en todo, era muy activa. La invité un par de veces a las reuniones del taller de lectura, en esa época se estaba mudando a vivir a San Miguel Allende y ofreció hacer la siguiente reunión en su casa, todos felices comenzamos a organizar la fecha, dónde hospedarnos, hacer equipos para el viaje, qué leeríamos. Elegimos EL CLUB DUMAS. Hubo una gran respuesta.

En esa época, la reunión la teníamos los viernes en la noche. Algunos llegamos el mismo viernes en la mañana y turisteamos. A la hora citada comenzamos a llegar a casa de Lilian, quién vivía con su pareja, Alfred, un americano encantador. La casa era amplia y acogedora, todo contribuía a que la sesión fuera un éxito. En ese tiempo, primero conversábamos haciendo tiempo a que todos llegaran y acto seguido hacíamos el análisis del libro, que a veces duraba varias horas. La cena se servía entre doce y una de la mañana, pues si cenábamos antes de los razonamientos, corríamos el riesgo de quedarnos dormidos. Éramos muy desvelados. A Lilian le pareció incómodo, según sus cánones de etiqueta debíamos retirarnos cuando los anfitriones estuvieran cansados, Alfred, más prudente, se había ido a dormir sin quejarse.

Lilian estaba cambiando, tal vez para ser aceptada en la comunidad americana residente en San Miguel necesitaba ser más tradicional, no sé qué pasaba, pero nos despidió de su casa, nos mandó a dormir.

La mayoría del grupo acumulamos años de asistencia, se han ido volando, otros entraron y salieron como ráfaga de viento. Somos un grupo muy diferente, unos de izquierda, otros de derecha, conquistadores, tranquilos, pleiteros, tolerantes, tímidos, protagonistas, pero todos con un denominador común: nos gusta leer.

Lety y Lola, parte de los fundadores, son quienes han mantenido este grupo por más de 25 años. Gracias a Lola tengo la lista de libros que hemos leído, en más de una ocasión me he prometido darle seguimiento pero, como las dietas, lo olvido, tal vez esta última promesa sí la cumpla.

Por muchos años las reuniones fueron los viernes, la cita a las 9, imposible de cumplir, empezábamos los comentarios a las 11. Ya hace unos años que las reuniones son los sábados y en la próxima invitación cambiaremos la cena por comida, los años y la inseguridad modifican las costumbres.

A lo largo de estos años he visto de todo, incluso una pelea a golpes entre Enrique y Paco por alguna diferencia política en mi casa de Av. Toluca, en mi pequeño departamento, no había espacio para el ring, vi volar una querida pieza de Paquimé.

Parte importante del grupo es Myriam, editora. He aprendido mucho de ella, a veces siento que no hemos leído el mismo libro, generalmente ella cierra la sesión, su aportación es sustancial para todos nosotros, rara vez propone la lectura del siguiente libro, el aceptar nuestras propuestas, según ha dicho, le da la oportunidad de leer otros títulos. Llegó en 1997, LA CASA EN MANGO STREET, de Sandra Cisneros, fue el primer libro del que recuerdo sus comentarios, con ella aprendí a leer entre líneas. Para mí, después de todos estos años, lo importante no es la historia sino cómo está contada. Por eso uno de mis autores favoritos es Gabriel García Márquez.

No siempre quedamos satisfechos con los libros elegidos, en ocasiones nos vamos con la finta del autor o la publicidad de algún libro reciente. Leímos PASEO DE LA REFORMA, de Elena Poniatowska. Sin ser experta, detecté errores por falta de revisión, esto posiblemente se debe a que las editoriales les exigen a los autores determinado número de libros al año y el resultado no tiene la calidad que se espera del autor. Lo que hacemos después de estas experiencias es regresar a los clásicos. DON QUIJOTE DE LA MANCHA, creo que hay que leerlo de adulto. ¡Cómo lo disfruté!, reía a carcajada sonora, le dedicamos dos sesiones. Tenemos algunas reglas antes de votar para elegir el siguiente libro, que no pase de 300 páginas y que lo encontremos fácilmente en las librerías. A veces rompemos las reglas, gracias a ello leímos GUERRA Y PAZ, de León Tolstoi. Actualmente también leo en Kindle, esta nueva opción ha sido útil, especialmente cuando viajo, las compañías aéreas están muy exigentes con el peso del equipaje. Hay multitud de experiencias y anécdotas, que son acreedoras de un libro propio, voy a lanzar la propuesta y tal vez el taller de lectura *Buenaventura* tenga su historia impresa.

Todos los viajes de aniversario han tenido su propio encanto, en estos momentos recuerdo Acapulco. Leímos para esa ocasión LAS SIETE HERIDAS DEL MAR, de David Martín del Campo, quien narra la vida del Acapulco de los cincuentas. Para hacer eco de la historia nos hospedamos en el Hotel Los Flamingos, ubicado cerca de la Quebrada, con unas vistas maravillosas y unos atardeceres inolvidables. El decadente hotel, como lo describió el autor en una nota en el diario Reforma, fue nuestro refugio por un fin de semana largo, para revivir historias de la época de gloria del puerto. El Hotel Los Flamingos, fue comprado por la Pandilla de Hollywood, lidereada por John Wayne, Johnny Weissmuller (Tarzán) y una larga lista de famosos. En los pasillos de la recepción se pueden ver las decoloradas fotos testimonio de los famosos visitantes. En la parte superior de los jardines se encuentra una casa redonda, refugio de los últimos años de vida de Weissmuller. Martín del Campo, a quién invitamos para tan importante celebración, supo que yo había leído el libro en mi Kindle, no le gustó y, a la mañana siguiente, cuando nos encontramos para desayunar, me regaló un ejemplar de su libro con la siguiente dedicatoria: "*Para Paulina, en papel y con cariño. En Acapulco, agosto 2013*".

No siempre el taller tuvo nombre, fue al cumplir 20 años que lo bautizamos en recuerdo de Buenaventura Manuel Marcué; en esa ocasión, Lety y Lola hicieron un CD con fotografías, notas de los hechos relevantes de cada año en el país, los libros leídos, los nuevos integrantes del grupo, ¡es un recuerdo maravilloso!

En el 94, después de haber leído DIANA O LA CAZADORA SOLITARIA, de Carlos Fuentes, Manuel elogió mucho mi cena y pidió que si elegíamos LOS BANDIDOS DE RÍO FRÍO, de Manuel Payno, el pagaba la cena de dos sesiones y yo como cocinera. El título fue elegido, lo cual me dio la oportunidad de aprender más de la historia de México. Gracias a mis compañeros fui liberada del compromiso de cocinar, cada anfitrión se hizo cargo como siempre de cena y bebidas.

En época navideña preparábamos una *Pastorela*, incluido guión, vestuario, música. Todos participábamos, el público era mínimo o nulo.

Al cumplir 25 años, además de nuestras tradicionales reuniones, tuvimos celebraciones todo el año.

Fuimos en el mes de mayo a Chiapas, ojala hubiera podido asistir todo el grupo, pero los compromisos de trabajo, las vacas flacas y las enfermedades son piedras en el camino. Ya conocía Chiapas, de un viaje con el grupo del INAH, pero viajar con mis amigos es superior, de hecho quedé tentada de ir a vivir uno o dos meses a San Cristóbal de las Casas, podría estudiar algo y tendría más tiempo para escribir.

Otra de las salidas con motivo de la celebración fue a Tequisquiapan. Hacía tres años que Miguel Casanova, integrante del grupo, había quemado velas en el DF y decidió vivir en la tranquilidad provinciana. Construyó una bellísima y acogedora casa, gemela de la de su novia, unidas por un relajante jardín. Una parra, ya con algunos racimos de uvas, se abraza a la escalera que conduce a las habitaciones para invitados. Fue un magnífico anfitrión, pero lo que más me gustó fue verlo contento, relajado, en una buena relación con Patricia. Salimos a comer a un restaurante italiano los ocho primeros en llegar. En la noche Miguel ofreció un brindis en su casa, el grupo comenzaba a crecer.

Al día siguiente fuimos a Peña de Bernal, hacía tiempo que tenía ganas de conocer este pueblo mágico, no me defraudó. Como no teníamos mucho tiempo, tomamos un trenecito turístico que nos mostró, protegidas del sol, las pintorescas calles. Tomamos fotos, hicimos compras y comimos gorditas, que, por cierto, nos sirvieron en unos platos protegidos con una bolsa de plástico. Entiendo que era para no tener que lavar los platos, pero me pareció horrendo, qué pensarían los turistas extranjeros. Por supuesto nos quejamos, que nos hagan caso es otro rollo.

De regreso a Tequisquiapan apenas tuve tiempo de darme un regaderazo, una levantada de imagen y salir corriendo al restaurante donde tendríamos nuestra sesión con BALZAC Y LA JOVEN COSTURERA CHINA, de Dasilie. Miguel, que ya había formado un nuevo taller de lectura, invitó a algunos de sus amigos, el grupo siguió creciendo. El análisis fluyó a pesar de la música estridente que llegaba de la calle. Al final, cada quién decidió qué cenar y, después de disfrutar de la sobremesa, nos encaminamos algunos a casa de Miguel, otros a los hoteles. Rubén y Graciela tuvieron que regresarse al DF, no encontraron alojamiento. A la mañana siguiente, antes de emprender el regreso, ya con las maletas listas, desayunamos las seis invitadas de Miguel disfrutando su compañía y la de Patricia.

Todavía faltaba la celebración del ocho de agosto, día real del aniversario. Josean, quien vive en Arboledas, ofreció su casa. Organizó una visita guiada a la Exhacienda de Santa Mónica. Al llegar, Fernando nos informó que a Josean le recomendó su doctor quedarse en casa, él se haría cargo de todo en la visita. Una guía nos esperaba y, ya casi completo el grupo, comenzamos el recorrido. Ya conocía la Hacienda Santa Mónica, pero siempre hay datos que recordar. No me hubiera gustado vivir ni en Santa Mónica ni en la Casa de la Bola, en la Ciudad de México, hogar de Don Antonio Haghenbeck de la Lama. Lúgrube, llena de imágenes y retratos de reyes que, por supuesto, nos hablan de sus ideologías monárquicas y clericales.

Terminada la visita nos encaminamos a casa de Josean, nos recibió con su eterna sonrisa, aunque conectado al oxigeno. Blanquita, su esposa, preocupada pero siempre mostrando lo gran anfitriona que es. Disfrutamos en su hermoso jardín la taquiza, excepcional, y más tarde los postres y café en el estacionamiento cubierto, había que protegerse de la lluvia. A Blanquita le gusta mi pastel alemán de chocolate y nuez, le llevé uno y a Josean, a quién le encanta el higo, le preparé una tarta de higo con almendra, que compartieron con todos nosotros.

A pesar del oxígeno, Josean nos deleitó cantando y rascando su guitarra, Fernando Muro le hizo el quite y continúo con la música. También tuvimos sesión de karaoke, lo que hizo cantar y bailar a todos.

Todo lo que empieza acaba, pero, ¿qué tal la pasamos? Los momentos no se repiten, pero siempre vienen nuevos.

Hacía tiempo que no tenía contacto con Ascen. Era doloroso recibir sus rechazos. Un día me llamó Celeste, mi querida amiga, casada con mi primo Alfredo, ellos sí estaban más próximos a ella.

"Pauli", me dijo, "Ascen está muy enferma, tiene leucemia, se estuvo tratando con medicina alternativa, ahora sus hijos han intervenido y parece que le van a hacer un trasplante de médula." "Gracias, tendré que ver cómo me comunico, si le escribo y digo que me avisaste se va a enojar contigo, le pediré a Ana Paula que le escriba a su prima Anna, te mantendré informada, de nuevo gracias."

Así comenzó la comunicación entre las dos Anas, no tardó Anna Xochitl en hablar de la enfermedad de su mamá, en ese momento yo pude escribir a Ascen y ofrecerle mi apoyo, ser su donadora. Primero se busca la compatibilidad entre la familia, aún cuando el porcentaje de probabilidades es muy bajo. Todavía no estaba decidida a hacerse el trasplante. "No perdemos nada si me hago las pruebas, tan sólo dime dónde y cómo."

Los días corrieron, ese verano fui a visitar a mis primos en la Rioja. Ascen me avisó que podía hacerme los estudios en Barcelona en la Fundación Josep Carreras, tenía planeado estar unos días allí, pero necesitaba la dirección, pienso que seguía indecisa, no concretamos nada. A mi regreso a México, insistí, finalmente me envió los datos de la Fundación Compartevida, quienes además de dar apoyo a enfermos de leucemia manejaban el registro nacional de posibles donadores. Me tomaron las muestras de sangre para hacer el estudio de ADN. "La Dra. Gorodowski, directora de la Fundación, quiere hablar con usted", me dijo la persona que hasta el momento me había atendido. Pasé a su despacho y esperé mientras atendía una llamada telefónica. Muy amable, se disculpó y me hizo algunas preguntas acerca de Ascen, me informó qué documentos necesitaba y cómo se efectuaría el pago del estudio. No sé qué fue lo que me hizo decirle: "¿Puedo ayudar a la fundación?". Rápidamente llamó a una de sus asistentes a quién le pidió folletos. "El lunes a las cinco tenemos junta de voluntarios y sería un placer contar con su presencia." La mayoría de los voluntarios son personas que directa o indirectamente han tenido contacto con personas que padecen leucemia. En esos momentos aprecias más la salud. Así comenzó esa etapa de más de cuatro años en la que hice de todo: participar en campañas de captura de posibles donadores; vender artículos que nos donaba Gobernación; vender trajes para ejecutivos que Martha D nos regalaba, generalmente eran los muestrarios de su empresa de uniformes ejecutivos; PEMEX nos invitaba a sus instalaciones, donde ofrecíamos a los empleados nuestra variedad de productos. Había que convertir en efectivo todas las donaciones. El evento estrella del año se llevaba a cabo en el Palacio de Bellas Artes, el tenor Fernando de la Mora era nuestro benefactor asociado. La función siempre era exitosa artísticamente, batallábamos con la venta de boletos.

No fui totalmente compatible con Ascen, pero no fue problema, en Europa, donde la población tiene una cultura más afín a la donación, fue más fácil encontrar donador. Esta historia tuvo un final feliz, hace diez años del trasplante y Ascen goza su vida sin el fantasma del cáncer.

Hacía tiempo que pensaba en optar por los implantes dentales, la crema adhesiva no me daba la seguridad que necesitaba, tuve que sacrificar qué comer y esto me representaba un gran sacrificio. Me llamó Lilian comentándome que su dentista de toda la vida, el doctor Soria, iba a tomar un curso y necesitaba llevar a personas a quienes fuera necesario ponérselos. La operación la efectuaba el doctor Alberto Campos, reconocido implantólogo, y el doctor Soria sería su asistente. El cuidado de la asepsia era muy importante, antes de entrar al quirófano me pusieron una bata y botas estériles. Ya lista con mi uniforme quirúrgico, pero nerviosa, me instalaron en la unidad dental. Me cubrieron con una sábana esterilizada y una segunda sábana con un orificio a la altura de la boca. El doctor Campos me había advertido lo importante que era no sacar las manos, ni tocar las sábanas. Me impresionó el cuidado con que preparaban la operación. Filmaban el proceso y simultáneamente lo proyectaban en un salón donde un grupo de doctores veían y escuchaban todas las explicaciones que daba el doctor Campos. La elevación de piso de seno maxilar se hizo con hueso liofilizado. Después esperamos dos meses para colocar dos implantes, cuatro meses más para conectarlos a la nueva placa y unas cuantas sesiones más hasta que sentí que la placa era parte de mi cuerpo. La placa y su adaptación sería compromiso del doctor Soria, me citó en su consultorio.

¡Dios mío! ¿Cómo harán la limpieza del consultorio?, me pregunté al llegar. Estaba lleno de figuritas relacionadas con pacientes y odontólogos, no cabía una más, me sentí como en esos taxis a los que les cuelgan de todo. "No voy a poder continuar atendiéndola", dijo, "no voy a tomar el curso de adaptación de placa, no tengo pacientes para este tipo de trabajos", aclaró. ¿Que hacer con el trabajo a medias?, me pregunté. Llamé al doctor Campos. "Paulina, usted es paciente del doctor

Soria, no es ético que yo la atienda, hable con él y pídale que me llame." Una llamada después me convertí en paciente del doctor Campos.

Estaba feliz con los resultados, lo que me llevó a tomar la decisión de hacer lo mismo con la encía inferior. Los pocos dientes que quedaban estaban flojos, ya me sabía la historia, con la diferencia de que no era necesario la elevación de piso de seno, el hueso estaba en mejores condiciones.

¿Cuánto tiempo pasó?, uno, dos años, no lo recuerdo. Era diciembre y el notario mayor nos había invitado a una comida en su casa de Cuernavaca. Me dolía uno de los implantes. El doctor Campos tenía una clínica en Cuernavaca, decidí aprovechar el viaje. Me revisó y me dio la mala noticia. "Perdió su implante." Lloré, lloré, me pasó a un consultorio vacío y dijo: "Cálmese y en un momento vengo a platicar con usted". Al regresar me preguntó: "¿Qué medicamentos está tomando?". "Fosamax, para mis huesos." "Es un medicamento cuya sustancia es Alendronato, tiene contraindicación para implantes, busque en Google." Efectivamente, encontré muchísima información. Tuve que esperar cuatro meses para desintoxicarme. Todavía tenía esperanza y repetí la historia, ¿cuántas veces?, perdí la cuenta.

El doctor Campos era un hombre a quién admiré como odontólogo y como persona. Vivió intensamente, le encantaba ir a Cuernavaca en moto; tenía un velero en Ensenada. En una ocasión tuvo un accidente con la moto y me atreví a regañarlo. "Paulina", me dijo, "los hombres no nos calmamos, no importa los años que pasen." También tuvo un accidente con el mástil de su velero. Finalmente murió, disfrutando pilotear su avioneta.

El doctor Campos no me dejó sola, el doctor Montes, quién lo había asistido en varias de mis intervenciones, siguió cuidando lo que se podía cuidar. Siempre que iba a consulta debía llevar una radiografía panorámica y, ¡sorpresa!, uno de los implantes que nunca me conectaron, por si hacía falta, según el doctor Campos, había caminado y nadaba de muertito en mi seno nasal. Era necesario sacarlo. Martha D tuvo el mismo problema y me recomendó a una excelente doctora. Ya sólo me quedaron dos implantes, que hacían maromas, circo y teatro para sostener mi placa, ¿por cuánto tiempo?, quién sabe.

LOS VIAJES III

Sigue funcionando EL SECRETO, hace tiempo que pensaba en conocer Turquía y Grecia y, ¡oh, sorpresa!, me llegó un correo con información de un curso de inglés para adultos de EF, la escuela en la que estudio online. Fui a las oficinas para conocer detalles, había dos destinos, Chicago o Malta.

Para nada se me antojaba Chicago, una ciudad enorme y, además, en Estados Unidos. En cambio, Malta tenía varios atractivos. Es una isla en el Mediterráneo cerca de Grecia, donde se habla inglés y, si redondeaba el plan, podría ir a ver a mis primos en La Rioja, hacía tres años que no los visitaba y si esperaba a que ellos vinieran a México me iba a quedar sentada. No lo pensé mucho, la decisión fue rápida, hasta yo me sorprendí, acostumbrada a planear todo hasta el más pequeño de los detalles. Pensé: para qué quiero mis ahorros guardados, donde el que gana es el banco, que no me compensa ni la inflación. En menos de un mes ya tenía todo contratado, incluso el boleto de avión. Cuando le conté a Ana Paula mis planes, se entusiasmó y me hechó un montón de porras, lo que me dio seguridad. "¡Mamá, vas a viajar y estudiar!"

Los planes eran para abril de 2014. Los eventos se atropellaron, Navidad, cumpleaños y el montón de actividades que siempre tengo; en abril, todo el mundo quería hacerme despedidas, preferí ver a mis amigos más cercanos de uno en uno, la plática era más íntima y acogedora. Mis amigas estaban tan entusiasmadas como yo, les hubiera gustado estar en mis zapatos. La verdad es que a algunas se les antojaba la idea de tomar el curso de inglés, pero yo prefería ir sola, tenía que pensar, escribir y hablar en inglés las 24 horas del día. El plan para Grecia y Turquía lo arreglaría en Malta, la escuela ofreció ayudarme, esperaba conseguir mejor precio sin tanto intermediario.

Empecé a separar la ropa para el viaje, tenía la ilusión de llevar mis blusas mexicanas. Era importante cuidar el peso del equipaje, tan sólo permitían 25 kilos y la maleta vacía pesaba 5. Cada que consultaba el clima de Malta en internet, sugerían llevar bloqueadores para el sol, sombrero, ropa de algodón, la temperatura probable sería de 20, 22, grados, mi ropa era la adecuada.

Y llegó el día, Erick iba a Paris, a la presentación de una película del HOMBRE ARAÑA, un viaje de trabajo, su vuelo salía una hora antes que el mío, de modo que Ana Paula nos llevó al aeropuerto a los dos; mientras Ana estacionaba el coche, Erick documentó su maleta, ya nos estaba esperando cuando llegamos, documentar la mía fue rápido, de modo que nos fuimos a tomar unas cervezas para que la espera se nos hiciera más corta. Llegada la hora nos despedimos y, prácticamente juntos, Erick y yo pasamos la zona de revisión. Ascen me había encargado vainilla, fue fácil encontrarla en el

Dutty Free, ¡muy barata!, averiguaría a mi regreso dónde comprarla para mis pasteles. El camino para llegar a la sala de acceso al avión era interminable, ¿estaba entrenando para las Olimpiadas? Eso parecía. El vuelo salía a las 10 de la noche, lo que coincidía con mi hora de dormir. A pesar de lo reducido del asiento, dormí toda la noche. Junto a mí estaban sentados dos jóvenes que iban a Londres a estudiar inglés. No tuve mucha oportunidad de hablar con ellos, dormir era más importante.

Al llegar a Heathrow, seguir las indicaciones en los letreros y a la gente fue fácil. No tenía que recoger equipaje, lo había documentado directamente a Malta, eso sí, de nuevo entrenaba para las Olimpiadas. Ascen me esperaba, me recibió contenta, en ese momento supe que pasaríamos un día feliz.

Llegué a la terminal 5 y debía salir a Malta de la terminal 4. Supuse que estaban a golpe de piedra, craso error, había que tomar tren. Ya en la 4 aflojé mi mente y me deje llevar por Ascen. Qué bueno que no contraté el vuelo que salía en dos horas, por un lado no hubiera podido estar con ella, eso era lo más importante para mí, y me hubiera visto muy presionada para el cambio de terminales, suponiendo que los vuelos hubieran sido puntuales.

Ya en la terminal 4 nos fuimos al área de restaurantes a comer, yo casi acababa de desayunar, mi cuerpo me pedía una sopa caliente. Ascen había pasado el invierno en Brazil y tenía mucho que contar. Le sugerí que planeara ir a México el próximo invierno, tal vez a Tepoztlán, ella prefería Oaxaca, cualquiera de los dos lugares sería maravilloso, podría verla más seguido y, por supuesto, ella disfrutaría a Charlie, su nieto, y a Anna, claro que esos son mis pensamientos, otra cosa cómo se van a relacionar en los dos meses que estarán de vacaciones en Chippenham.

El vuelo a Malta se me hizo un suspiro, 3 horas no era nada a estas alturas. Llegué a la 1 de la mañana. Un aeropuerto diminuto, nadie me esperaba, mi nombre no aparecía en ningún letrero, empezaban las fallas de EF. Después de un buen rato de espera, suponiendo se les había hecho tarde, decidí tomar un taxi. Al llegar al Hotel Rafael Spinola, el encargado me recibió muy amable. "La esperábamos mañana", dijo. La habitación pequeña, pero muy limpia, el baño impecable y la vista maravillosa a pesar de estar en un 4° piso, no alcanzaba a ver el mar, tan sólo una diminuta cola de la bahía San Julian, los edificios llenaban todo. Malta es el país de la comunidad europea con mayor densidad de población, lo forman tres islas pequeñas, Malta, Gozo y Comino.

El cambio de horario estaba en el reloj, pero no en mi cuerpo, así que decidí abrir maleta y acomodar mi ropa en el closet. La escuela me había informado que mi cuarto era compartido pero, en el tiempo que estuve allí, nadie llegó.

Bajé a desayunar pasadas las 8, desayuno continental, pero sin límites. Jugo de naranja o piña (no natural), cereal con leche, pan tostado con mantequilla y mermelada, manzana o naranja, chocolate caliente, minicuernos. En los últimos días aumenté el menú, me preparaba un bollo con jamón y queso, eso sí, el queso, delicioso. Aprendí a organizarme para aguantar hasta la hora en la que podía comer o cenar.

Esa primera mañana decidí conocer la escuela,

realmente estaba a 7 minutos, con el paso de los días aprendí nuevas rutas y cada vez me sentía más en casa. Las instalaciones de la escuela eran funcionales, modernas. No era muy grande, en el edificio principal estaban las oficinas de los directivos, recepción, aulas, cafetería, área de descanso con café, chocolate, agua y TV. Había dos casas antiguas al otro lado de la calle, donde también había aulas.

Al día siguiente decidí visitar Valetta, capital de Malta. A una cuadra del hotel tomé el bus #12, la última parada era Valetta, 1.50 euros por día. En el trayecto conversé con mi compañera de asiento, Lina, una señora casi de mi edad, muy bien vestida, llena de joyas tradicionales y tan platicadora como yo. "Todos los días voy a Valetta", dijo, y en un dos por tres me contó parte de su historia, tenía una hija trabajando en San Diego, conocía México, bueno, si conocer Tijuana es conocer México. Al llegar, ofreció dar una vuelta conmigo por las calles peatonales, me presentó a su cuñado, dueño de una relojería, saludó a un montón de personas, locatarios de la zona, recogió ropa para niños que tenía apartada y a velocidad olímpica recorrimos las calles de Valetta, se despidió, no sin darme su tarjeta, y yo al fin tomé un respiro y pude pasear y tomar fotos a mi antojo. Elegí una placita llena de árboles con vista al mar para disfrutar un capuccino y un pastel de manzana. Parejas de gente mayor, paseando tomados de la mano. Mamás con carriolas, niños dando de comer a las palomas. La historia se repite, me veo de niña en la Cibeles, alimentando a las palomas.

Era fácil moverse en Malta. En el camino desde San Julián hasta Valetta, las diferentes ciudades para mí eran barrios o colonias, todas estaban unidas. A lo largo de la costa los edificios eran modernos y altos, aun cuando todavía sobrevivían algunas casas y edificios pequeños, algunos con las cubiertas de ventanas pintadas unas de azul y otras de guinda obscuro con ese toque personal de la colonia inglesa.

Llegué al hotel a tomar un respiro y planear dónde cenar. La comida en Malta es de influencia italiana, por todas partes encuentras pizzerías y pasta, no siempre de la mejor calidad. Sonia, la encargada del hotel, quién siempre tenía las respuestas, me recomendó cenar en *The Avenue*, el plato de espagueti con berenjenas valió la pena, el vino local, pasable. Todo el personal del hotel fue muy amable conmigo, les regalé unos abrecartas de Oaxaca y nunca imaginé que algo tan sencillo los hiciera tan felices, se desacían en agradecimientos. Un día estaba escribiendo en mi cuarto cuando vino Josephine a hacer el aseo y empezó a cantar, rápidamente busqué en internet *"canciones mexicanas"*, se puso feliz al oír el mariachi.

La temperatura era agradable, pero el viento frío soplaba por todos lados, mi ropa veraniega adornaba el closet, tuve que comprarme un par de camisetas de manga larga que no detuvieron un catarro que no me abandonó. Nunca se me habría ocurrido, al checar los pronósticos del clima, ver algo más que la temperatura, pero qué importante es, ahora lo sé, checar también la velocidad del viento. Además de mi chubasquero, a veces tuve que acumular dos o tres playeras y mi querida pashmina se convirtió en bufanda. Las jóvenes, sobre todo las de países nórdicos, lucían, impresionantes, sus diminutos shorts.

Llegó el primer día de clases. Por esta vez, las actividades fueron más informativas que académicas. El director rebosó de amabilidad, nos ofrecieron café, sandwiches, toda una fiesta. En la reunión, además de mis compañeros, estaban otros alumnos, nosotros éramos "los viejitos", eso sí, con alma joven y mucho entusiasmo. Cuando mandé mis primeras fotos, Ana Paula preguntó: "¿Son tus maestros o tus compañeros?". La torre de Babel estaba representada por, Brasil, Costa Rica, Argentina, México, Alemania, Austria, Francia, Hungría, Finlandia y Suiza. En el grupo éramos 14, Bob y yo éramos los de "la experiencia", con la diferencia de que Bob caminaba con dificultad y yo había sido entrenada para las olimpiadas en los aeropuertos.

Después de dos semanas, al final de las cuales algunos compañeros terminaron su curso, estuve pensando en ellos. Las finlandesas eran *"must"*, no *"should"*, su mirada dura. Bob era alemán, hablaba muy mal inglés y nadie hacia equipo con él, pero era dulce. El último día se acercó a mí para decirme que le gustaba mi carácter alegre. Regina, su aspecto era lo más varonil que he conocido, pero su sonrisa y su actitud eran encantadoras. El día de la despedida fuimos 7 compañeros a tomar unas copas y cuando trajeron la cuenta ella la arrebató y fue a pagar, por más que insistimos no logramos convencerla de dividir la cuenta. Cuando revisé la lista que nos dio Bernardet con los *emails* del grupo, pensando en darle las gracias, descubrí que ella no había anotado el suyo, desapareció.

Patricia y Federic, franceses, formaban una pareja encantadora, pero era casi imposible entenderles, al final de las dos semanas las cosas mejoraron, no les entendía bien pero era muy agradable convivir con ellos.

Daniela, suiza, era un capítulo aparte, menuda, morena, ojos obscuros y cabello negro muy lacio, siempre vestida con buen gusto. No compartía al hacer trabajo en grupo, alguien comentó: "Es rica y nos ve poca cosa". Un día en el que me tocó trabajar con ella, le comenté: "Tienes todo el estilo de latinoamericana". Preguntó: "¿Por mi piel morena?". "En general", contesté.

Joana, austriaca, muy dulce, nerviosa, hizo grupo con Guiselle, de Costa Rica, y conmigo, le gustaba nuestro carácter latino, siempre contentas, comíamos juntas, a veces en la cafetería de la escuela, a veces en *Rocco Lounge*, lugar donde nos recibían los tickets que EF nos había dado. Les regalé abrecartas y Joana, al día siguiente, me llevó un CD de música austriaca y un par de días después un pastel en forma de conejo cubierto de fondan, típico de Malta, demasiado para mí sola, se lo di a Sonia para que lo repartiera entre el personal de hotel.

Bernardet, nuestra profesora, era un huracán en clase, a veces nos ponía a hacer ejercicio, era además una forma de aprender nuevas palabras, no podías distraerte ni un segundo, su velocidad era como la del viento en Malta. A veces nos numeraba: "1, 2, 3, 4, 5. Busquen a su compañera". Era una forma de separarnos para que nuestras prácticas fueran siempre con diferentes personas. Fue la ganadora, todos estuvimos de acuerdo en que era una excelente maestra.

El último día de este grupo de dos semanas las actividades fueron algo diferentes, nos visitaron el director, quien invito cafés en tazas enormes, cosa poco usual ya que en Malta, como en el resto de Europa, los cafés siempre vienen en tazas chicas. Jugamos una especie de parchís, fue divertido, también un juego de mímica, parecíamos niños en kínder. El fotógrafo de EF no paró de tomar fotos en todo momento, sin olvidar la foto de grupo. También estuvieron en las clases de ese día un par de periodistas franceses, estaban haciendo un reportaje acerca de la escuela, pude platicar con ellos en la noche cuando fuimos a *Hugo's* a celebrar.

Moría por una buena sopa, todo lo que encontraba eran pizzas, pastas, en *Rocco* buen pollo y arroz, pero nada de sopa. A veces comía en la cafetería de la escuela, ahí sí tenían sopa todos los días.

Nueva semana, nuevos compañeros, nueva maestra, Jeannie. En esta etapa los compañeros eran de edades diferentes, más jóvenes, rusos, turcos, venezolanos, colombianos, ecuatorianos, muchos hombres y mujeres de Libia, es un país cercano y con clima parecido. En una de las clases coincidí con una mujer de mediana edad, muy participativa, al terminar la clase se acercó a mí y me habló en un perfecto español, había estudiado en Salamanca, España.

En general se sorprendían de mi procedencia, *"too far"*. Jeannie, independientemente de su capacidad como maestra de inglés, tenía un gran conocimiento de las culturas del mundo. En una clase en la que teníamos que hablar de los festivales que se celebraban en nuestro país, me pidió que hablara del "Día de muertos". Busqué en el *IPad* fotos de ofrendas y les dije que para nosotros, esos días eran importantes, era como si nuestros familiares muertos nos visitaran y compartieran la comida que habíamos preparado para ellos. No sé lo que pensaban, pero sus expresiones eran de incredulidad y asombro. Después de tres semanas mucha gente me saludaba, a veces no recordaba en qué clase los había conocido, y mucho menos sus nombres y origen, pero me hacía sentir muy bien.

En el *time table* de la tercera semana tenía tres clases en nivel uno. Asistí a la primera, fue terrible, el tema era buscar adjetivos para describir a las personas, su figura, su pelo, su ropa. Era bueno para incrementar el vocabulario, pero los alumnos derramaban flojera, hasta para levantarse y escribir algo en el pizarrón. Ya estaba acostumbrada a la velocidad de Bernardette y Jeannie, así que fui a la Dirección de Estudios y solicité el cambio, al día siguiente ya lo tenía.

La mayoría de los alumnos van a estas escuelas esperando aprender inglés para obtener mejores empleos. Muchas veces ellos mismos pagan los cursos, pero hay excepciones, cuando papá paga, ir a Malta es ir de vacaciones y si además te encuentras un novio, la diversión es completa, al fin que papá no te va a hacer examen al regreso. Recuerdo que uno de los primeros días se acercó a mí una chica de Guadalajara: "¿Vienes de México?", me preguntó. "Sí", le contesté y le pedí que me hablara en inglés, se dio media vuelta y se fue.

Teníamos una biblioteca de libros y DVDs. Intenté llevarme uno cada día, ver una película en inglés con títulos en inglés, sonaba muy bien, además de una buena práctica sería entretenido en lugar de esos aburridos programas de TV. Pero, oh, sorpresa, no entiendo mucho de las nuevas tecnologías, solamente se podían ver en equipos europeos. Al día siguiente lo primero que hice fue preguntar en recepción, Vito hizo una cara de *what*, seguramente fui la primera en quejarse, no me explico que habiendo tantos alumnos latinoamericanos no se hubieran dado cuenta o no lo hubieran planeado. Supongo que el interés por la diminuta biblioteca era casi nulo. Intenté varias veces, pude ver un par de películas pero, al final, la frustración me venció.

Guisell tuvo una experiencia similar, solicitó el libro LOS MISERABLES, que le había recomendado Jeannie, tampoco lo tenían. Casi nunca nos dejaban tarea, pero las clases eran muy intensas, terminaba cansada y, cosa inusual, empecé a acostarme temprano, claro, los años no pasan en balde.

No todo era trabajo, la escuela organizaba tours a las zonas de interés en las islas, fuimos a la isla de Gozo, ahí vi espacios sembrados, cultivan vides y su vino no espera obtener premios pero no está mal, se bebe.

Visitamos Valetta con el grupo que acababa de entrar, terminé de confirmar que no me gusta viajar en grupo, te enseñan todo a gran velocidad y casi de inmediato olvidas el rollo que te dan, demasiados datos, a veces poco importantes. Recuerdo que cuando fuimos a Gozo hacían mucho énfasis en el cultivo de los tomates, los usan para las salsas de las pastas. Aproveché y le dije a la guía que el jitomate era de origen mexicano, así como muchos otros frutos y vegetales que se consumen en Europa.

Las pizzas y pastas, comenzaban a cansarme, los fines de semana aprovechábamos y comíamos en restaurantes mejores. Liliana, argentina, quería comer pescado, era increíble que al ser una isla en Malta no se viera más pescado en los menús. Lili sugirió que fuéramos a un restaurante cerca de la zona de embajadas, lo había visto en su ida a arreglar la visa para Egipto, sabía qué número de bus tomar, así que, además de pasar a una especie de *mall*, por cierto, muy desangelado, nos fuimos a buscar el restaurante. Cuando creímos haberlo encontrado, oh, sorpresa, estaba fuera de hora, lleno, todo el mundo feliz comiendo. Tienen horario, no es como en México, donde el cliente es primero y si es necesario tienen varios horarios para los empleados. Eso sí, nos dijeron que como a unos 300 metros había otro que sí estaba abierto, como caminar era para nosotras normal, pues adelante. Valió la pena, comimos un delicioso salmón a la plancha con abundante ensalada, todo acompañado de vino maltés.

Con Guisell fui el 1 de mayo y disfruté unas deliciosas brochetas de cordero *kebab*. Ese día el vino, que fue abundante, nos puso alegres, *no problem*, no había que manejar. Siempre elegíamos lugares con vista al mar, cosa fácil de encontrar en una isla.

Los horarios de la escuela eran tan irregulares que a veces no teníamos tiempo de ir a comer, entrabamos a clase a la 1:30PM, demasiado temprano, así que comíamos a las 6 de la tarde, ya era cena. Esta experiencia fue inolvidable, los viajes son para mí alimento, pero en esta ocasión, además de conocer lugares increíbles, viví una fantasía, ser estudiante, sentirme de veinte años.

El vuelo de Roma a Estambul, tres horas que pasaron sin sentirlas. Al subir al avión puse mi cara de viejita y pedí ayuda para subir mi maleta al compartimento, como siempre, no faltó quién respondiera a mi llamado. Estaba muy cansada, la caminata por Roma me dejó sin energías, cerré los ojos esperando dormir. Después de despegar nos pasaron un elegante menú, pensé que había que pagar la cena, estos vuelos económicos, además de reducir el peso permitido, cobran todo lo que te dan. Esta vez me equivoqué, la cena sustituiría al sueño, ambos son fuente de energía.

Estaba sentada entre un guapo y caballeroso hombre, quién me había ayudado con mi maleta, y una guapa italiana. Ya casi terminando la cena él inició la plática, la pregunta obligada: *"Where are you from?"*. Yo pregunté: *"In English or Spanish?"*. "En español", contestó. Cruzamos información, él era polaco y vivía en Alemania, iba a alguna ciudad de Rusia, por trabajo. Además de guapo era inteligente, conocía muy bien México y todo un rosario de países, en algunos coincidiamos, aunque en diferentes fechas. Los temas iban desde lo bello de los lugares visitados a la política y altibajos de la economía, sin olvidar el próximo campeonato mundial de fútbol en Brasil, al que asistiría. Había intentado conseguir boletos en dos ocasiones y, a la tercera, lo logró, dijo no poder creerlo cuando la web lo felicitó. Entonces le hablé de EL SECRETO, quedó muy pensativo y no tardó mucho en practicarlo. La italiana no quiso cenar, tampoco hablaba, pero el polaco la metió en la plática, tuve la impresión de que le gustaba, ellos hablaban en italiano. Ella iba a El Cairo y también debía esperar su conexión. Él, en español, la invitó a una copa. Ella me miró, preguntando, y le traduje: *"Drink"*. "No desperdicies esta oportunidad, es un hombre que vale la pena", le dije en inglés. Nunca lo voy a saber, pero creo que fomenté un romance.

Al llegar, nos despedimos, yo debía pasar por revisión de pasaporte y todos esos engorrosos procesos de los viajes internacionales. Después de recoger mi maleta, que solitaria daba vueltas en la banda pensando que la había abandonado, salí a buscar taxi. Me paré a observar, había que hacer fila, crucé un carril y esperé, alguien me gritó: "¡Taxi!", hice señas de que sí y mis maletas ya estaban en la cajuela. "*How much?*", pregunté. "25 Euros", contestó el turco. "¿Veinte?", regateé. "Ok."

Había una hora de diferencia, eran las doce de la noche, le di la dirección al turco y, sin dudarlo, enfiló hacia Sultanameh. Le costó trabajo encontrar la calle, el barrio no se veía muy bien. ¿Dónde me habré metido?, pensé. Pidió ayuda a otro taxista y llegamos a un iluminado *Magnificent Hotel*. Era pequeño, como lo había visto en internet, no había elevador, pero los jóvenes que atendían la recepción subieron mis maletas al primer piso. El cuarto era pequeño, pero limpio, qué podía esperar por 49 euros. Estaba muy cansada, quedé dormida de inmediato hasta el día siguiente.

En cada ciudad el desayuno es diferente, en Estambul: aceitunas, quesos, carnes frías, pan, miel y gran variedad de tés, los turcos beben té todo el día. Cuando salí del hotel, acompañada por un mapa, comprobé que la zona antigua estaba llena de hoteles, de todos los estilos y precios. Lo primero que hice fue buscar dónde cambiar euros por liras turcas. Turquía, aunque pertenece a la comunidad europea, todavía no hacen el cambio al euro. Un euro, 2.80 liras, aproximadamente.

Es impresionante la cantidad de gente que visita estos países, igual que en Italia me encontraba sumergida en un aglomerado mundo con todos los sonidos inimaginables, inglés, alemán, árabe, italiano, japonés, chino y quién sabe cuantos otros que no podía identificar. Ya comenzaba a generar frutos mi inglés, era el idioma imprescindible, parece que las clases en Malta habían sido bien aprovechadas. En mis visitas a los lugares de interés tan solo lo necesitaba para las cosas básicas pero, cuando hice algunos tours fuera de Estambul, disfruté de la comunicación con personas de países lejanos. De toda la gente que conocí en este viaje, tan sólo me parecieron rudas y mal educadas las italianas, sus respuestas me dejaban helada.

Me encaminé a visitar la antigua iglesia de Santa Sofía, ahora convertida en museo, muy cerca de mi hotel. Impresionante por dentro y por fuera; como museo tiene poca obra, en sí el edificio es lo admirable. Me di vuelo tomando fotos, alternaba mi cámara y mi teléfono. En interiores mi cámara la tenía programada para fotos en museos, sin flash, y con el teléfono las fotos podía enviarlas a mis amigos por WhatsApp, algunos respondían y hacían comentarios, otros, supongo que las veían y ya. Me hacía feliz que me contestaran, cuando se está tan lejos tanto tiempo es importante la comunicación, al viajar haces amigos ocasionales, que producen agradables momentos, te dan oportunidad de conocer otras culturas, pero tus amigos de siempre no se comparan con nada.

Ese día quise visitar la Mezquita Azul. Era viernes y había muchas horas de oración, decidí dejarlo para el día siguiente. De todas formas aproveché para tomar fotos. Todos los días, con gran puntualidad, a la una de la tarde se escuchan los canticos de todas las mezquitas, llamando a orar. Estos llamados son cinco veces durante el día y la hora no es la misma en todas las ciudades musulmanas, depende de la posición del sol. Todavía en Turquía se ven mujeres con atuendos tradicionales, algunas tan sólo con el pañuelo en la cabeza y ropa occidental, una gran parte con pantalones o faldas largas y encima una especie de gabardina larga, otras, de negro con la cara totalmente tapada, dejando tan solo al descubierto los ojos. El calor en mayo es fuerte, no podía imaginarme este atuendo, seguramente eran un baño sauna ambulante. En cambio, los hombres, pantalones y camisa ligera de manga corta. El hombre turco tiene derecho a cuatro esposas pero, según la ley, debe darle a cada una casa por separado, lo cual hace imposible tener cuatro esposas, ya en muchos casos es necesario que ambos trabajen para poder llevar una vida económicamente razonable.

Por todas partes se encuentran puestos de jugo, tanto de naranja como de granada, los precios son verdaderamente dispares entre los que están cerca de Santa Sofía y la Mezquita Azul y los que puedes encontrar unas 5 o 10 cuadras más lejos. También encuentras por todas partes deliciosas sandias, dulces y refrescantes.

Al día siguiente me preparé para visitar la Mezquita Azul, falda larga, una de mis blusas oaxaqueñas y pashmina para cubrirme la cabeza, tenis con calcetines. No cobran por entrar, pero las colas son enormes. En la espera tienes la oportunidad de hablar con los extranjeros que, como tú, esperan conocer esta maravilla. Al querer entrar, mi blusa les pareció poco apropiada para entrar a la mezquita, las mangas no cubrían mis brazos por completo, pero estaban preparados, me dieron un lienzo azul para que me cubriera, también una bolsa de plástico para guardar los tenis. Al fin pude ingresar, un mundo de gente, la capa, para hacerme más decente, se caía, la anudé para sentirme libre de tomar fotos y disfrutar los maravillosos mosaicos azules, los arcos que rematan las columnas, es una maravilla arquitectónica, lo malo es que estaba llena de gente. No olvidé que era un espacio de oración y que los musulmanes leen el Corán, para ello, pendían de lo alto de la cúpula infinidad de cables que sostenían un armazón circular, lleno de focos a la altura necesaria para iluminar a los fieles con sus libros. Esto, por supuesto, me molestaba a la hora de tomar fotos, algo así como los cables de la luz en las calles, que impiden tomar una foto limpia. Me senté un rato en el suelo y recé. Para mí, Dios está en todas partes, las reglas religiosas las han puesto los hombres, no siempre estoy de acuerdo, desgraciadamente, me ha tocado vivir cerca de algunos que no dan ejemplo de vida, como en mi época trabajando con los Legionarios de Cristo y su infame fundador Marcial Maciel.

    Al salir de la mezquita volví a tomar fotos, no importaba que fueran tantas, ya tendría tiempo de revisarlas en mi *laptop* y elegir las mejores. Había una fuente entre la Mezquita Azul y el museo de Santa Sofía, los chorros de agua se elevaban al ritmo de una música muda, tomé varias fotos y de pronto se me acercó un turco vestido a la usanza occidental, me ofreció su celular al tiempo que me pedía que le tomara una foto con la fuente al fondo. Hablaba buen inglés, pronto comenzó con su interrogatorio para saber qué había visitado y trató de convencerme de que era mejor conocer los maravillosos lugares de Estambul acompañada por alguien que los conociera muy bien. Traté de negarme con amabilidad, pero era muy insistente. "Tengo que entrar a la Mezquita a mis oraciones", dijo, "media hora, tan solo, ¿me esperarías aquí?", insistió. Era más fácil decirle que sí. Lo vi encaminarse a la entrada, volteó y me saludó con la mano. En cuanto desapareció entre la multitud, yo hice lo mismo, pero en sentido contrario.

Ese día busqué la Cisterna, fui a dar a otra, pequeña, pero de lo más gratificante, no había nadie, cosa en esos momentos tan apreciada por mí. Se escuchaba una relajante música de fondo, además, el importe del boleto daba derecho a un delicioso té turco. Después de tomar unas fotos me senté a disfrutar el té y del lugar fresco y relajante.

Al día siguiente, al fin llegue a la Cisterna, infinidad de columnas emergían del agua, la obscuridad era casi total, focos dispersos hacían posible ver algunos peces en el agua y los pasillos por donde recorríamos el lugar. Aquí no había silencio, todo lo contrario, cientos de voces en todos los idiomas, tampoco té.

El Gran Bazar, enorme, multicolor, es realmente un mercado para el turista. Alfombras, dulces, tés, especias, alfarería, infinidad de joyerías, el oro y los brillantes deslumbran; locales con jabones naturales, toallas y prendas para el baño, artesanías, lámparas viejas como la de Aladino y mucho más. Me senté en un pequeño café a tomar un té de manzana y disfrutar a la gente que, como yo, visitaba el lugar y compraba recuerdos, compré unos pequeños platos hondos de cerámica para regalar.

A unos pasos del hotel tenía una agencia de viajes, quería ir a Capadocia, me ofrecieron un tour de dos dias, el viaje era en avión, me pareció suficiente, para esta visita. Lo malo fue la madrugada, quedaron de pasar por mí a las 5:30, me levanté a las 4, me había bañado en la noche, pero me gusta pararme despacio, estirarme como los gatos. En recepción habían quedado de llamarme a las 4:30, todo salía como lo planeado, pero pasaron por mí a las 4:50, en cinco minutos estuve lista, aunque adormilada. El vuelo de hora quince me sirvió para una cabezadita, al llegar me esperaban para emprender el camino a Capadocia, una hora más, dormí a ratos y llegue al tour como zombi.

En el trayecto pude ver algunos pueblos, las casas estaban rodeadas de huertas familiares, no entiendo cómo podían crecer las plantas, el terreno era muy árido, algunos viñedos, cosa que me sorprendió ya que la religión musulmana prohíbe tomar bebidas alcohólicas. También pude ver a lo lejos algunas montañas nevadas y calentadores solares en los techos de las casas. El grupo era de 14 personas, dos cosas teníamos en común, deseos de conocer países exóticos y de comunicarnos en inglés. La zona de Capadocia es de origen volcánico, se forman protuberancias de formas asombrosas, culturas pasadas las perforaron y convirtieron en viviendas, iglesias, sus pobladores fueron los primeros cristianos en el siglo III dC. En las excavaciones que dieron origen a iglesias, todavía se pueden apreciar pinturas de Jesús, María y algunos santos. La ciudad subterránea de 7 niveles es impresionante, para circular por los pasadizos es necesario encorvarse. Tenían rutas de escape, de hecho era un lugar en donde se ocultaban los cientos de personas que formaban la comunidad. La zona es famosa por su cerámica, en un taller que visitamos, un artesano nos hizo una demostración en un torno, resultado: una vasija de arcilla y el asombro de los asistentes. Para mí esto no era novedoso, nosotros, en México, podemos presumir de nuestra bellísima talavera de Puebla y muchas más. La finalidad era vendernos, tenían un *showroom* impresionante, los diseños muy bellos, con su toque oriental. En una de las salas nos pidieron no hacer fotos, cuidan que no les copien sus modelos.

La comida, deliciosa, muchas verduras, especialmente berenjenas, los dulces, lo máximo, todo acompañado de té turco o de manzana. Después de disfrutar de algunas vistas panorámicas nos llevaron al hotel. A mí me tocó *Mystic Cave Hotel*, de lo más agradable, el baño dentro de la habitación, tan sólo separado por un biombo de cristal, amplio y de buen gusto. Estaba tan cansada que, aunque en otro momento hubiera ido a cenar, decidí dormir.

A la mañana siguiente el desayuno fue en la terraza y, además de lo acostumbrado, quesos, carnes frías, aceitunas, me ofrecieron un omelete, hacía casi dos meses que no probaba un huevo. Ese día, entre otros lugares, visitamos una pequeñísima iglesia escavada al fondo de un cañón por el que circulaba un rio. En una zona tan árida, eso era un paraíso, caminamos como tres kilómetros a la orilla del rio, llena de árboles y plantas. Le comenté a Sophía, la guía, lo maravilloso que era para mí escuchar el sonido del agua. "El Corán dice: 'hay tres sonidos maravillosos, la voz de una mujer, el sonido del agua y el sonido del dinero'", me dijo. Al final de la caminata había varios restaurantes, en uno de ellos nos esperaban con otra deliciosa comida. Durante ese día había hecho amistad con una joven china, Deli, quién viajaba con sus padres, llena de vida, además de bonita. Al despedirnos en la tarde, cruzamos *emails*, son de Shangai, estoy segura de que ahí comenzó una amistad.

De regreso a Estambul pasé a visitar a Jamshid, de la agencia de viajes. Fue mi tabla de salvación, constantemente recurría a él. Lo estoy atosigando, pensé, pero no, estaba encantado de ayudarme. Un día antes de mi partida ya era tarde y no tenía mucho trabajo, así que nos pusimos a platicar, era de un país de la antigua Unión Soviética, hablaba un montón de idiomas, había aprendido el turco en dos meses y estaba por irse a Alemania a trabajar en un crucero, era soltero así que podía darse el gusto de saltar de un trabajo a otro. Intercambiamos *emails*.

Caminé muchísimo, descubrí el *Gulhane Park*, está en la parte posterior del palacio Topkapi, supongo que en tiempo de los sultanes era parte de los jardines del palacio. Los macizos de rosas competían entre sí en color y aroma. Visité el museo de Ciencias y Tecnología, me encantó, muy bien presentado, tenía vigilancia, no como en el de Malta. Había instrumentos quirúrgicos, astronómicos, de guerra, de química. Los 600 años del imperio Otomano fueron de esplendor, no tan solo de conquista de territorios sino en el campo de la cultura y las ciencias. Después de cargar baterías con un delicioso sandwich de queso y respirar el relajante aire del parque, me encaminé al Mercado de Especias.

No tan grande como el Gran Bazar, pero igualmente sorprendente, locales de dulces alternando con los de especias, sin faltar las joyerías. Los comerciantes tratan de jalarte, intentando descubrir de qué país eres, si dices que no, ellos insisten, son verdaderamente persistentes. Estaba cansada y sin pensarlo hice señas de que era sorda, el comerciante se apenó y no insistió, repetí la operación y ya no tuve que defenderme del asedio.

El día que visité el Palacio Topkapi lo hice en un tour local, tuvo cosas buenas, pero el tráfico para desplazarnos a los distintos lugares fue agotador, y después descubrí que todo lo podía haber hecho caminando. El palacio fue residencia de los sultanes otomanos de 1465 a 1853, año en que el sultán Abdulmecid decidió trasladarse al recién construido Palacio Delmabalice, con instalaciones más modernas. Antes de entrar nos dieron unas fundas de plástico para cubrir los zapatos y así proteger las alfombras. Prohibidas totalmente las fotografías. La fastuosidad era impresionante. Algo que me llamó la atención fueron las balaustradas de las escaleras, son de cristal. Este palacio fue el primer edificio en Estambul en tener teléfono y luz eléctrica.

Después de visitar el palacio fuimos a comer a un restaurante en un puente que une Sultanameth y Tashim. El puente tiene varios niveles, en la parte superior los pescadores lanzan sus anzuelos y desde el restaurante pude ver cuando los peces picaban, no uno, muchos. El pescado que disfruté ese día seguramente acababa de salir del mar. Compartí la mesa con una pareja griega, él hablaba inglés, ella no. Les sorprendía mucho que una persona mayor viajara sola, además, querían saber de México, para ellos estaba en el fin del mundo. Después de la comida, todo el grupo se embarcó en un pequeño yate para recorrer el Bósforo y admirar los impresionantes palacios a ambos lados, el europeo y el asiático.

Una noche decidí ir a un espectáculo de bailes turcos. Como siempre, me fui caminando, ya dominaba la zona de Sultanameh y, si tenía dudas, el mapa se encargaba de resolverlas. Al llegar al loby se me acercó una chica de rasgos asiáticos, me había visto en la mañana en un café junto a la mezquita Aya Sofía, donde había ido a leer. Yo no la recordaba, viajaba con sus padres. "¡Ah!, claro, estabas con tus padres en el café, éramos las dos únicas mesas ocupadas en el jardín." Me gustó la función, representaban la historia de una esclava del harem y un embajador alemán. Alrededor de la historia de amor transcurría la vida y costumbres del harem, todo representado con los bailes. En cuanto tuve tiempo investigué la historia en internet, efectivamente, fue un hecho real. Helen y sus padres me invitaron a regresar al hotel en taxi, su mamá tenía problemas para caminar, a partir de ese día nos encontramos repetidas veces: en el vuelo a Atenas un par de días después, en la subida a la Acrópolis, en un restaurante en Atenas, donde comía con Liliana, mi amiga argentina. Esta amistad también continuará.

Al fin llegué a España, el vuelo de Estambul a Madrid lo aproveché para dormir; de la terminal 2 del aeropuerto de Madrid debía cambiar a la terminal 4, de allí salía el autobús que me llevaría a Logroño. Tenía tres horas, tiempo suficiente para trasladarme a la T4, y comer.

Hay un autobús que recorre todas las terminales, que en algunos casos están lejos. Tuve que abandonar mi carrito de maletas y subir sin ayuda. Al llegar a la T4, lo primero fue localizar la parada del autobús para Logroño y tomar otro carrito para las maletas. Era necesario depositar un euro para usarlo. España está pasando por grandes problemas económicos y la gente inventa modos de ganarse lo que pueden, al llegar a la fila de carritos, un joven ofreció ayudarme, no era necesario, reaccioné rápido, le di el euro y él me dio el carrito que seguramente había rescatado de otro viajero antes de engancharlo en la fila. Ya con todo ubicado, lo importante era comer y comer bien, no un bocadillo. Pregunté en información y me recomendaron un restaurante, "Calle Mayor", en el segundo piso. Un plato de deliciosas verduras, merluza con patatas, vino tinto y pastel, todo por 20 euros, no era barato, pero los aeropuertos nunca lo son. Al terminar, pedí un café para acompañar el pastel de queso. La mayoría de los clientes no eran viajeros sino personal del aeropuerto, sobrecargos, pilotos. Cuando viajas y quieres comer bien y a buen precio, busca lugares en donde coman las personas del lugar. Llegó el autobús puntual, no estuvo más de cinco minutos y enfiló para Logroño. Eduardo había elegido bien el asiento, individual, muy cómodo. No pasó mucho rato y nos ofrecieron una ensalada, cuando la sobrecargo me la llevó, la rechacé con un gracias. Con ademán molesto, la aventó a la parte superior de los asientos, en donde se guardan bolsas y maletas pequeñas. A los españoles les parecemos lentos por la forma amable de pedir las cosas, esto es una característica de todos los latinoamericanos, para mí, ellos son groseros y maleducados en el trato a los clientes.

Intenté ver una película pero, aunque te pedía el sistema elegir el idioma, todo era doblado. Puedo ver una película filmada en español y la disfruto, pero doblada, nunca. Puse música y traté de dormir.

Al llegar, vi a José Luis, mi sobrino, seguramente mis primos estaban ocupados y le pidieron que me esperara. Tanto él como su esposa, María, siempre son muy cariñosos conmigo. Hace unos años visitaron México, yo estuve encantada de recibirlos, aunque sólo estuvieron en mi casa unos cuantos días. Les gusta viajar con *backpack*, escalar, son incansables viajeros. No han cambiado, y ahora lo hacen acompañados de Ibon, su niño de apenas 10 meses. Lo había visto en fotos, pero nada que ver al conocerlo, rubio de ojos azules. Pero lo mejor, su carácter, siempre sonriente con todos, gatea por todas partes, no tarda en caminar. Estaban con el padre de María y su esposa, sus abuelos, era la primera vez que los veía, después de las presentaciones, se despidieron.

Todo está tan cerca en Logroño, mi tacita de porcelana. Al fin en casa de Ester y José, a disfrutar del día a día con ellos y la deliciosa cocina de Ester. En su casa la comida y la cena son espectaculares, todo es delicioso; desayunan muy ligero, café y unas galletas pero, como a mí me gusta desayunar avena, convencí a Ester y todos los días preparaba el desayuno, sabía que cuando me fuera, ella regresaría a su café y galletas. En las tardes después de la siesta saliamos a pasear con su amiga Primi, a veces nos sentabamos en alguna terraza a disfrutar de un café, sin dejar de curiosear en las tiendas. Como en México, están invadidos por comercios de chinos y coreanos, mil chucherías baratas pero, algunas, útiles, ahí encontré las cucharitas medidoras, la miserable y un molde para pastel. Tenía planeado hacerles algunos pasteles.

Mi primera experiencia al hacer la rosca de almendra fue frustrante. Primero, no encontré almendra molida, así que tuve que cascar los almendrucos, en casa había muchos, tienen árboles de almendras. Aun con la maquinita para cascarlos fue interminable obtener los 180 gramos que necesitaba, pero el problema mayor era el horno, ya había fallado en años anteriores. Ester no hornea pasteles, tan sólo algún bizcocho. El resultado, un pastel quemado, ¡qué frustración! Ester raspó todo lo quemado y se lo fueron comiendo, yo no quise ni probarlo, estaba muy enojada, pero como soy necia lo volví a intentar, esta vez un pastel de zanahoria, para la comida del lunes en la huerta con los amigos de José, no se quemó, pero debe mejorar. Tengo que averiguar cómo prender el horno tan sólo con las hornillas inferiores, pero no tengo instructivo, tal vez investigue en alguna tienda de estufas, no va a ser fácil, tiene muchos años, pero yo soy persistente.

José acababa de pintar la casa de la huerta, me gustó mucho el color que eligió, terracota, le ayudaron sus amigos Miguel Angel y Santiago, y en agradecimiento hizo una paella que compartió con ellos, con sus mujeres y conmigo. Les llevé el postre, un flan napolitano, con esto no tuve problemas, no era necesario el horno. El día estaba espléndido, al fin hacía calor. Después de la comida me apropié de la hamaca que años atrás les había regalado, qué siesta tan sabrosa. Ellos jugaron cartas, *brisca*, dos equipos, hombres contra mujeres, ganaron ellos, parece que Miguel Angel sabe contar las cartas, lo que le da ventaja. Miguel Angel y Rocío se despidieron y nosotras tres nos fuimos a caminar por los alrededores, en estas fechas anochece casi a las diez y el sol ya no estaba tan fuerte.

El primer domingo después de llegar fue la primera comunión de Sara, hija de Carlos y Sara. ¿Qué me voy a poner? Todavía hacía frio y lo único presentable era mi huipil blanco, la solución fueron tres camisetas, una sobe otra, y unos mayones que había comprado en Malta a modo de ropa interior. Al llegar a la iglesia busque el mejor lugar para tomar fotos, estaba separada del resto de la familia, lo que tal vez llamó la atención de Carlos. Cuando le dijeron la razón, rápidamente fue a saludarme e informarme que estaba prohibido. "Carlos, si nadie toma fotos, yo respetaré las reglas." "Te lo pido, por favor", dijo. No contesté. Claro que casi nadie respetó las reglas, yo fui discreta y conseguí mis fotos.

Después de la ceremonia fuimos a las bodegas Don Jacobo, de la familia de Sara. Hacen un vino delicioso que exportan a Inglaterra, Alemania, Canadá y, últimamente, a Hong Kong. Antes de pasar al comedor, degustamos un delicioso vino blanco del año en que nació Sara, 2005, acompañado de deliciosos canapés, sin faltar el jamón serrano. Se lucieron con la comida, menestra de verduras, cabrito y, para rematar, pastel mil hojas y café. Al terminar, recorrimos las bodegas, hay una sección con botellas de todas las cosechas, las oficinas, llenas de historia, fotos de abuelos y bisabuelos. Y, para finalizar el día, la foto de la familia. Por primera vez, después de muchos años, estuve en Logroño en las fiestas de San Bernabé. Se celebra la defensa de la ciudad del asedio de los franceses en el año 1521. El cerco duró dos semanas, los logroñeses se alimentaron durante ese tiempo de lo almacenado en sus bodegas, trigo, vino y de la pesca furtiva del río Ebro. Para recordar esos momentos, se reparte entre todos los asistentes, que son muchos, un pequeño pan, un pescado frito y una jarra de vino. Durante tres días, todo es fiesta. Se instalan puestos con productos típicos, dulces, cerámica, recuerdos. Tanto los vendedores como los vecinos que llenan las calles se visten con trajes de época y acceden encantados a que los fotografíes. En algunas plazas hay representaciones de los hechos del siglo XVI. No falta la procesión en la que sacan a San Bernabé precedido por los gigantes y cabezudos.

Ayer celebré con los amigos de José. Nos reunimos en la Huerta, la comida corre por cuenta de los hombres, ellos preparan todo. Como concesión especial me permitieron hacer el postre, un pastel de zanahoria. Después de degustar un vinito en la terraza, pasamos a la mesa que habían instalado junto al horno bajo la parra, hacía mucho calor, así que la sombra era bien recibida. Los cocineros se sentaron junto al horno, comenzamos con jamón serrano y espárragos rociados con aceite de oliva, continuamos con unos langostinos increíbles, llevaban, entre otros ingredientes, brandy, pedí la receta y espero hacerlos en casa. Después, careta de cerdo, chorizo y salchichón. Y, para completar, mi plato favorito, chuletas de cordero asadas en leña de sarmientos. Para ese momento yo no podía más, era demasiado para una sola comida, aunque el vino ayudaba. Sacan el postre, duraznos en almíbar y leche frita, que siempre lleva Ester y, para rematar, mi pastel acompañado de café. Todo se había servido en platos desechables, así que fue rápido recoger para dejar espacio para el juego de cartas que organizaron los hombres, el equipo lo completaba Ester, mi prima.

Algunas mujeres quisieron descansar en las hamacas, Elena, Mariví, Yoli y yo salimos a caminar, el sol había bajado y era soportable. En el camino nos tropezamos con un cerezo cargado, estaba en un terreno abandonado, tenía dueño, pero no lo cuidaban. Supongo que esto ocurre con frecuencia, pues Marivi, precavida, llevaba dos bolsas de plástico que llenamos rápidamente. Estaban ricas, pero había probado mejores. Unos días antes habíamos estado en la huerta Pablo, el tío de José, fuimos a recoger cerezas, era tiempo de cosecha. El árbol estaba cargado, después de llenar tres barcas (cajas) se veía igual de lleno. Estaban deliciosas, dulces, comí sin limitarme. Recordé mi infancia, cuando hacíamos racimos con ellas. El convivio terminó a las 10, todavía no anochecía.

Aranza, hermana de Pilar y Matilde, quien vive en El Rasillo, tiene dos Casas Rurales. Hace tiempo que tenía ganas de conocer el lugar, y como Matilde estaba de vacaciones, planeamos ir un día, también vino Faustina, su madre. El Rasillo está situado en la montaña junto a un pantano (presa). El paisaje es maravilloso, todo verde, pinos, hayas, cedros, todo lo que a mí me gusta. El pueblo, muy limpio y bien cuidado. Las casas de piedra respetan el estilo original, aún cuando su construcción sea reciente. Es el lugar ideal para ir en verano, Madrid provee de vacacionistas, quienes encuentran un remanso paradisiaco.

Aranza tiene un gusto exquisito para decorar casas. Aunque por fuera se vean rusticas, su interior está lleno de comodidades, baños de última generación, habitaciones acogedoras, amplio salón con chimenea para compartir. Puedes rentar toda la casa o habitaciones individuales. Aranza vive allí con su esposo, Angel, y sus hijas, Liz y Cire, ambas universitarias quienes, debido a la crisis, han cambiado sus actividades por la de compartir las responsabilidades de las Casas Rurales de sus padres. Es maravilloso que al crear un negocio exitoso tus hijos se interesen en él y lo conviertan en su modo de vida. Disfruté muchísimo ese día, me encantó Aranza, teníamos muchos puntos en común, es culta, le gusta leer, disfruta la naturaleza. Después de comer unas deliciosas tortitas vegetarianas, que le había enseñado a cocinar una clienta alemana, además de unos canelones, ensalada de su huerta y cerezas, Angel ofreció llevarnos a conocer los pueblos cercanos. Visitamos Ortigosa, pueblo floreciente durante la primera mitad del siglo XX, gracias a sus fábricas de mantas de lana, en aquellos años tenían grandes rebaños de ovejas. Casas majestuosas que "indianos" exitosos construyeron en su pueblo natal al regresar de América.

Atravesamos el bosque por una pequeña carretera y llegamos a la ermita Lomos de Orios, dedicada a la Virgen del mismo nombre, patrona de Villoslada de Cameros. Estaba abierta, así que pudimos entrar y admirar un bello retablo en el altar mayor y, ¡oh, sorpresa!, nada de flores de plástico, bellos alcatraces llenaban los jarrones a los lados del altar. Parece que un ermitaño vive junto a la ermita y, además, es un estupendo escultor, en el atrio pudimos admirar algunas de sus obras, hechas con piezas viejas de hierro. Fue un día maravilloso, espero regresar y tal vez quedarme más tiempo, es el lugar adecuado para escribir y disfrutar de la naturaleza.

Siempre que visito a mis primos y sobrinos en Logroño, les llevo regalos, al principio era difícil, no los conocía bien y no sabía qué dar, después de los últimos 15 años ya no tengo dudas, sé lo que le gusta a cada quién. Ester quería tener un grabado de Ana Paula, hubo también grabados para sus hijos, Eduardo y José Luis.

Acostumbro hacerles una comida mexicana, y para ello llevo algunos ingredientes, el chipotle les encanta. Este año les hice pollo en axiote, procuro elegir platillos que no piquen mucho. Y lo nuevo fue el guacamole, les encantó y, además, es tan fácil que seguro lo seguirán haciendo. Ester nos hizo un día caracoles, deliciosos y a modo de confidencia me dijo: "Les puse chipotle". Descubrí que no pueden pronunciar la sílaba "tle", en palabras como atleta, dicen at-le-ta, así que pronunciar chipotle era toda una odisea.

Una de las reuniones más emocionantes fue la comida de los Fernández, la familia de mi mamá. Cincuenta y cuatro adultos a la mesa, más un montón de niños. Éramos muchos para reunirnos en Santa Engracia, el pueblo de origen. Con apenas unas 60 casas, no tiene un restaurante capaz de albergarnos. Una de las organizadoras era Elena, así que la comida sería en Murillo, donde vivió su familia. Todos éramos descendientes de mi madre y sus tres tíos, Gregorio, Juan José y Tomás, hermanos de mi abuelo Secundino.

Quedamos de reunirnos en Santa Engracia, había quien no conocía el pueblo de sus orígenes. Ascen, mi hermana, y yo aprovechamos para ir a saludar a María, amiga de mamá. Sus noventa y tantos años la tienen postrada en cama, el cuerpo se le está consumiendo, pero su mente está lúcida. Qué bueno que la encontré hace años, desde entonces, cada que voy a España no dejo de visitarla.

Fuimos al pequeño cementerio, vi placas de familiares que me precedieron. Pregunté por la tumba de mi bisabuelo. "Tal vez esté en algún extremo o fuera del cementerio.Tuvo un entierro civil, era republicano", comentó una de mis primas. De Santa Engracia nos fuimos a Jubera, pueblo cercano, a tomar el *vermout*. El grupo había aumentado y la hora de la comida se acercaba, así que emprendimos viaje a Murillo.

Además de mi hermana y su hijo, que venían de Inglaterra, y yo de México, había primos de Bilbao, Zaragoza, y otros pueblos cercanos de la Rioja. Todos estaban muy contentos. Como siempre, la comida abundante y deliciosa. Ya estábamos en los postres cuando nos repartieron una postal con la fotografía del pueblo y las fotos de mi madre y sus tres tíos con la leyenda: "POR VOSOTROS NUESTRAS RAICES, 1ª. TRASTORNADA, SANTA ENGRACIA DE JUBERA, 15 DE JUNIO DE 2014". Estaba muy emocionada, me subí a una silla, golpeé un vaso pidiendo atención y les di las gracias a todos por esos momentos de felicidad. Ese día tuve un banquete para mi cuerpo y para mi alma.

A mi prima Pilar la vi varias veces, va a nadar temprano y, al salir, se reúne con su hermana Matilde en un café, hasta tienen su mesa preferida junto a la ventana del bar. No tenía que hacer cita ni llamar por teléfono, simplemente, como decimos en México, les caía. "En mi edificio vive un señor ya mayor que dice que fue tu maestro", dijo Pilar. "Pues quiero verlo", contesté. La siguiente semana Pilar me invitó a comer a su casa y lo llamó. No aparentaba los ochenta y tantos años que tenía, delgado, lucía un saco sport de cuadros, tenía clase. Fue un regalo maravilloso conocerlo, porque Balbino tenía mucha información de mi madre, el rompecabezas se iba armando. Sus padres fueron muy amigos de mi bisabuelo, con quien se crio mi madre desde los dos años al quedar huérfana. "Todo lo que dices me cuadra", dijo. "También lo que tú dices", le contesté. Había visitado a mis padres en Madrid, cuando fue a entrevistarse para un trabajo en Banco Bilbao. "Los visité en la frutería", dijo. Yo no le había mencionado que mis padres tenían una frutería. "Tu madre era muy, muy..." Y yo terminé la frase por él: "Muy guapa". "Santa Engracia le venía pequeño", apuntó. Y me contó una anécdota que describía muy bien a mi madre: "Yo tenía unos 14 años, salía de los Escolapios", dijo, "y al final de la calle apareció tu madre. Al verme, me abrazó efusivamente, eso no se acostumbraba en aquellos tiempos". Días más tarde me invitó a su casa a conocer a su familia, su esposa, enferma de Alzheimer, es la dulzura personificada, me acariciaba las manos y decía: "¡Qué bonita!". También conocí a sus dos hijas, una de ellas está dedicada a atender a la madre. Salí llena de amor, y lo había recibido de una familia que tenía instalado el dolor en su casa.

Cuando escribo sobre mi época de estudiante en Logroño, me refiero a mis maestros con el sobrenombre de su materia, mi maestro de Historia, mi maestro de Matemática. Pues no recordaba sus nombres, pero posiblemente esto tendría remedio. Fui al Instituto Sagasta, donde cursé el Bachillerato Elemental, con mi lista de preguntas. Me atendió Fernando Blanco, bibliotecario. Quedé impresionada, el Instituto tiene 172 años y un valiosísimo archivo. Me dio los nombres de todos mis maestros e información de sus éxitos posteriores. "¿Quiere su expediente?", preguntó, "vamos a ver qué clase de alumna era", añadió. No salía de mi sorpresa. Volví dos días después y ahí estaba, amarillento, habían pasado 60 años. Los documentos de solicitud, el examen de admisión de mi puño y letra, la foto y las calificaciones de los cuatro años, fui buena alumna. Días después regrese con un amate, era un "gracias" mexicano.

Arnedillo, pueblo turístico con su balneario de aguas termales que data de la época de los romanos. Allí disfruté en mi infancia de maravillosas vacaciones, ahora, visito a mis primas Ascen y Julia. En esta ocasión estuve poco más de una semana. Julia cumplía años y había que celebrarlo, la reunión fue en la bodega de su hijo Toño. En esta ocasión, además del jamón serrano, los espárragos y ensaladas, estaba el cabrito. Se me hace agua la boca tan sólo de recordarlo. Para rematar, los postres. Julia hizo unos pastelitos de hojaldre rellenos de crema inglesa y yo un pastel de zanahoria, era la novedad.

Todavía pude hacer galletas de avena, el horno de Julia sí servía. Ascen, Julia y su casi hermana, Mary, disfrutamos de un café y pastel de limón verde como despedida. Mary me regaló una carpeta de vainicas que ella misma había bordado.

El tiempo se acababa, la fecha de regreso estaba cada vez estaba más cerca. Ana Paula me había escrito: "Te extraño mamá", el abrazo que quería darle tendía que esperar.

En mi visita anterior, hacía cuatro años, asistí en Arnedo a la presentación de un libro que habían escrito dos jóvenes, uno viajó a México, DF, y el otro a Medellín, Colombia, y cruzaron *emails* con las impresiones que cada uno tuvo a la llegada. La Universidad del Valle, en Cali, Colombia, publicó esta serie epistolar. El día de la presentación conocí a Angel Blas Rodríguez, quien había visitado el DF, pero no tenían ejemplares para la venta, de modo que en este viaje me comuniqué a la Biblioteca de Arnedo, me contestó Pedro Ruiz de la Cuesta, director de la biblioteca, quién se acordaba de mí. "Tienes suerte", me dijo, "Alfonso Rubio, el autor que vive en Colombia, está por llegar, viene a las fiestas de San Fermín." Todavía tenía poco más de una semana antes de volar a México. Como lo prometió, Pedro me llamó y pasó a dejarme el libro, bajé a la entrada y nos enfrascamos en una agradable plática. "Qué tal si vamos a un café." "¿Pero, estás arreglada?", dijo, mirándome de arriba abajo. No me molesté, conocía la costumbre española de las mujeres: al levantarse en la mañana se visten con una playera y un pantalón *fachoso*, si van de compras se cambian y, al regresar, vuelven a su *uniforme* de casa, y así tantas veces como salen y entran. Yo vestía igual todo el día.

    Disfruté la plática con Pedro, misma que continúa, ahora por *email*.

Ya extrañaba mi casa, a mi hija, a mis amigos y mi camita. Viajé en autobús a Barcelona, ya eran las 11 cuando llegué al hotel HM, cerca del aeropuerto, dormí como lirón y a las 6 de la mañana estaba desayunando en el aeropuerto, lista para volar a Londres y de ahí a México. Mi compañero de viaje no era muy comunicativo, así que aproveché para leer lo que Blas había escrito a su llegada al DF, su descripción de la ciudad desde la altura era poética: "Mi visión era nula, las nubes se exprimían con intensidad", ya había olvidado la temporada de lluvias.

Me volvió a tocar luz roja, solo retardaría mi salida, no traía nada prohibido, el vino, las chuletas de cordero y el jamón los disfruté en La Rioja.

Chamacuero, un nombre que suena chistoso, había oído del viaje a los encuentros literarios, pero el año anterior, apenas aterrizada de mi viaje de tres meses, lo dejé pasar y al siguiente no escribí nada para enviar. Un par de días antes de la salida el maestro Francisco nos informó de tres cancelaciones, había lugar en el transporte. Sin pensarlo, dije: "Voy". Esto es inusual en mí, pero me daba el encanto de la aventura. Todavía tuve un destello de orden y le pregunté al maestro Francisco acerca del programa. El viernes 19 de junio, puntualmente, a las 9 horas, llegué a la UTE (Universidad de la Tercera Edad) ansiosa por conocer a mis compañeros poetas.

Chamacuero, ahora Comonfort, es el nombre original de este poblado, significa, en lengua tarasca: "el lugar de las bardas caídas" o "lugar de ruinas". Ubicado al norte de Celaya, está en la frontera que dividía a los tarascos del sur con los chichimecas del norte, conocidos por su fiereza, fueron los últimos en someterse a los españoles tras una guerra que duró medio siglo. El nombre de Comonfort lo adquiere debido a que cerca de ahí fue asesinado el que fuera presidente de la República en el período de la Reforma.

En la primera mitad del siglo pasado, la risa no fue muy frecuente en la poesía mexicana, estaban, entre otras excepciones, las ironías y desparpajos de Renato Leduc, pero no era una poesía del humor. Uno de los pocos poetas humoristas en esas primeras cinco décadas del siglo pasado fue el Lic. Leovino Zavala, su nombre vive a la sombra de su personaje, el humilde poeta Margarito Ledesma.

Zavala nació en Uriangato en junio de 1887, en el estado de Guanajuato. Hombre bonachón, culto y de increíble ingenio, fundador y director de la escuela secundaria de su municipio, poseedor de una copiosa biblioteca. Fue notario en San Miguel de Allende. Creció en una casa donde predominaba el carácter festivo, con sus hermanos improvisaba fiestas atrayendo gente en la calle con música hecha con cacerolas de peltre. Zavala inventa, para entretener a su madre, la historia del poeta Ledesma, quién le hace llegar sus poesías esperando verlas publicadas, se las leyó y le dio tanta risa que continúo la broma. Su madre fallece en 1932 y Zavala se promete publicar los versos en su memoria.

Desde hace siete años, el maestro Indalecio Salgado organiza los "Encuentros literarios Margarito Ledesma". En esta ocasión, además del contingente de la UTE, participaron poetas de Uruapan, Chamacuero y Guerrero.

Llegamos al Hotel Plaza Macondo, cuyos cuartos fueron bautizados con los nombres de los personajes de CIEN AÑOS DE SOLEDAD. Lo primero era dejar nuestro pequeño equipaje. Me había puesto de acuerdo con Estela para compartir cuarto, nos asignaron uno en el primer piso, rápidamente alguien apareció y nos subió las maletas. El hotel se construyó en etapas, nosotras estábamos en la sección más antigua, lo acababan de pintar, se veía limpio, pero me pregunté, ¿da más trabajo o se necesita más dinero para hacer las cosas con calidad? La pintura chorreaba en el zoclo y los brochazos no solamente habían cubierto las paredes, también parte de la herrería. Esta herencia, que me acompaña después de trabajar tantos años, primero en el Colegio Oxford y después en la Notaría, supervisando el mantenimiento, está incrustada en mi piel.

Era un cuarto con tres camas, en realidad, dos cuartos compartiendo el baño. Estela eligió el primero pero cuando quiso cerrar la puerta, no se podía, chocaba con una de las camas. Tenía tan fácil solución, cambiar el sentido de abrir la puerta o quitarla. Colgamos la ropa y nos reunirnos con el resto de los compañeros para ir a comer, yo moría de hambre, las galletas que compartí en la camioneta eran historia.

El pronóstico del tiempo, según la consulta que hice en internet, era de lluvia en ambos días. Los organizadores del encuentro lo sabían y arreglaron que la comida y todos los eventos fueran en lugares cerrados. Nos encaminamos hacia la parroquia de San Francisco, a un par de calles del hotel. Aproveché para visitar la iglesia y tomar algunas fotos, a esa hora, prácticamente vacía. Una joya del barroco, muestra de ello, los cinco retablos laterales. El altar mayor, neoclásico; probablemente barroco en su origen pero que cambió como muchos otros con la moda del siglo XVIII. Junto a la iglesia se encuentra el exconvento jesuita en cuyo patio central, rodeado por arcos, tuvimos la maravillosa experiencia de disfrutar una comida tradicional, precedida de una ceremonia que Consuelo ofició en lengua otomí, todos participamos, yo recibí el fuego de sus manos y lo fuimos pasando de uno en uno. El menú fue el mismo que Consuelo presentó en la feria gastronómica FITUR 2015, el stand mexicano estuvo representado por la comida de Guanajuato. Tuvimos el privilegio de comer lo mismo que reyes y grandes personalidades, nopales, frijoles, chapulines asados capturados en pasto seco, lo que los hace doblemente deliciosos, chicharrón, guisados de carne y pollo, todo acompañado de tortillas ceremoniales. No tienen idea, además de deliciosas, recién hechas y lucían esplendidas, las presionan sobre un sello de madera grabado con imágenes representativas de la ocasión. Todos estos manjares los regamos con agua de té de limón, semillas de pirúl y flores de buganvilia. Valió la pena la espera, todavía se me hace agua la boca al recordar.

Ya con el estómago lleno y el corazón contento, pasamos a sentarnos, pues iba a comenzar la lectura de los trabajos. El maestro Francisco me había pedido que llevara un trabajo corto, elegí *Mis primeros recuerdos*, que es el capítulo con el que comienzo esta autobiografía. Fuimos pasando de cuatro en cuatro. Aun cuando nos habían pedido que fueramos breves no faltó la mosca en la sopa, un compañero de Cumbres planeó leernos todos los poemas que había escrito en su juventud. Fue necesario que Indalecio le pidiera dar por terminada su participación.

Comenzó la convivencia entre los asistentes. Fuera del recinto, el agua caía a cantaros. Dentro, empezó a llegar el aroma de tamales y atole, no esperé a que me invitaran, fui de las primeras en servirme.

Había verdes y de queso, me tocaron de queso; el atole estaba delicioso y, además, calentito, el ambiente había refrescado por la lluvia. Héctor comenzó a instalar su amplificador, pronto se escucharon los acordes que convirtieron en canción los versos de Margarito Ledesma y de Renato Leduc. Héctor sabía su oficio, nos tenía a todos encantados. Ya me sentía cansada, la levantada temprano, cinco horas de camino, las actividades y emociones del día, los años, mi cuerpo se quejaba. Estela estuvo de acuerdo y decidimos regresar al hotel, la lluvia había amainado. Al llegar a Macondo, caminamos con mucha precaución, los mosaicos del piso estaban mojados y muy resbalosos. Los dueños del hotel eran afortunados de no haber tenido huéspedes accidentados, el diseño y colorido era muy bonito, pero no pensaban en la seguridad.

Estela y yo teníamos mucho en común, fui afortunada de tenerla como compañera de cuarto, no se nos acababa la charla y, aunque estábamos cansadas, no paramos hasta oír las voces de nuestros compañeros de la UTE que regresaban de la convivencia. Como a eso de la una de la madrugada, desperté con el largo silbido del tren mientras cruzaba el pueblo y, para no ser menos, alguien comenzó a gritar: "¡Antonio!". En cuanto vino la calma, el sueño me venció.

La cita en la mañana era a las 9 para ir a desayunar. El maestro Francisco ya nos esperaba y, mientras todos bajaban, le pedí que me tomara una foto junto a la estatua de Margarito Ledesma. Casi de inmediato se la envié a Ana Paula con mi acostumbrado saludo mañanero, en la foto aparezco con uno de mis huipiles de Chiapas, disfruté usándolos en este viaje.

El maestro Indalecio Salgado, promotor y organizador de los Encuentros Literarios, también dueño del Hotel Plaza Macondo, estaba en todo, su familia y amigos colaboraban con los desayunos, comidas y cenas, ese día todos los eventos serían como a tres calles en una finca rodeada de frutales, la concurrencia había aumentado, las largas mesas comenzaron a llenarse, la amena plática hizo más llevadera la espera del desayuno: fruta, huevos a la mexicana con frijoles y café.

Comenzaron las lecturas de los participantes, predominaban los versos, yo prefiero la prosa, pero debo confesar que disfruté de escuchar a los poetas, la entonación y el sentimiento me ganaron, hasta compré el libro SOMBRAS BAJO LA TINTA, de Sandra Morales Vázquez. Así fue pasando la mañana, casi sin sentirla.

Cuando necesite estirar las piernas, advertí un movimiento de cazuelas, estaba llegando la comida, pronto se formó una fila, no era la única que tenía hambre, arroz, nopales, chicharrón en salsa roja, tinga de pollo, tostadas, agua de jamaica con azúcar y sin azúcar; las tortillas, calientitas con las que me di gusto haciendo tacos. Ya había terminado cuando llegaron con un platillo nuevo "nopales en penca", esto era nuevo para mí, tenía que ver cómo retiraban las pencas que venían cosidas abrazando el guiso de nopales, aquí no hubo fila, rodeábamos ansiosos a la señora que trajo tal delicia. Pronto cayó en mi plato una cucharada y regresé a mi lugar en busca de tortillas para disfrutar otro taco.

Nos visitó el presidente municipal electo, el Lic José Alberto Méndez, por primera vez en México hubo candidatos independientes y, en Comonfort, el pueblo votó por él. Pasó entre los comensales invitando tequila, que todos aceptamos encantados.

Se reanudaron las lecturas, nos deleitaron con un canto purépecha. Tuvimos a un declamador que venía de Iguala, cuando terminó su actuación y se disponía a recoger el material, lo alcancé y le dije: "¿Crees que algún día sabremos la verdad?". Me miró desconcertado, pero inmediatamente entendió mi pregunta y contestó: "En Iguala no tienen problema, pero en Chilpancingo están muy enojados con ellos, no pueden usar el uniforme de la escuela, los agreden, son unos delincuentes". "¿Y crees, en el supuesto de que lo sean, que merecen lo que les hicieron?" No contestó. Yo aguanté mi impotencia y me fui. Necesito creer que algún día esa lacra llamada impunidad desaparecerá y que no tendremos otro Ayotzinapa.

El encuentro estaba por terminar, Héctor volvió a instalar el equipo y comenzó a amenizar el evento con su música, qué calidez de las familias que nos recibieron, también nos tenían gorditas de requesón, típicas de Comonfort, estaban deliciosas, para mi gusto grasosas, pero supe tarde que también había sin grasa. Como la noche anterior, Estela y yo decidimos regresar al hotel, dormí como un lirón.

El viaje tocaba su fin, fuimos a desayunar barbacoa a la salida del pueblo, traíamos el antojo desde que pasamos por San Juan del Rio, ya no habría paradas para comer hasta llegar a casa. Emprendimos el regreso, pero con una parada en Celaya para comprar dulces y cajetas. "Si ve fresas en el camino, por favor pare", le dije al chofer y paramos en las fresas. Los vendedores se arremolinaron junto a la camioneta, $100 la canasta. Alguien comentó: "Ponen las grandes encima". Pregunté: "¿Cuánto trae cada canasta?". "Cuatro kilos." Dudé, yo había pedido que parara la camioneta. Al llegar a casa, lo primero fue pesar las fresas, dos kilos seiscientos gramos. Qué mala compra, encuentro las fresas en el mercado Portales a $25 el kilo.

Al llegar al DF, ya en Mixcoac, poco a poco fueron bajando los poetas, yo lo hice en Holbein y Revolución, el resto bajó en la última parada, la UTE.

Mi prima Julia vive en Arnedillo, precioso pueblo de la Rioja. Suele venir a Mexicali a visitar a su hija Julita cada dos años. Ya es bisabuela, Julita se casó muy joven con Reynaldo, su familia tenía un rancho de viñedos y olivos y lo enviaron a Madrid a tomar un curso de enología, era obligatorio ir a la Rioja, tierra del buen vino español. Allí conoció a Julita y para él fue imposible regresar a México sin ella, formaron una familia. Yo no tenía contacto entonces con mis parientes en España, pasaron muchos años hasta que se dieron las circunstancias y pude reencontrarme con ellos. En los últimos quince años, Julia me ha visitado en la ciudad de México en tres ocasiones, pero hace un par de años me pidió que fuera yo quién la visitara en Baja California. Era la época en la que Ana Paula había decidido tomarse un año sabático, tenía tiempo, podría conocer al resto de la familia ya crecida, los dos hijos de Julita estaban casados y tenían retoños. Elegimos ir al rancho en Valle de Guadalupe, yo había estado años antes en la boda de Rey (Reynaldo Jr).

Alejandra, esposa de Rey, nos recibió en la terminal de autobuses de Ensenada, habíamos volado de la Ciudad de México a Tijuana. Al llegar al rancho *Quinta Monasterio*, nos recibieron de película. Tienen un Spa. Y lo primero fue una sesión de masajes, después un sauna. Al salir, en una terraza desde donde podíamos admirar los viñedos, en esa época verdes, nos esperaban sendas copas de vino tinto y una saludable ensalada. Ya había llegado la familia de Mexicali, abrazar a Julia es un placer, me siento protegida, siempre ha sido así.

En Valle todo es comer y beber. Reynaldo, esposo de Julita, nos invitó a desayunar a un famoso restaurante que había comenzado en un puesto de banqueta, "Doña Estela". Recuerdo que nos dijo: "Hay que llegar temprano para tener lugar". Pedimos un plato surtido con todas las especialidades, el borrego tatemado estaba de lujo, también probé hotcakes de maíz. Televisa filmó una telenovela en el valle y todo el equipo de producción comía con doña Estela, fue un empujoncito.

En el rancho tienen una sala de degustación, llegan quienes hacen la ruta del vino recorriendo todas las bodegas del valle. Ese día, un amigo de Rey estaba haciendo un mural en la pared exterior de la bodega, lo vimos comenzar y terminar, quedó fantástico. Los vinos que producen son de alta calidad y muy cotizados. Rey, quién también es enólogo, además de cuidar la producción personal, colabora con otros bodegueros, de hecho participa en el 33% del vino que se produce en Valle, nos invitó a comer en el Hotel Boutique Valle de Guadalupe, en esa ocasión, nos acompañó Alejandra. Rey es muy conocido, se la pasó saludando. Una noche, en la sala de degustación, pudimos disfrutar y conocer, a través de videos, acerca de su trabajo, me encantó uno en el que participa su pequeño hijo.

Con Julia y Julita fuimos otro día a comer a "Puerto Nuevo", es famoso por su langosta con arroz y frijoles. No sé si es mi idea, pero sabría mejor escuchando y viendo el océano.

Hacía varios años que Marichu, mi querida amiga, había decidido vivir en el Valle de Guadalupe. No sólo vivía ahí, aprendió a hacer vino. En esta ocasión conocí la casa que construyó, de paja, con un sistema muy antiguo que se ha popularizado recientemente. Es ecológica y tan eficiente que puede prescindir de la calefacción y del aire acondicionado. Es una de las formas de bioarquitectura que mejor garantiza la salubridad del ambiente interior. El proyecto me encantó, en la planta baja se encuentra la cocina y la parte social, y en el piso superior la recámara y un área de trabajo, a Marichu le encanta hacer manualidades. Adicionalmente, integrado a la casa sin afectar la imagen, construyó dos suits con entrada privada, que renta, como todo en Valle, en dólares. Un gallinero con cien gallinas ponedoras es otro de sus ingresos. ¡Se la ve tan feliz!

Nos invitó a Ensenada, yo sólo conocía de paso. Fuimos a comer a un puesto de tostadas muy famoso, "La Guerrerense". Está en la banqueta pero con paneles donde se exhiben fotos de todos los famosos que han pasado por el negocio, además las tostadas de mariscos son deliciosas.

La familia regresó a Mexicali y nosotras nos quedamos un par de días en el rancho, fue maravilloso caminar entre los viñedos y olivos y en las noches ver un cielo lleno de estrellas, algo imposible en la ciudad de México. El viaje estuvo lleno de gratas experiencias, convivir con la familia me llena de alegría.

Rey y Alejandra viven en Ensenada, a veinte minutos del rancho. Ale fabrica cremas y jabones, surte a hoteles de la zona. Tenía que hacer algo en Tijuana y ofreció llevarnos, podíamos pasar el día y, tal vez, ir de compras a Estados Unidos. Ana rentó un coche y cruzamos la frontera, yo quise ir a IKEA, es una tienda que me encanta. Teníamos que ser cuidadosas, las aerolíneas limitan el peso del equipaje. Increíble, la cuenta fue de 104 dólares, nada de lo que compramos costó más de 10, eso sí, todo muy útil. Ana Paula me había diseñado un escritorio al que le faltaba una pieza, una pata para sostenerlo, en IKEA encontramos modelos para elegir la que combinara. El carrito se fue llenando de cosas útiles, charolas para la merienda, cronómetros para mi repostería, una lámpara para alumbrar mi kindle y poder leer en la cama, un accesorio para sostener los cables de la computadora, que tanto me molesta verlos por el suelo, y un sinfín de cosas más. Decidimos cenar en Tijuana, viajar con Ana Paula es garantía de comer bien. A la mañana siguiente, todavía tuvimos tiempo de desayunar con tranquilidad antes de entregar el coche y documentar nuestro equipaje. "Fin del viaje, empecemos a planear otro", le dije a Ana Paula. "¿Te gustaría conocer Perú?", le pregunté. "Sí, me encantaría", contestó. "Te invito y tú organizas el viaje. Solamente una cosa te voy a pedir", le dije, "quiero conocer el salar de Uyuni en Bolivia, lo demás tú lo decides." Ana es una excelente compañera de viaje, además de la convivencia, siempre encuentra los mejores lugares para comer y visitar. No sé si tenemos gustos parecidos o ella se preocupa por darme gusto.

Nos reunimos en varias ocasiones para afinar detalles del viaje a Perú y, como todo, llegó la fecha de partida. Había hecho mi maleta con todo cuidado, tomando en cuenta los climas y las limitaciones que actualmente tienen las aerolíneas. El vuelo México-Lima fue con Aeroméxico, documentamos nuestras maletas y nos dirigimos a la revisión de equipaje de mano, cuando nos cortaron el paso dos uniformados, quienes nos pidieron acompañarlos, nuestras maletas eran parte de la comitiva. Entramos a una oficina y colocaron las maletas en sendos escritorios distanciados unos 10 metros. Comenzaron a interrogarnos acerca del motivo del viaje, del parentesco que nos unía e infinidad de preguntas aparentemente sin importancia, buscaban encontrar diferencias en nuestras respuestas, ya que por la distancia entre nosotras, no alcanzábamos a escuchar. Simultáneamente revisaban las maletas que habíamos ordenado con tanto cuidado. Pasamos la prueba, nos dieron las gracias y nos pidieron cerrar las maletas. Ya en la sala de abordaje, Ana Paula me dijo: "Mamá, es que tienes ese aire de sospechosa". "¿Qué te pasa?", reclamé. "Sí, mamá, señoras como tú se dedican a transportar dinero producto de la venta de drogas."

 Llegamos a Lima, teníamos una reservación en el Hotel Señorial, en el barrio de Miraflores, un hotel equis pero, eso sí, la ubicación era excelente, a unas calles del malecón, con restaurantes cerca y buenas conexiones para ir al centro. Ana Paula había comprado una guía de viaje en internet, excelente. Estrenamos en el restaurante El Verídico de Fidel. Recomendaban llegar temprano, pero creo que exageramos, apenas estaban acomodando mesas y sillas. Fuimos a dar una vuelta por la zona y regresamos con hambre y emoción. El mesero, muy amable, nos ayudó a elegir el plato insignia del lugar, la leche de tigre, un tipo de ceviche caldosito, delicioso. Continuamos con un plato surtido, ceviche de lenguado, pulpo y langostinos, un exquisito potaje marino acompañado de choclo desgranado y camote glaseado.

En la tarde noche decidimos pasear por el malecón, es el lugar de reunión de los jóvenes y los no tan jóvenes. Bordea toda la zona con vista al mar. Para medir nuestras fuerzas caminamos casi una hora y decidimos regresar. Deseaba ver el mar de día, a esa hora la noche lo ocultaba, pero en el tiempo que estuvimos en Lima nunca tuve la oportunidad, una niebla permanente lo cubría.

Al día siguiente planeamos visitar el centro, muy cerca del hotel estaba una estación de metro, no subterráneo, nos habían regalado una tarjeta que podíamos recargar. Usamos este medio de transporte varias veces, era rápido y cómodo. Cuando tomábamos taxis era importante pedir el costo del viaje, aunque seguramente pagábamos precio de turistas, nunca nos pareció excesivo. El color amarillo intenso predominaba en la mayoría de los edificios oficiales, algunos habían sido reconstruidos más de una vez, los terremotos no respetan.

En la zona de Miraflores visitamos el museo Amano, es privado. Debe su origen a la colección personal del ingeniero Amano, el acervo de textiles es maravilloso. Al terminar el recorrido, y a punto de cruzar la puerta, una señora de rasgos japoneses y aspecto señorial me detuvo tomando mi mano: "¿Le gustó el museo?", preguntó. "Me encantó", contesté. "Venga, le voy a mostrarlo que casi nadie, al visitar el museo, ve." Ana y yo la seguimos hasta una gran sala, varias personas trabajaban en la revisión y clasificación así como en la restauración. Había muebles como los que usan los arquitectos para guardar los planos, la dama los abría y nos mostraba maravilla tras maravilla. Yo estaba anonadada, era un privilegio. De salida nos dijo: "El ingeniero Amano fue mi esposo, y yo disfruto con todo lo que él amó". Pasamos a otra sala, donde nos presentó a su hijo y a su nieta, dignos herederos de esta colección.

El museo Larco acoge un tesoro de cultura precolombina, con piezas de cerámica en excelente estado de conservación. Se encuentra en una casa-hacienda virreinal del siglo XVIII. La familia Larco fue adquiriendo pequeñas colecciones que se enriquecieron a lo largo de varias generaciones. Recorriendo varias salas, perfectamente clasificadas, nos adentramos en la historia de diez mil años del Perú precolombino. También pudimos admirar una extensa colección de joyería usada por gobernantes. Otra de las galerías está dedicada a una colección de cerámicas de huacos eróticos con representaciones sexuales. Nos habían recomendado el restaurante del museo, una hermosa terraza con vista al jardín que rodeaba la casa, fue el remanso para comentar lo que acabábamos de ver. El menú, realmente bueno. Estaban muy organizados, en el patio de salida podías solicitar taxi seguro y a buen precio.

Tanta es un restaurante de cadena en donde comimos delicioso varias veces. El propietario es Gastón, famoso chef de Astrid & Gastón, promotor de la comida peruana en el mundo. Yo solía pedir Chicha, bebida preparada a base de maíz morado. Regresé enamorada de la comida peruana.

Volamos a Cusco con *Peruvian Airlines*, fue nuestra constante para visitar otros lugares del país. Un vuelo tranquilo de aproximadamente una hora. El piloto anunció la proximidad de aterrizaje, tocamos tierra, ¿a qué pinche aeropuerto llegamos?, sentí una pista llena de baches, el equipaje de mano bailaba sobre nuestras cabezas y, de repente, frenó el avión cayendo en una zanja. Todo eso es lo que imaginé, la realidad: no funcionó el tren de aterrizaje derecho. De inmediato la aeromoza pidió calma e informó que saldríamos del avión deslizándonos por la rampa. Debíamos dejar nuestro equipaje, nos lo entregarían más tarde, el personal de seguridad y bomberos que ya nos esperaban debían revisar el avión. No era muy hábil para bajar de las camionetas ni de las resbaladillas, como pude me senté y con los nervios no escuche la recomendación de recargarme hacia atrás, me deslicé, tomé velocidad y gracias a unos fuertes brazos que me recibieron no fui a dar a la pista. El desorden era total, primero nos mandaron a una sala, después a otra donde había bandas por donde esperábamos nuestro equipaje. Comenzamos a socializar con los compañeros de viaje y a compartir las sensaciones del incidente. Una empleada de la aerolínea comenzó a hacer una lista de pasajeros con el nombre de su hotel. Ana Paula no estaba dispuesta a desperdiciar tiempo, tomamos un taxi y nos dirigimos al Hostal del Balcón, donde teníamos reservaciones. Para ese momento ya teníamos hambre, nos registramos y, con la recomendación del joven que nos recibió, fuimos a comer a Chicha. Elegimos bien, pero lo que merece un comentario aparte fue el postre, una bomba de chocolate con una pequeña mecha a guisa de vela. Me dispuse a tomarle una foto, pero el mesero me ganó, al encender la mecha el postre se abrió y mostró el helado de vainilla y frutillas en su interior. Lo mejor fue cuando lo degustamos, un manjar.

De regreso al hostal esperábamos encontrar nuestras maletas. Craso error. Ya habíamos contratado un tour para visitar Maras al día siguiente, nos olvidamos por el momento de las maletas. Después de ducharnos en la mañana, repetimos vestuario y decidimos ir al tour.

Maras, minas antiquísimas de sal, enclavadas en una cañada que, además de recibir turistas, son explotadas actualmente. Compré una diminuta bolsa de sal. Inconscientemente me he negado a usarla y sigue formando parte de mis recuerdos en la despensa.

Monray, nada me impresionó más físicamente, la imagen que se aprecia desde la altura es parecida a un anfiteatro. Fue un centro de investigación agrícola donde se llevaban a cabo experimentos de cultivos a diferentes alturas y microclimas, al centro hay un espacio circular rodeado de terrazas concéntricas. Cada una de ellas con diferente temperatura que va disminuyendo gradualmente en cada nivel, logrando de esa manera hasta veinte microclimas. También me impresionó conocer la importancia que el pueblo inca daba a su alimentación.

En este tour estaba programado visitar Chinchero, pero el guía decidió cancelarlo. Para Ana Paula era un punto de interés y decidimos abandonar el tour, regresaríamos a Cusco por nuestra cuenta. Al bajar del autobús vi las caras de algunos turistas en las ventanillas, reflejando las ganas de imitarnos. ¿Qué atractivo tenía Chinchero para nosotras?: los artesanos de la región acudían a ofrecer sus artesanías los domingos, sin intermediarios. El espacio estaba cubierto por techos de paja que los protegía del inclemente sol. La mercancía la tenían en el suelo, perfectamente ordenada, ofreciendo con orgullo un arcoíris de colores. Había prendas de alpaca y lana de borrego. No te engañaban, no te ofrecían lana por alpaca. Ana Paula compró una manta preciosa y un pequeño buey de barro que habíamos visto que colocaban sobre el tejado al terminar de construir una casa, en una ceremonia deseando felicidad y armonía para los habitantes. De regreso a Cusco tomamos un taxi que compartimos con una joven pareja de americanos. Nuestro equipaje no había llegado, yo estaba nerviosa. "Vamos a las oficinas de *Peruvián* antes de que cierren", dije, no estaban lejos. Al entrar, de inmediato me presenté: "Somos del vuelo 202 de Lima, ofrecieron entregar nuestro equipaje ayer en nuestro hotel, no sé si ya van a cerrar, pero yo no me muevo de esta silla, hasta que vea mi maleta junto a mí". Comenzaron a hacer llamadas, nuestro equipaje estaba en el aeropuerto, ante mi insistencia pidieron traerlo a la oficina del centro. No tardaron más de diez minutos y llegaron las maletas. Los candados de ambas habían desaparecido. Tomamos un taxi y le dije a Ana Paula: "Hay que revisar para ver qué falta". "Más bien hay que revisar qué les sobra", contestó, todo estaba en órden.

    Para ir a Machu Picchu hay un tren turístico, los boletos los compramos por internet desde México. La mayor parte del trayecto los rieles corren en el fondo de una cañada, hay un tramo en el que el tren debe descender cien metros aproximadamente, los rieles forman un zigzag, el tren recorre el primer tramo y hace el siguiente en reversa y así sucesivamente hasta llegar al fondo de la cañada. En una parte de la montaña vimos una construcción adosada en la altura, eran dos habitaciones a las que solamente se podía acceder escalando. Hay para todos los gustos y edades, nosotras viajamos cómodamente en el tren hasta Aguascalientes, poblado desde donde se asciende a la zona arqueológica de Machu Picchu. Ana Paula me cuidaba mucho, organizó el viaje a un ritmo tranquilo, no queríamos sufrir el mal de altura, tomábamos te de coca e incluso hojas todo el tiempo. Pasamos la primera noche en Aguascalientes, no puedes clasificar los hoteles por las estrellas, el que reservamos lo borré de la lista. Esa tarde visitamos un museo al pie de la montaña, fue muy didáctico. Para mi sorpresa, el descubrimiento de Machu Picchu y los primeros trabajos de investigación fueron a finales del siglo XIX y principios del XX. Al pie de la montaña corre el rio Urubamba, bordeando el cerro donde se encuentra Machu Picchu. El lugar que los incas eligieron para construir su ciudad, destinada para los sacerdotes y gobernantes, tiene la protección natural del rio, solamente había un acceso a la ciudadela, las altas montañas que la rodean la convertían en un lugar impenetrable, además de que permaneció oculta bajo la vegetación por mucho tiempo.

    A la mañana siguiente tomamos un autobús (25 dólares, ida y vuelta) que nos subió a Machu Picchu. Compramos los boletos también por internet desde México, puedes elegir solamente ciudadela o Huayana Picchu con ciudadela o, la tercera opción, ciudadela con montaña, esta última fue la que elegimos. Vimos un letrero que decía: "Puente del inca", un camino de aproximadamente dos metros de ancho labrado en la montaña nos condujo primero a la caseta de control, llevan una muy buena estadística de los visitantes, nombre, procedencia y edad. Esto último me incitó la curiosidad y revisé la lista, yo era la más vieja de ese día, hasta el momento. El camino de tierra, bien cuidado pero sin protección hacia el vacío de la montaña, me produjo un hueco en el estómago, llegamos a una puerta de madera que nos impedía el paso y, en estricto orden, pasamos de uno en uno para ver el "Puente del inca". Un tablón de madera de unos tres metros adosado a la montaña, el sólo imaginarme cómo los antiguos habitantes del lugar lo usaban me produjo vértigo.

El siguiente paso fue subir la montaña. "Ana", le dije, "tú sube a tu ritmo, yo al mío." Pronto desapareció, el camino, escalonado a veces, era accesible pero mi resistencia, de la que presumo, comenzaba a ponerme límites, la cima la veía inalcanzable. De repente vi bajando a una pareja de españoles a quienes conocimos en el aterrizaje de Cusco. "Qué bárbara tu hija, la vimos en la cima, qué manera de subir." Pensé, de aquí a que yo llegue, se va a preocupar. Se me ocurrió enviarle un mensaje, detuve a una americana y le dije: "¿Me puedes hacer un favor?". "Sí", contestó, asintiendo con la cabeza. "Estoy cansada y no puedo seguir, mi hija me está esperando arriba, ¿puedes avisarle?, es una chica alta, de pelo oscuro, largo, como de tu edad, se llama Ana." Después de descansar un rato, decidí continuar, llegué a un rellano desde donde se veía más cerca la cima, la vista desde allí era espectacular, no tardó en aparecer Ana. "Mamá, casi llegaste a la cima." "¿Te dieron mi recado?", pregunté. "Sí", me dio un abrazo y comenzamos el descenso. Ya en la ciudadela, caminamos entre las huellas del pasado inca. De repente comenzó a bajar una niebla espesa, dejaron de verse las montañas que nos rodeaban, sentí que estaba en otra dimensión, fue algo indescriptible que duró apenas unos minutos. Descendimos en el camión a Aguascalientes y fuimos a confirmar nuestro boleto a la estación del tren que nos llevaría a Ollantaytambo, donde teníamos reservación para pasar la noche. Nos hospedamos en un hostal regenteado por una pareja alemana. Hay muchos extranjeros que se enamoran de esta zona y deciden quedarse a vivir y poner un *Airb&b*, es lo que más les gusta. Después de un día tan ajetreado solo queríamos dormir.

Desayunamos con la cálida atención personal de los dueños, fruta, huevos y buen pan. Ollantaytambo es un pueblo con calles bien trazadas por las que corre un aguaje, las casas son de adobe y en sus patios crecen árboles frutales. Era un día de fiesta, niños de escuelas de la región se preparaban para deleitarnos con danzas típicas, participaban alumnos de todas las edades, yo calculé, desde kínder a secundaria. Ana Paula se sentó en el suelo en primera fila para tomar fotos, el colorido de la ropa me recordó a mi México. Después de una hora bajo el sol, le dije a Ana: "Necesito una chicha morada, bien fría, podemos seguir viendo los bailes desde un balcón". Así lo hicimos, la plaza estaba rodeada de hoteles y bares. Ya repuestas, fuimos a conocer la zona arqueológica, que estaba a unos cien metros. Como en casi todas las ruinas incas, lo que predomina son las terrazas que utilizaban para el cultivo. Habíamos planeado comer en el Albergue, un restaurante-hotel en la estación del tren. Caminamos por una calle amplia, donde todas las construcciones eran hostales, probablemente viviendas familiares convertidas en hoteles por la reciente demanda del turismo. En el Albergue pedimos, para comenzar, unas causas, el platillo traía cuatro de diferentes rellenos, eran pequeñas. El plato fuerte, un lomo delicioso, y no podía faltar la chicha morada de la que ya me había vuelto adicta. Regresamos a recoger nuestro equipaje y tomar una combi cerca de la plaza que nos llevó a Cusco.

Nos habían recomendado usar repelente en Machupicchu, pero no con la firmeza que se requería, las manos de Ana Paula comenzaron a hincharse de una manera alarmante. Lo primero que hicimos al llegar a Cusco fue buscar una farmacia, allí le recetaron un medicamento con cortisona y, poco a poco, fue bajando la hinchazón y el dolor. Volvimos a hospedarnos en el hostal El Balcón, una construcción del siglo XVII, en esta ocasión nos tocó una habitación en el segundo piso, con una vista preciosa, la mayoría de los huéspedes eran extranjeros.

Al día siguiente tomamos otro tour de medio día. Sacsayhuaman, Quenco, Pucapucara, Tampomachay y Koricancha, todo está cerca de Cusco. Al regreso fuimos a comer a El Muelle de Toño, junto al museo de la iglesia de Santo Domingo. La carta era de mariscos, pedimos un plato surtido, no nos defraudó. Sí, me enamoré de la comida peruana.

De Cusco, volamos a La Paz, esperamos en el aeropuerto cuatro horas para abordar un pequeño jet que nos llevaría a Uyuni. Habíamos contratado un tour, es la única forma de moverse en el salar. 10,582 kilómetros cuadrados de sal a 3,650 metros sobre el nivel del mar. La mayor reserva de litio del mundo. Esto son números, pero Uyuni encierra para regalar a quién se anime a ir la mayor experiencia de la naturaleza que nunca haya vivido. Pasamos la primera noche en un hotel del pueblo, nada especial, temprano en la mañana pasó a recogernos el que sería nuestro guía los siguientes dos días. Cuatro jóvenes coreanos serían nuestros compañeros en esta aventura. Antes de emprender el camino al salar, pasamos a una bodega donde nuestro guía tenía almacenadas botas de hule de todas las tallas, nos pidió que cada quién buscara la propia. No había caminos pero el todoterreno conocía el lugar, nuestra primera parada fue en el cementerio de trenes. Vagones oxidados, testigos de tiempos en los que la sal se transportaba en ferrocarril, tomamos fotos, fue entonces cuando supimos del equipo fotográfico que llevaban los coreanos, tripies, cámaras con enormes lentes, Ana Paula hizo equipo con ellos. Paramos en la Isla del Pescado, donde encontramos cactus de diez metros de altura, el contraste del paisaje blanco del salar con la vegetación desértica era alucinante. Nos dirigimos a una construcción circular llena de mesas, unos minutos después aparecieron cajas con nuestra comida, una veintena de todoterrenos rodeaban el comedor comunitario. Junto a la puerta de acceso había un montículo con banderas de muchos países, rápidamente encontré la de México y pedí a mi fotógrafa personal grabar el recuerdo. Cruzamos el salar hasta un pequeño pueblo en la base de una gran montaña. La economía de la zona ha crecido con el turismo, las familias construyen con bloques de sal habitaciones que rentan. "Descansen un rato y paso por ustedes a las nueve para cenar, después iremos a ver las estrellas", nos dijo el guía, "no olviden las botas." Los coreanos estaban hospedados en un lugar con más habitaciones y baños compartidos, ya nos esperaban para cenar, los alimentos eran sencillos pero saludables, la comunicación con nuestros compañeros era a través del lenguaje corporal, solamente uno hablaba inglés, la sonrisa era permanente, eran universitarios. Con el estómago lleno y el corazón contento abordamos el todoterreno, llegamos a un paraje con un espejo de agua en donde se reflejaban las estrellas, la luna alumbraba el salar, el cielo estrellado, intenso. Comenzaron a instalar los equipos, Ana Paula lista para capturar lo que la naturaleza nos ofrecía, no hablábamos, cuando nuestras miradas se encontraban lo decían todo. Todavía me emociono al recordarlo.

Al día siguiente la cita fue a las cinco, ver el amanecer fue otro regalo. Ana Paula hizo un álbum con fotos de la visita a Uyuni, es una obra de arte que me regaló en mi cumpleaños. Después del desayuno emprendimos la subida a la montaña que bordeaba esa parte del salar, de lejos, en la cima, se veían colores rojizos, más intensos cuando los bañaba el sol. Nos detuvimos en unas cuevas donde había unas momias de tres mil años de antigüedad sin ninguna protección, confiadas en nuestra responsabilidad. Empezaba a sentirme cansada y avisé al grupo que me regresaba, los esperaría abajo.

Hice una pausa en un rellano del camino, ya cerca del salar, otros turistas habían abandonado la subida o regresaban, todos descansábamos viendo el paisaje que nos ofrecía el desierto de sal. Ya integrada a mi equipo salimos en busca de otra sesión fotográfica. El guía disfrutaba junto a nosotros, traía un dinosaurio de juguete que usó como parte de la escenografía, lo colocaba cerca de las cámaras, de tal manera que el resultado parecía un grupo de exploradores perseguidos por un enorme animal prehistórico. A veces nos pedía saltar y en la toma nos veíamos en el aire. Yo había visto este tipo de fotos en publicidad, ahora era uno de los divertidos actores.

Se acercaba la hora de abordar nuestro avión. "No se preocupe", me dijo el guía, "llegaremos a tiempo al aeropuerto." Efectivamente, él era experto conocedor del salar a pesar de no haber caminos ni letreros. El coreano que hablaba inglés me dijo: "¿Eres rica?". "No, soy vieja, no aguantaría un viaje de diez horas a La Paz en camión como ustedes." El aeropuerto era diminuto, se les había caído el sistema, hicieron los pases de abordar a mano. Me estaba acostumbrando a los incidentes en los aeropuertos, ¿qué más nos esperaba?

La Paz, Bolivia, no puedo explicarme cómo los fundadores de la ciudad eligieron un lugar así, un cañón creado por el rio Choqueyapu y rodeado por altas montañas del antiplano, en cuyas riberas se asentaron los primeros pobladores, y cuya altura de 3650 metros sobre el nivel del mar la convierte en la metrópoli más alta del mundo. Por su original orografía tiene un transporte único. Un teleférico moderno, el más alto y largo del mundo, que desciende del lado este y sube por el lado oeste, cuenta con varias líneas, paralelas unas de otras. Ana y yo no perdimos la oportunidad de hacer un viaje hasta lo alto de la montaña para admirar toda la ciudad. Las casas tapizaban completamente las laderas de las montañas. La zona de Miraflores y Socopache, originalmente de viviendas unifamiliares, fue reemplazada por multifamiliares, altos edificios de oficinas, plazas comerciales y parques. La primera noche nos hospedamos en el hotel que contratamos a través de una agencia en Lima, la habitación parecía pista de baile. Nunca vi ningún huésped en el elevador ni en la recepción. Ana buscó en internet y después de desayunar nos cambiamos al hotel Rosario, en el centro. Tenía vida, la decoración con motivos artesanales bolivianos estaba llena de colorido, un par de noches cenamos en el hotel, buena cocina.

La plaza Murillo, donde se encuentra el Palacio Legislativo, es el centro del casco antiguo, cerca, se encuentra el museo Nacional de Etnografía y Folklore, situado en lo que fue el palacio de los marqueses de Villaverde. Al llegar nos dijeron que en media hora cerrarían y volvían a abrir en dos horas, amablemente nos ofrecieron respetar el boleto para la tarde, dimos una vuelta rápida dentro del museo y nos gustó tanto que decidimos regresar, incluso Ana pagó un boleto para poder tomar fotografías. Después de una comida rápida en un restaurante cercano nos zambullimos en este maravilloso museo, la colección de máscaras es impresionante, la iluminación de las salas contribuye con un aire de misterio. El acervo de tejidos es de gran valor, en general la museografía, excelente, gran colección de cerámica y arte plumario. Todavía nos dio tiempo de visitar un museo de instrumentos musicales, en el que me llamó la atención una vitrina en la que se encontraba una guitarra que había sido donada por Los Folkloristas, grupo musical mexicano al que perteneció mi querida amiga Mima. Otra de nuestras visitas fue al Valle de la Luna, área famosa por sus formaciones rocosas producto de la erosión, se recorre a través de senderos. Pero, de todo, lo que más me impresiono fue la subida a Chacaltaya, montaña a 5421 metros sobre el nivel del mar. Tomamos un tour y pensé que nos transportarían en un camión pequeño, dado el camino sinuoso de terracería, no, fue en un autobús grande, el grupo estaba formado por jóvenes, yo iba del lado de la ventanilla, el paisaje árido era impresionante. Como siempre, las alturas oprimieron mi estómago. Al llegar a la cima encontramos una construcción perteneciente al Club Andino Boliviano, la mayoría de los jóvenes se refugiaron ahí, Ana, que se había propuesto coronar todas las montañas del viaje, emprendió la subida junto con la guía, y yo las seguí. La última etapa era muy empinada y con hielo, mis tenis no eran el calzado adecuado, a unos cinco metros de la meta, decliné, la guía me comentó: "Voy a ponerte en mi lista de personas de quienes presumo, todos los jóvenes se quedaron en el refugio y tú dando ejemplo de energía". A unos metros se encontraba el Observatorio Astrofísico a cargo de la facultad de Física, colabora con universidades de todo el mundo, trabajan en la investigación de rayos Gamma.

Es común ver cholas, como se les llama a las mestizas con sus atuendos coloridos, amplias polleras, mantones y el clásico sombrero negro. Me llamó la atención la forma del bombín de fieltro e investigué. A finales del siglo XIX un par de hermanos en Londres fabricaron un pedido de sombreros para los ferroviarios británicos que trabajaban en Bolivia, pero estos no entraron en la cabeza de los obreros, a los vendedores se les ocurrió promoverlos entre las mujeres, diciendo que era la última moda en Europa, tuvieron éxito.

Nos avisaron que hubo un cambio de horario en

nuestro vuelo a Cusco, llegamos con tiempo al aeropuerto, pero nadie nos informaba en qué sala debíamos esperar para abordar, el tiempo se venía encima, corríamos de un lado a otro, cada vez me sentía más angustiada, al fin llegamos y abordamos.

Nuevamente en Cusco. Tan sólo una noche antes de volar a Lima, desde donde tomaríamos el vuelo a México. Ya en el aeropuerto, esperando documentar nuestro equipaje, apareció la policía antidroga con sus perros, tan solo en la fila de Aeromexico, parece que los canes nos dieron el visto bueno. Al fin listos para despegar rumbo a casa. Pude dormir un par de horas, perdí la noción del tiempo. Anunciaron que íbamos a aterrizar en Chetumal, el aeropuerto de la Ciudad de México estaba cerrado por intensa niebla. Allí esperamos tres horas dentro del avión antes de continuar el viaje, no podía creer cuando anunciaron el próximo aterrizaje en la Ciudad de México. Ocho vuelos, ocho incidentes.

OAXACA

El año pasado, me saqué un premio sin haber comprado boleto. En el edificio donde vivo, por iniciativa mía, se decidió que el manejo de la administración, que ya se había cambiado a autoadministración un año antes, se designaría por sorteo. Dos vecinos y yo fuimos los afortunados.

Era mi única oportunidad para mejorar las cosas, sabía cómo hacerlo y me gustaba la idea. Tuve resistencia de parte de mis compañeros por el ritmo de trabajo, pero estaba decidida a hacerlo aunque tuviera que dejar algunas de mis actividades, la principal, escribir mi biografía, fue la más afectada. Por mi carácter tesonero, en lugar de lamentarme comencé a buscar la solución al problema que yo misma me había ocasionado, al terminar el año de compromiso con el condominio, pensé, si pongo tierra de por medio, puede ser una solución, como no sé decir que no, mejor me alejo para evitar la tentación.

Comencé a planear primero a dónde me gustaría ir. San Cristóbal de las Casas fue la primera opción. Estaba lejos, si tenía una emergencia la única forma de viajar a la Ciudad de México era en avión, la tarifa era alta, además el clima frío. Otras opciones fueron: Valle de Bravo, Carmelita vivía ahí, pero fue difícil buscar alojamiento, no encontré apoyo; lo mismo ocurrió con Tequisquiapan. Entonces intenté con Oaxaca. Ana Paula puso una nota en Facebook, en un grupo de mujeres; de inmediato hubo respuesta. Tuve varias ofertas, ¿cómo decidir? En la colonia San Felipe del Agua había opciones de una recamara con un baño, cocineta y sala, pero para ir al centro era necesario tomar taxi, también para ir al súper. La otra opción fue un departamento de tres recámaras, tan sólo un baño, cocina, sala y comedor. Estaba en el centro de la ciudad, todo a la mano, recién remodelado. Me pareció buena idea, podría invitar a Ana Paula y a Erick, a mis amigas. El costo era el mismo, la decisión estaba tomada.

La decoración ecléctica. Eso sí, en la cocina todo nuevo, el refrigerador, estufa, microondas, batidora, cafetera, sartenes, platos, copas, lo necesario. Lo mejor era la ubicación, detrás de Catedral, a media cuadra del Zócalo, a unos pasos de la zona peatonal, mercados, museos, cafés, restaurantes, todo cerca.

Decidí viajar en autobús, lo que me sobraba era tiempo, además, podía obtener el 50% de descuento. Ana Paula me sugirió llevar mi silla de escritorio, es ergonómica y necesaria pues debo tener una buena postura, mi espalda me lo reclama. También fue parte de mi equipaje el carrito para el súper, mis compras las haría en el mercado, siempre caminando, las frutas y verduras pesan. Parecía una gitana, pero llena de ilusión, lista para una nueva aventura.

Poco a poco fui conociendo el centro de la ciudad, dónde comprar la mejor carne, el pan. Los puestos de los mercados Benito Juárez y el 20 de Noviembre no ponen precio a los productos, hay que preguntar. Sentí que no eran igual para todos, así que elegí a mis marchantes, tal vez la fruta la estaba pagando más cara, pero me seleccionaban la mejor. Todo esto suele ocurrir pues Oaxaca es una ciudad turística y, como en muchos países, le cargan la mano al extranjero.

Tuve toda clase de experiencias, quise comprar tortillas hechas a mano y me acerque a una vendedora junto al puesto donde compraba el pollo. Una compradora, sin yo preguntarle, me dijo que eran a 8 por $10, preparé mi moneda y cuando llegó mi turno la vendedora me miró y dijo: "A usted no se las voy a dar el mismo precio, no es mi clienta". "¿Y cómo me voy a hacer su clienta si me trata así?", le contesté, "además, no creo que me recuerde la próxima vez." En cambio, en unos puestos cercanos a la casa, en Av 5 de mayo, donde los agricultores venden sus productos sin intermediarios y a quienes usualmente les compro varios kilos de jitomates, en una ocasión que necesitaba poco de cada verdura, pues salía de viaje, la marchanta me dijo: "No se preocupe, señora, ponga sobre la báscula lo que necesite y yo le pongo el precio y listo", era una báscula electrónica, algo poco usual en los mercados callejeros en México. Tres jitomates, una cebolla, dos calabacitas, un aguacate, perejil, lechuga, y pague la fabulosa cantidad de $36, un regalo.

Comencé a recorrer las calles aledañas al departamento, pronto aprendí sus nombres y ubicación, al principio usaba el mapa, ahora hasta referencia de tiendas y restaurantes tengo. Me fijaba en los anuncios que generalmente ponen en museos y comercios, así supe de la inauguración de una exposición en la galería de Francisco Toledo (IAGO), ubicada casi enfrente de Santo Domingo. Llegue un poco retrasada, pero la exposición me esperaba, apenas tres pequeñas salas, podía haber elegido cualquier pieza con los ojos cerrados, todas me gustaban, manteles, grabados, litografías y carteles. En un patio central admiré unos pisos que me transportaron a los años 40, sus mosaicos me hicieron recordar el negocio de Salvador, hijo de Diana, llamado "Rayito de sol".

En la parte trasera de la galería hay un patio techado con buganvilias en donde una escultura de palma, que asemeja una gran canasta de la que emerge una planta, trepa hasta alcanzar la buganvilia y se apoya en la azotea del edificio, un lugar idílico donde llueven flores. Allí se habían concentrado los asistentes al evento y disfrutaban de mezcal, vino y deliciosos antojos oaxaqueños. Busqué con la mirada un lugar donde pudiera saborear más cómodamente mis selecciones. Me senté en medio de dos mujeres, ambas iniciaron plática conmigo. Una de ellas, Agustina, era oaxaqueña, médico forense. La segunda, Martha, venía con su esposo, Nicolai, eran una pareja de la Ciudad de México y ahora vivían en Oaxaca, ambos economistas jubilados, y él, además, escultor. Al final de la charla, cruzamos teléfonos esperando volver a vernos.

Esa misma semana recibí por WhatsApp una invitación a otra inauguración en la galería LARIMAR, quien envió el mensaje fue Martha, mi más reciente amiga. Ahí tuve la oportunidad de ver una de las esculturas de Nicolai, su esposo, una gaviota en concreto decorada en un estilo y color similar a los alebrijes. De ahí en adelante nos seguimos viendo, siempre tenían información de eventos interesantes. Me encanta el buen cine, y gracias a ellos asistí a una selección de cine europeo de la Cineteca Nacional en el teatro Juárez. AMANTE POR UNA NOCHE, de Philippe Garre, fue una de las películas.

Aprovechaba todas las oportunidades de conferencias, sobre todo las que estaban relacionadas con la lectura. Apenas a una semana de haber llegado, asistí en San Pablo a la presentación de 1450 Ediciones, quienes publican principalmente a autores oaxaqueños, compré un libro para niños con bellas ilustraciones: MI ABUELA ES UNA SIRENA Y MI ABUELO UN CAMALEÓN, del autor Cuauhtémoc Peña, uno de los socios de la editorial. Después de dedicármelo me dio su tarjeta, lo buscaré para conocer su propuesta cuando venga el momento de publicar mi libro.

La calle peatonal Macedonio Alcalá es lugar de reunión de jóvenes y turistas, termina en el atrio de la iglesia de Santo Domingo, construcción que comenzaron los dominicos en 1551 en un terreno que el ayuntamiento de la Villa Antequera, hoy Oaxaca, les concedió bajo la condición de apoyar financieramente las obras de abastecimiento de agua potable a la ciudad. Originalmente les dieron 20 años para finalizar la obra, plazo que tuvieron que ampliar 30 años más al no poder terminarla.

Santo Domingo ha sido, a lo largo de su historia, bodega militar, establo, estuvo cerrada al culto durante la Reforma, devuelta por Porfirio Díaz a la Iglesia y, actualmente, Patrimonio Cultural de la Humanidad junto con el Centro Histórico.

Fue saqueada y destruida en diferentes épocas y en 1938 comenzó su reparación, en 1959 se inauguró el actual retablo y en 1976 se comenzó la gran restauración. El estilo arquitectónico es barroco novohispano, la fachada es sobria, pero en su interior reina la opulencia. Recién llegada visité la iglesia con calma, sin gente, es posible hacerlo a ciertas horas. Acostumbro salir a caminar muy temprano, mi recompensa es poder disfrutar de la ciudad casi vacía, ocupada tan sólo por personas que, a paso ligero, se dirigen a sus trabajos. También tengo la oportunidad de tomar buenas fotos, que comparto por *WhatsApp*, abrí un grupo con algunas amigas.

Los fines de semana suele haber bodas, generalmente de parejas de otras partes del país, inclusive del extranjero. Al terminar la ceremonia los novios son recibidos en el atrio de la iglesia por la Calenda, integrada por bellas jóvenes con ropa tradicional, quienes bailan al son de la música de la banda. Las marotas, gigantes de cartón caracterizados como personajes históricos, danzan frenéticos contagiando a los asistentes, todos ellos acompañan a los novios por la peatonal cual procesión festiva.

Martha D fue la primera en visitarme, no necesitó mucho tiempo para decidir y organizar su viaje, encontró un vuelo de oferta y, con su maleta llena de alegría, aterrizó en Oaxaca. Yo tenía una serie de lugares pendientes por visitar que Ana Paula, mi guía a distancia, me había facilitado, tanto de museos como de restaurantes. Qué bueno que fue Martha D la primera, es una excelente compañera de viaje, siempre entusiasta.

Una semana antes de que llegara tuve que ir a México, parecía que se me había aflojado el conector de un implante, no había en Oaxaca ningún doctor que conociera mi sistema de implantes. Hablé con el doctor Montes y aceptó recibirme en su consultorio en Tepotzotlán. "Malas noticias", me dijo, "no es el conector, acaba de perder un implante, es necesario poner otro lo antes posible." "Doctor, la semana próxima me visitará una muy querida amiga, ya tiene los boletos de avión, no le puedo cancelar." "Ok, programamos la cirugía para la semana siguiente." En esta ocasión no tuve tiempo de deprimirme, la ilusión de compartir con Martha fue la mejor medicina, regresé a Oaxaca de inmediato para recibirla.

El museo de Arte Prehispánico de México, Rufino Tamayo, fue lo primero que visitamos. Lo creó este pintor oaxaqueño con el propósito de dar a conocer las fuentes de inspiración para su obra. Todas las piezas expuestas simbolizan tres de las épocas más representativas del arte mexicano: prehispánico, colonial y contemporáneo. A lo largo de su vida, junto con Olga, su esposa, materializaron su interés por el arte de sus ancestros con esta maravillosa colección, deseando rendirle un homenaje a su ciudad natal. El gobierno de Oaxaca le otorgó un edificio de la época virreinal que se adecuó para exhibir las grandes obras.

Nos encaminamos hacia la calle peatonal Macedonio Alcalá. Martha no es precisamente compradora, presumió de traer una maleta pequeña, pero Oaxaca tiene tal oferta que es imposible rechazar. Encontramos una tienda cerca de Santo Domingo que le llamó la atención por el diseño de su piso, Arte Textil Mexicano, era domingo y temprano, no había mucha gente. Nos atendió Julio Domínguez, con quién Martha se identificó por el apellido. Era de Chiapas, lugar de origen de su familia, y tenía un acervo de conocimientos de la historia de Belisario Domínguez. Para sorpresa de Martha, nos contó que el origen del apellido no era español, como ella siempre pensó, era libanés: Domintg. Quedaron en comunicarse para compartir tan interesante historia. Julio no descuidó el negocio, la mayoría de sus productos eran toallas de algodón y colchas, con la peculiaridad de que el algodón era beige, color desdeñado en la antigüedad. Tenía también una Fundación con la que apoyaba a los indígenas oaxaqueños de Popoyote y Totutepec en el proceso de cultivo. Martha compró un juego completo de toallas, tendríamos que resolver el problema de espacio en la maleta.

Después de las compras nos fuimos a comer a Mezquite, recomendación de Ana Paula. Comida mexicana contemporánea que disfrutamos en una terraza desde donde podíamos admirar las cúpulas de Santo Domingo. Estaba haciendo un calor infernal, pero en la terraza nos acariciaba un aire refrescante.

Todos los días teníamos plan, otro de los paseos fue en un tour a Mitla, el Árbol del Tule, Hierve El Agua y Teotitlán del Valle, donde nos hicieron una demostración del proceso de teñir la lana con cochinilla y diferentes hiervas, todo natural, para posteriormente hacer los tapetes en un telar. Es común en casi todo el mundo, cuando tomas un tour, que incluyan visitas a talleres donde fabrican artesanías del lugar. También visitamos una fábrica de mezcal, si hubiera aceptado todas las pruebas que ofrecían, habría salido a gatas.

Acostumbrada a las delicias de la comida oaxaqueña en las semanas anteriores, el restaurante a donde nos llevaron fue fatal, un bufete donde la comida estaba fría, la carne dura, y, además, caro.

La mayoría de estos lugares ya los conocía, mi mayor interés era Hierve El Agua. Fue el último destino de la jornada, teníamos poco tiempo. El camino después de dejar el transporte era accidentado, llegamos a una serie de pozas donde los jóvenes se refrescaban del calor intenso. Para poder ver las cascadas petrificadas, formadas por el escurrimiento del agua carbonada, teníamos que bordear y bajar parte de la montaña, no estaba segura de poder hacerlo, el guía se quedó en el autobús y no recordaba la hora en que teníamos que estar de regreso. Definitivamente Martha no debía hacer el recorrido, su *bypass* no le permitía esos excesos. No sé si en otra ocasión regrese y las circunstancias sean mejores. Las fotos que he visto son espectaculares.

Otra de las recomendaciones de Ana Paula fue un restaurante donde todo es de maíz criollo: Itanoni. El día que planeamos ir había un bloqueo en protesta del alza de la gasolina. Caminamos unas calles saliendo del cerco a esperar un taxi. Paró uno que venía ocupado, la pasajera nos preguntó a dónde íbamos, nuestro destino y el de ella estaban cerca, así que aceptamos compartir. Era lunes e Itanoni estaba cerrado. En realidad nunca cierra, pero ese día estaban dando un curso de capacitación a los empleados. Planeamos la ida unos días después. La variedad de la carta es enorme, cada platillo que pedíamos lo compartíamos, nuestro estómago no admitía tanto. El regreso lo hicimos caminando, era bajada y el sol se ocultaba. Ya en la zona peatonal entramos a una tienda donde tenían tapetes de Teotitlán del Valle, a Martha le gustó uno color ladrillo, sin preguntar, le dieron precio, como no contestamos, lo bajaron y lo volvieron a bajar, finalmente, supongo, nos dieron el precio real, nunca regateamos de palabra, solo con la actitud. Ya no cabía en la maleta, pero no sé de donde salió una bolsa en la que pusimos las toallas y los tapetes.

Qué rápido pasa el tiempo cuando estás disfrutando, la semana se fue volando. Era sábado, esa mañana emprendimos el regreso a México, Martha en avión y yo por tierra.

Llegué cansada, solo quería dormir, Ana me había hecho un pequeño súper, suficiente para cena y desayuno, así que no tuve que salir. Ana Paula y Erick pasaron puntuales a la mañana siguiente, la cirugía estaba programada a las 11 AM. Aunque era domingo y no había tráfico, el trayecto nos llevaría una hora. Ya en el consultorio el doctor les dijo: "Vayan a pasear, pueden regresar en aproximadamente hora y media".

El doctor Montes había organizado a una multitud de gente. Además de Angélica, asistente del querido maestro doctor Campos, estaban su ayudante y una doctora joven, dentista de niños. Todas con sus uniformes y atentas a las instrucciones. Para mí era una película que había visto muchas veces, o por lo menos escuchado, ya que me cubrían con sábanas esterilizadas, dejando un pequeño orificio sobre mi boca a través del cual hacía su trabajo el doctor. Eran dos los implantes que planeaban ponerme, el primero en la parte posterior izquierda de la mandíbula. "Tienes buen hueso", informó Montes. Ya colocado el implante, suturó y procedió a hacer lo mismo en otra parte, perforó en el lugar seleccionado. Por momentos el dolor era insoportable, la anestesia no parecía hacer efecto. El hueso tenía cavidades de antiguos implantes, imposible, procedió a suturar. Había pasado la hora y media cuando llegó Ana Paula. Todavía estaba adolorida y seguramente de mal humor, porque grité al verla: "¡No me veas!, ¡no me veas!". Me dieron una pastilla para el dolor, que tal vez aumentaría al pasar la anestesia. Al llegar a casa, lo único que quería era dormir, pedí por teléfono que me surtieran la receta de antibióticos y me acosté.

Algunas personas sabían que iba a estar una semana en México recuperándome. Una amiga me envió un *WhatsApp* preguntándome: "¿Qué te viene mejor para salir a desayunar, lunes o martes?". Entiendo que lo hacía con la mejor intención, pero lo último en que pensaba era en comer, mi dieta eran papillas y licuados.

Después de esta semana de reposo, el sábado acudí al consultorio a que me quitaran la sutura, fue rapidísimo y sin dolor. Estaba ansiosa por regresar a Oaxaca, ya tenía mi maleta y mi boleto. ¿Qué seguía?, esperar cuatro meses a que el implante se afirmara en mi encía. Montes me dio cita para el 17 de julio.

¡Nuevamente en Oaxaca!, me encantaba mi día a día.

Las compras para la comida las hacía en el mercado Benito Juárez; en El Torito, la mejor carnicería de Oaxaca, me surtía de tasajo y arracheras; en la panadería Fidel, un delicioso pan integral; los tamales para la cena en un puesto que abre a las 7:30 en la calle Hidalgo, Tamales Mina, si no me apuraba ya no había tamales, me lo había recomendado Rogelio, mi proveedor de cajas de hoja de lata; los huevos frescos los encontraba en La Cosecha, un mercado orgánico, aprovechaba temprano cuando iba a mi caminata.

La ropa de cama y toallas las llevaba a la lavandería, había varias cerca de casa. La mejor estaba a diez cuadras, no importaba, mi carrito de súper las cargaba. Algo que me gusta es ir conociendo a las personas que me atienden. Janet me contó que estudia para Ingeniero en Gestión Empresarial y está haciendo su tesis con un proyecto de lavandería, es dueña de dos, comenzó ayudándose vendiendo pastelitos y después pidió un financiamiento. Me da esperanza y alegría cuando encuentro ese interés en los jóvenes por prepararse y mejorar.

Venía un puente, el 20 de marzo, Luis y Sharon, mis vecinos en México, llegarían de vacaciones a Oaxaca. Me reporté con ellos. "Mañana vamos a Monte Albán", dijeron, "te invitamos a cenar y tú eliges el lugar." Sabina Sabe fue la elección, otra recomendación de Ana Paula, además comprobada, estuve con Martha y nos encantó. Los esperé en el atrio de Santo Domingo, estaban hospedados cerca y para mí eran solo cuatro calles. Fue una velada de lo más agradable, disfrutan la buena cocina y su conversación nos atrapó por varias horas. Me acompañaron a mi casa. Caminar en la noche por las calles llenas de gente es un placer en Oaxaca, el clima es fresco y el ambiente festivo.

Llegó Semana Santa, Ana Paula y Erick estarían una semana, ellos son fanaticos de esta ciudad, todos los años vienen de vacaciones, por eso saben dónde comer bien y qué lugares visitar. "No tienen que cargar conmigo", le dije a Ana Paula. "Ja ja, te arrastraremos." Los dos tenían trabajo, pero con la tecnología actual se puede vacacionar y atender los asuntos.

Les comenté que quería conocer CASA, Centro de las Artes en San Agustín, Etla. Está aproximadamente a media hora, tomamos un taxi colectivo que cobraba $15 por persona, muy barato si se toman en cuenta los costos de taxis en la ciudad. Esperamos unos minutos hasta completar el cupo de cuatro personas y partimos. CASA está ubicado en la Exfábrica de Hilados y Tejidos La Soledad, fundada en 1883 para la manufactura de manta cruda de algodón y abandonada en la década del ochenta. Su concepto y proyecto de remodelación fue encabezado por el maestro Francisco Toledo en el año 2000 para crear el primer centro ecológico para las artes en América Latina.

A partir del convenio de colaboración entre el Gobierno del Estado de Oaxaca, a través de su Secretaría de Cultura y las Artes y el Centro Nacional de las Artes, empezó a formar parte de la Red de Centros a partir de abril de 2004. Se erige como un espacio de diseño en convivencia armónica con el entorno natural, con la misión de fortalecer la formación artística a nivel estatal, regional, nacional e internacional mediante programas académicos de experimentación, investigación, creación y divulgación de las artes, siempre bajo la perspectiva de cuidado y mejora del medio ambiente. El edificio se alza majestuoso conservando todavía maquinaría que se usó en su vida activa; espejos de agua decoran los patios que unen los edificios del complejo. Tuvimos la oportunidad de admirar una exposición inaugurada el día anterior, "Imágenes de un mexicano universal", de Miguel Covarrubias. Me pareció interesantísima, me invitó a saber más de este maravilloso artista oaxaqueño, ya le pregunté a *Google* y hay varios libros que espero leer pronto. De la época en que estuvo en Bali me impresionaron sus dibujos de rostros orientales, que lograba con una limpieza de trazos aparentemente tan sencillos.

    A la salida del complejo nos refrescamos con unas cervezas y tras esperar un rato emprendimos el regreso en otro taxi comunitario. Ya en Oaxaca nos detuvimos en el Museo del Ferrocarril, un viaje de nostalgia, un espacio que preserva un gran acervo histórico sobre el ferrocarril en esta parte de la República. Fotos de trabajadores, estaciones, locomotoras, objetos antiguos, instrumentos que eran necesarios para el mantenimiento de las locomotoras. No tengo forma de describir este recorrido, prácticamente es un viaje por el tiempo. En un instante, pude apreciar cómo el ferrocarril marcó la vida de nuestros antepasados, era el medio de transporte que los conectaba con otros pueblos y ciudades. El museo está en un edificio que fue una estación, todavía puedes ver algunos vagones, detenidos por siempre. Recientemente abrió sus puertas para albergar el Museo Infantil de Oaxaca, que cuenta con infinidad de actividades. La administración está a cargo del Gobierno Federal Municipal y de la Fundación Alfredo Harp Helú.

Ya hacía hambre, tomamos un taxi y, para mi grata sorpresa, llegamos a Sabina Sabe, esta era mi tercera visita. Al llegar, el gerente me saludó como si nos viéramos todos los días. "Son mis hijos", le dije, "y gracias a ellos estoy aquí, ellos me recomendaron el lugar."

Ana y Erick salían en la noche, qué bueno que disfrutaron sus vacaciones. No madrugaban, eso me daba libertad de salir a caminar temprano y, al regreso, disfrutar el desayuno acompañada.

Otro de mis pendientes era el Jardín Etnobotánico, que solamente se puede recorrer con visita guiada. Hay varios horarios, elegí el de las 10, más tarde el calor era insoportable. Forma parte del Centro Cultural Santo Domingo, el terreno fue parte de la huerta del convento, se encuentran vestigios de canales de riego y drenaje, estanque, horno de cal, lavadero de ropa y un horno de cerámica. Había planes de hacer un hotel de lujo con estacionamientos, pero afortunadamente se aprobó el proyecto del maestro Francisco Toledo y Luis Zárate para diseñar el jardín. En 1998 se comenzaron a plantar cientos de especies originarias de Oaxaca, que provienen de diferentes regiones del estado, tanto de climas áridos como húmedos, de las zonas tropicales bajas y de las áreas montañosas templadas y frías. El jardín representa la gran diversidad de climas, formaciones geológicas y tipos de vegetación. Pudieron sembrar semillas de calabaza, encontradas en las ruinas de Mitla, con una antigüedad de miles de años. En la zona dedicada a diferentes tipos de nopales se encuentra un cerco vivo de órganos, maravilloso, me encantan los jardines formados por plantas desérticas. En el patio del Huaje se encuentra una cisterna, la mayor del estado, donde se almacena el agua procedente de la captación pluvial, con capacidad para 1,300,000 litros, la cual alimenta la cisterna de riego del jardín. En el área donde cae el agua de las gárgolas, el suelo está cubierto por piedras de rio colocadas de canto, de esta forma se va alimentando la cisterna con el agua de lluvia. En áreas de paso encontramos enrejados de arcilla sobrepuestos en una base de hierro también en forma de reja, todo para la captación de lluvia, cuidando siempre el diseño. En la parte central encontramos la FUENTE DE SANGRE DE MITLA, escultura del maestro Francisco Toledo, que al igual que todo, está hecha con materiales orgánicos del estado.

El proyecto más reciente es un invernadero diseñado por Francisco González Pulido, quién se ha especializado en construir grandes inmuebles energéticamente eficientes en todo el mundo, como el edificio de correos de Tokio. La estructura de acero y cristal está dividida en dos cámaras, templada y tropical, que albergan especies endémicas de Oaxaca, así como orquídeas. Está construido únicamente con tecnología sustentable a través de un sistema de celdas solares fotovoltaicas, así como un sistema geotérmico para proveer de aire fresco a las cámaras. Está acondicionado con válvulas para riego y nebulizadores abastecidos por la cisterna pluvial. Entre las dos cámaras asciende una escalera que conduce a un mirador, desde donde se puede disfrutar de las copas de los frondosos árboles. Hay un sendero que serpentea por todo el jardín y va delimitando las áreas temáticas. La guía, muy entusiasta y con gran preparación, nos explicaba las características de todas las zonas, realmente amaba su trabajo. Nos acompañó otra joven con quien estuve hablando, era ingeniero de bosques. No nada más daban su discurso, lo hacían de tal manera que nos contagiaban su pasión.

Observé que en parte del sendero había piedras con una perforación en el centro, estaban clavadas en la tierra para evitar que se movieran, sobre todo en época de lluvias. Así se evita usar cemento.

Cuando vengan mis amigas en unas semanas, pensé, esta será una visita obligada.

Apenas a unos pasos del jardín se encuentra el Museo de Filatelia de Oaxaca, MUFI. Por el concepto no lo hubiera elegido. En mi juventud, como muchos jóvenes, me ilusionó la idea de coleccionar estampillas, pero fue algo temporal. Craso error, el MUFI es el único museo filatélico de América Latina, cuenta con más de doscientas mil estampillas postales, sobres de primer día, cancelaciones especiales, arte postal y un gran acervo bibliográfico clasificado por temas o por países, donde se encuentran catálogos, revistas, periódicos de México y del mundo. Fue fundado en 1998 por iniciativa de la Fundación Alfredo Harp Helú, quién donó su primer acervo a partir de la colección personal del señor Harp. Tiene una bóveda donde se resguardan y exhiben las piezas más importantes, entre ellas, la colección de México desde 1856 a la actualidad y una colección de cartas de Frida Kahlo a su doctor Leo Eloesser. Tan sólo la bóveda justifica la visita. Ese día conocí y disfruté más de la cultura que Oaxaca me ofrecía y con la mejor compañía. Tengo suerte de tener una hija que se interesa por que aproveche y goce esta última etapa de mi vida.

Los domingos a las doce, a la sombra del enorme laurel junto a Catedral, diferentes orquestas amenizan a la concurrencia. Los oaxaqueños más desinhibidos se paran a bailar, lo que hace las delicias de los turistas. ¿Y yo qué soy?, no he ganado el título de residente, tampoco me considero turista, ¿acaso nómada? Me encantaría recibir un correo con la respuesta.

Era temprano cuando recibí la llamada de Lupe Arrioja. Ella, como Martha D, tiene una fábrica de uniformes para empresas. Hace años regaló a la Fundación Comparte Vida 900 trajes que con esfuerzo logramos convertir en dinero. En esta ocasión no le pregunté la cantidad, le di las gracias y me ofrecí a avisar a la Fundación para que le dieran seguimiento. Así fue como Clara, la directora, supo que yo estaba en Oaxaca. Me llamó, como siempre, muy amable, hacía algunos años que no colaboraba como voluntaria, pero siempre estaba dispuesta a apoyarlos, otras actividades me habían alejado. "Quiero pedirte que nos apoyes en Oaxaca echándole una mano a Sergio, es una persona encantadora, siempre dispuesto a colaborar. Está trabajando en algunos proyectos con el ingeniero Juárez, dueño de un importante laboratorio, ellos podrían tomar las muestras de sangre para los registros de posibles donadores. Para esto y para algunas campañas que está planeando con la Universidad Anahuac, se necesitan fondos, principalmente para los estudios de ADN, he pensado que tú podrías ayudarme consiguiendo una cita con la Fundación Alfredo Harp Helú." Lo primero que hice fue ponerme en contacto con Sergio, me invitó a su casa al día siguiente, se iban a reunir un grupo de voluntarios, algunos eran papás de niños con leucemia. "Va a ser bueno que los conozcas y que te conozcan", me animó Sergio. Estuve encantada, todos tan positivos a pesar del problema que cargaban. Además, la fecha coincidió con el cumpleaños de Sergio, partimos pastel y hubo fotos, que luego vi en el periódico.

Todavía estaba pendiente la cita con la Fundación Alfredo Harp. Las oficinas estaban en San Pablo, a dos calles de mi casa. Preguntar siempre ha sido fácil para mí. Mi primer contacto fue con la secretaria de la dirección. "Déjeme sus datos, el señor Nieto está muy ocupado preparando el Congreso del Museo de Filatelia, él se comunicará con usted." No esperé a que me llamaran, pasada una semana volví a San Pablo, sin ningún problema me permitieron pasar, comenzaba a recordarle a la secretaria el motivo de mi visita cuando se acercó a mí un joven alto: "Soy Edu Nieto", me dijo, "la estaba escuchando, quiero hablar con usted, a ver, cuénteme". Y ahí, en medio del pasillo, le narré el proceso de captura de posibles donadores de médula para trasplantes a enfermos con leucemia, desde la toma de muestra de sangre hasta el estudio de ADN, para el cual necesitamos fondos: "En esta parte es en la que necesitamos su apoyo". De inmediato escribió en un *post-it* todos sus datos. "Pídale a la doctora Clara que me envíe un correo explicándome con todo detalle lo que usted me acaba de informar, yo lo presento en la próxima junta de Consejo y esperemos tener buenos resultados." Le pasé toda la información a Clara, pidiéndole que me copiara los correos. No tuve noticias en meses, tal vez encontró un camino más efectivo para conseguir lo que buscaba.

Supongo que por el entusiasmo con el que contaba en *WhatsApp* mis vivencias, mis amigas aceptaron ir a disfrutar por unos días de esa hermosa ciudad. Diana hablaba de la posibilidad de irse a vivir casi definitivamente. Necesitaba, para tomar una decisión, primero una semana y, posiblemente, después un mes, así que organicé a Paulina y a Lupita para acompañarla en la primera etapa. No fue lo que diríamos una semana normal, pero sí muy divertida. Coincidió con la celebración del 486 aniversario de la fundación de la ciudad de Oaxaca, los eventos comenzaban el martes 24 con un desfile de Calendas que partía de la Cruz de Piedra y terminaba en la alameda frente a Catedral. La alegría era contagiosa, la música de las bandas, el colorido de los trajes regionales, los participantes invitaban mezcal a su paso. La fiesta continuó hasta entrada la noche, se nos unieron Josean y Blanquita, mis queridos amigos del Taller de Lectura, quienes pasaban unos días de vacaciones. Oaxaca no los recibió bien, era tal la aglomeración al desintegrarse la Calenda que un par de mujeres tropezaron con Blanquita, no fue casual, rasgaron su bolsa y le robaron la cartera.

Al día siguiente nos reunimos en la Plaza de la Danza, junto a la iglesia de la Soledad, donde más de setenta cocineras tradicionales de todas las regiones de Oaxaca ofrecían sus platillos, la variedad era enorme. Pude saludar a Abigail, famosa cocinera, a quién había visto en el canal El Gourmet, y, por supuesto, me di el gusto de saborear un taco de mole negro con arroz de su sazón. La plaza es grande, estaba tapizada de mesas largas, los puestos ubicados alrededor. Formábamos un grupo de ocho amigos, cada quién eligió el platillo de su preferencia, eran tantos que era difícil decidirse.

Había una sección de artesanías: Arte en la Mesa, instalado en la planta baja del Palacio de Gobierno, en donde encontrabas manteles, vajillas, cucharas... Julio Domínguez estaba con sus maravillosos manteles de algodón, cucharones y preciosas piezas de ébano para las botellas de vino. Me cuesta trabajo frenar la tentación de comprar tantas cosas que me gustan, pero ya no caben en mi casa. Suelo hacerme una pregunta antes de decidirme a comprar: ¿te gusta?, ¿lo necesitas?, ¿tienes el dinero para comprarlo? Se necesitan tres síes, aunque a veces hago trampa y con dos cierro el trato.

Josean se interesó mucho en conocer los procesos del algodón nativo, y nadie mejor que Julio para compartir con él los conocimientos acumulados durante veinticinco años. Días antes lo visité en su tienda y fui yo quien recibió toda esa información. Tratan de convertir a los productores en empresarios, no es fácil cambiar la mente de un campesino, pero se logra. Les enseñan a sembrar algodón en una parte de su tierra, destinan otra parte a sembrar los productos necesarios para su alimentación. La Asociación los apoya en el proceso de venta del algodón, que se les paga al precio de cotización en la Bolsa de Valores de Nueva York, se les dejan algunos sacos para que ellos los procesen y fabriquen prendas en forma artesanal. Producto de este asesoramiento ya han surgido tres agrónomos dentro de las familias productoras.

Disfruté mucho jugando a ser guía de turistas con mis amigos, pero todavía hubo lugares que para mí fueron novedad, el Museo Textil de Oaxaca fue uno de ellos. Es un museo pequeño ubicado en el complejo San Pablo, perteneciente a la Fundación Harp Helú. Es de una exquisitez sorprendente, en la planta baja encontramos prendas para la niñez, eran trabajos tanto de Oaxaca como de Guatemala. La idea de este museo es ofrecer una visión sobre los textiles oaxaqueños y del mundo, promueve la diversificación de los materiales en cuanto a diseños, texturas, técnicas y procesos creativos. El objetivo es vincular la tradición y la actualidad, la artesanía y el diseño del artista urbano, por tal motivo las exposiciones temporales muestran la afinidad del tejido oaxaqueño con otras culturas, dándole un sentido de universalidad, provocando el asombro de los visitantes al encontrar paralelos entre las obras de otras culturas y las mexicanas.

La creatividad no se limita a la obra expuesta, el edificio es una mezcla de materiales clásicos, tejas de arcilla que cubren la fachada interior imitando un panal de abejas. El barandal de la escalera que conduce al segundo nivel es de hierro con un diseño contemporáneo.

Cuando se tiene poco tiempo para conocer una ciudad, el *Turibus* es una buena solución. Para Diana fue muy útil, ella estaba pensando en vivir en Oaxaca, yo le decía que no había que quemar velas, podía vivir un tiempo y la decisión vendría después.

Un par de noches salimos al Zócalo a merendar en un restaurante en los arcos, un conjunto de marimba atraía a locales y turistas, hasta Diana se animó a dar su bailada y la vi feliz compartiendo con un grupo de oaxaqueñas. Todos los días desayunábamos en casa y comíamos fuera, recorrimos las sugerencias de Ana Paula y adicioné a mi lista un par de recomendaciones de Paulina y Lupita. Biche Pobre: donde pedimos un platillo surtido con especialidades oaxaqueñas para compartir. En La Casa de la Abuela disfrutamos de una deliciosa variedad de moles, negro, colorado, amarillo. Nos estábamos volviendo expertas. Para mí, el hacer todo esto en compañía de mis amigas añadía un gran valor a mi experiencia en Oaxaca. Las sobremesas después de desayunar en casa eran enriquecedoras, las conocí mejor, ellas también me conocieron a mí. Mi amistad con Diana tiene muchos años, pero a Paulina y Lupita las conocía menos, sé que después de esta maravillosa convivencia vamos a compartir otros momentos, ya empezamos a hacer planes para viajar juntas.

Las vacaciones se acababan, esa noche fuimos a una conferencia en El Casino del Teatro Alcalá, "Oaxaca y su Historia", éramos un grupo de ocho al terminar el evento, fuimos a merendar a Boulenc, un restaurante, panadería, pizzería, al cual mis amigos nunca hubieran entrado. La decoración, si la llamamos así, era un espacio con paredes en ruinas, trazos de pintura en desorden. Eso sí, el menú delicioso, croissants de pasta hojaldrada con verdadero sabor a mantequilla. Pan tostado con espinacas y queso, delicioso chocolate al agua.

Diana, Pau y Lupita tenían un vuelo para regresar a México a las ocho de la mañana, la camioneta que las llevaría al aeropuerto pasó a las seis de la mañana, así que me pude echar un sueñito de dos horas y estar lista a las diez, cuando Joseán y Blanquita me recogieron para seguir disfrutando Oaxaca.

Ellos planeaban quedarse un par de semanas. Fuimos a Zaachila, era día de mercado, Blanquita era compradora compulsiva, primero fue una linda canasta, que fue llenando con cerámica de barro, un incensario, copal, fruta e infinidad de pequeños recuerdos. Josean iba feliz con su garrafa de cuatro litros de mezcal.

A unos pasos del mercado estaba la zona arqueológica, el principal atractivo lo constituyen dos tumbas descubiertas en el sitio. Los muros de estas tumbas están ornados con figuras de estuco que representan criaturas relacionadas con el mundo de los muertos según la mitología mesoamericana, entre ellos el tecolote. Los objetos de alfarería encontrados se pueden ver en el Museo de Antropología de la Ciudad de México.

Continuamos a Cuilapam de Guerrero, donde visitamos el convento dominico del siglo XVI, de estilo gótico, con fachada plateresca. Es una joya de la arquitectura colonial, y pese a que nunca se pudo concluir, su majestuosidad nos revela la sobriedad y grandeza de los dominicos. Cuenta con una capilla abierta donde evangelizaban a los indios. En el convento se encuentra una celda en donde pasó sus últimos días Vicente Guerrero, prócer de la Independencia y expresidente de México, fue asesinado el catorce de febrero de 1831.

Al llegar se nos acercó un lugareño, quién nos ofreció sus servicios de guía, contaba con noventa y nueve años, nos regaló los conocimientos de su larga vida y los que su padre le trasmitió. En un momento del recorrido en el que nos sentamos a recuperar fuerzas, le dije: "Tiene usted todos los rasgos de español, además le ayuda la boina". "Sí, soy descendiente de españoles, tengo una hermana de ojos azules y rubia."

 Ese mismo día visitamos San Antonio Arrazola, un pueblo sorprendente, las fachadas de las casas son coloridos murales, cada una es un taller de alebrijes. Visitamos la casa-museo de Manuel Jiménez Ramírez, artesano quien comenzó desde niño a modelar animales, primero con barro y después con madera de copal. Para él eran juguetes. Trató de venderlos sin éxito, pero un día llegó un americano a quien le gustaron, le compró toda su existencia. "Hazme más, vendré por ellos", le dijo. Después le pidió que los decorara, experimentaron con diferentes pinturas, algunas el sol se las comía, las de acrílico ganaron la batalla.

 Judith Bronowski, cineasta inglesa, hizo un video en 1975 de Pedro Linares, cartonero de la Ciudad de México, quién hacía alebrijes, animales fantásticos. A la inauguración en California invitó a Pedro Linares, a Manuel Jiménez y a Sabina Sánchez, la tejedora de hilo de seda en oro. El encuentro de los dos artesanos fue fructífero. Comenzaron a llegar a Arrazola personas de California pidiendo alebrijes, entonces Manuel, además de sus animales, comenzó a hacer las figuras fantásticas que había conocido en su viaje a la inauguración del video de Linares. Los hizo en madera y con el tiempo compartió sus conocimientos con artesanos del pueblo, creando toda una industria. Su familia continúa el oficio, en el pequeño museo se pueden apreciar algunas piezas premiadas.

 La historia de Pedro Linares es de película, heredó de su padre el oficio de cartonero, hacía piñatas y judas. Su taller estaba detrás del mercado de Sonora, en la colonia Jardín Balbuena. Pero tenía un problema, abusaba de la bebida, lo que le había provocado una úlcera en el estómago. Leonardo, su nieto, cuenta que su abuelo vivía en pobreza extrema en una casa de techo de lámina, no tenía medios para tratarse. La ulcera reventó, adelgazó, evacuaba sangre y sufrió una especie de coma, parecía muerto, tanto que la gente inició el rito del velorio en su propia cama, como era costumbre. Pero Pedro no estaba muerto, tampoco estaba de parranda, estaba sumergido en un sueño en el que veía animales fantásticos. Despertó y comenzó a fabricar sus alucinaciones, que poco a poco se fueron haciendo famosas, las llamó alebrijes, ese fue el nombre que escucho en su visión. Diego Rivera y otros artistas de su tiempo comenzaron a comprar sus alucinantes obras. Dos años antes de morir recibió el premio Nacional de Ciencias y Artes y el museo Británico le encargó EL APOCALÍPSIS ATÓMICO. En la Ciudad de México, desde hace once años, se realiza un desfile monumental de alebríjes que recorre el Paseo de la Reforma. Tres generaciones después, la familia ha continuado el oficio.

Josean y Blanquita estuvieron dos semanas, les gustaba visitar pueblos cercanos, lo que se facilitaba porque vinieron en carro. Al llegar, Margarita se integró al grupo y juntos visitamos San Antonino, paraíso de los bordados; el taller de Doña Rosa, creadora del barro negro; estuvimos en Ocotlán, pueblo originario del pintor Rodolfo Morales. Con ellos volví a disfrutar de CASA, en San Agustín Etla, el Museo Textil, el jardín Etnobotánico y restaurantes que a lo largo de ya tres meses había conocido.

Con Margarita visité el Museo de las Culturas de Oaxaca / Exconvento de Santo Domingo. El claustro es de rasgos renacentistas, la parte baja comunica con la parte alta mediante una escalera monumental. Son notables la cúpula de la escalera, la cocina y la alacena, hoy día restaurante. La biblioteca Fray Francisco de Burgoa cuenta con veintitrés mil títulos editados entre 1940 y 1984. Entre sus tesoros se encuentran once incunables, algunos primeros impresos mexicanos, un manuscrito en latín de Fray Bartolomé de las Casas. El libro más antiguo que tienen es COMENTARIOS DE LA FILOSOFÍA DE ARISTÓTELES, de Juan Versor, editado en latín en 1484. También posee los importantes fondos bibliográficos de Benito Juárez Maza, Matías Romero, Jacobo Delavuelta y Aurelio Valdivieso. En la parte superior se encuentran pequeñas salas temáticas de la historia y costumbres de Oaxaca. No pudimos ver los tesoros de la Tumba siete de Monte Albán, estaban prestados al Museo de Antropología de la Ciudad de México. Debo planear otras visitas antes de regresar a México, las salas temáticas necesitan y merecen más tiempo.

    Es imposible visitar Oaxaca y no enamorarse de las maravillosas y únicas artesanías. Margarita compró un dragón alebrije como regalo de cumpleaños para su hijo. Según me dijo un par de días después, había sido un éxito. Los vendedores son expertos en envolver estas piezas, no importa el tamaño. La caja no pesaba, pero era voluminosa, la decoró al estilo y colorido de los alebrijes, vi la foto y la mirada de sorpresa de Fer.

Tenía agendada una invitación a IAGO para una plática sobre cómo motivar a niños y jóvenes a leer. La vispera pasé para verificar el horario pero no aparecía en el programa, en su lugar estaba: "Seguimos leyendo", me aventuré y, para mi sorpresa, el tema era "Biblioteca Humana", ni idea. No me desanimé a pesar de los cambios. Las asistentes, aproximadamente treinta mujeres, pertenecían a un grupo coordinado por la Fundación Harp Helú, quienes acudían a diferentes escuelas públicas y privadas a leer libros a niños de primaria, la mayoría de ellas con muchos años de trabajo de voluntariado. La coordinadora del evento, Carola Diez, venía de la biblioteca Vasconcelos de la Ciudad de México. Algunas de las asistentes ya habían participado en "Biblioteca Humana". Para quienes como yo no conocíamos el tema, hizo un pequeño resumen. El programa "Biblioteca Humana" había comenzado en Finlandia, fue a un estudiante a quién se le ocurrió la idea luego de ver que la llegada de emigrantes procedentes de África y Asia no había sido bien acogida por los locales. Se trataba de hacer un texto, pero no escrito de forma tradicional, la trama estaría en la mente del ejemplar humano y este contaría la historia a quién quisiera "leer" la obra. El libro humano haría con cartón un volumen, decoraría la portada, el canto y la contraportada, con título, nombre del autor e ilustraciones. El día del evento se colocan los ejemplares en una mesa de recepción, los asistentes eligen lo que desean leer, una edecán los acompaña a una pequeña mesa donde se encuentra el autor, quién les cuenta parte de su historia, contesta preguntas, interactúan, tan sólo tienen quince minutos. Los eventos suelen ser temáticos. Este sistema ayuda a entender a personas de culturas, ideologías y costumbres diferentes. Me pareció muy interesante y espero poder asistir en la biblioteca Vasconcelos a algún evento.

Decidí alargar mi estancia un mes más. Mi vida

en Oaxaca había superado las expectativas iniciales. Un par de días a la semana disfrutaba de los conciertos en San Pablo, a dos calles de mi casa, y gratis. Ya había comenzado la temporada de lluvias, el miércoles había concierto y un torrencial aguacero amenazaba con truncar mis planes, no tenía paraguas, pero mi deseo encontró la solución, toqué en la puerta de mis vecinos y pedí uno prestado. Cuando deseas algo intensamente, lo puedes conseguir. Al día siguiente compré un paraguas.

Encontré un restaurante a tres calles de mi casa, en ocasiones comía fuera. Al llegar no había ninguna mesa libre, me quedé observando y esperando que alguna se desocupara, en la mesa más cercana a mí estaba una americana, quien en un español terrible elogió mi blusa, comentó que le era difícil encontrar algo así, era una blusa de telar color verde olivo que fácilmente encuentras, tanto en tiendas como en los puestos que abundan en el centro histórico. Comenzábamos una muy usual conversación, propia de un lugar turístico, y amablemente me ofreció compartir su mesa. Era difícil entenderle en español, por momentos le hacía preguntas en mi inglés básico y así supe que vivía en Mérida desde hacía siete años. Para mí es incomprensible, aunque común, que un extranjero viva fuera de su país y no aprenda el idioma, esto ocurre con los americanos, su mundo y amistades son compatriotas, aprenden lo básico para comunicarse en el mercado y con las personas que les ayudan en casa. Alice tenía interés en practicar, cuando yo le hablaba en inglés ella me contestaba en español. Vivía cerca, en un *Airb&b*, la invité al concierto en San Pablo al día siguiente.

Me gustaba llegar con suficiente tiempo para conseguir un buen lugar y tomar algunas fotos que posteriormente compartía en *WhatsApp*, aparté un lugar esperando que Alice llegara. Ese día el claustro estaba lleno, la pareja que formaban el flautista y el tamborilero, quienes en cada concierto nos recibían, anunciaba el inminente comienzo del recital. Dejé los programas sobre las dos sillas y salí con la esperanza encontrar a Alice. Casi en la última fila se agitaba una mano saludándome, le hice señas de que me acompañara y llegamos a la primera fila justo cuando presentaban a los músicos, ese día disfrutamos al Quinteto de la Universidad de Michigan, Arca Sónica, todos ellos estudiantes con curriculums impresionantes, dos de ellos mexicanos, ambos violinistas: Alejandro Larumbe y Gwendolyn Matias-Ryan.

Al terminar, Alice sugirió que fuéramos a tomar una copa, es algo que difícilmente hago, generalmente voy al concierto sola, acepté esperando tener una conversación más entendible, lo cual no ocurrió.

Diana finalmente decidió venirse a Oaxaca por un mes, llegó el 2 de mayo. Mi nuevo implante comenzó a sentirse raro, no podía acomodar bien mi placa dental. Llamé al doctor Montes. "¿Puede verlo?", preguntó, "¿le duele?." "No, no me duele, lo siento flojo." "De acuerdo, tómelo con sus dedos y trate de sacarlo, tal vez sea el conector, tome una foto y me la manda por *WhatsApp*." Salió fácil, sin dolor, envié la foto. Más tarde me llamó. "Lo siento, perdió el implante." Esto para mí fue desmoralizador, tanto esfuerzo económico y físico. Se me cerró la garganta. Estaría en Oaxaca un par de semanas más, no valía la pena que regresara, no había nada que cuidar. Me dio instrucciones de qué comer, el orificio cerraría en un par de días. Lloré ese y el día siguiente, el hueso de mis encías ya no aceptaba implantes, cuesta trabajo reconocerlo. El día todavía tenía sorpresas para mí, salí a comprar leche para mis licuados de fruta, que serían mi alimento los próximos días, mi calle estaba llena de mini carpas, era un plantón de maestros, no nada más mi cuadra, parte del Zócalo y calles aledañas, no era un corte de circulación, era algo más grande, ¿cuánto duraría? La gente caminaba entre las carpas, no sentí miedo. Debía llamar a Diana para contarle cómo estaba la situación. "Ya tengo mi boleto de avión", dijo, "voy y en los días que tú todavía estarás conmigo decido si me quedo o me regreso." La dueña del departamento también me llamó, me dio algunos consejos, no tomar fotos, no mirarlos de modo que se sintieran mal. El problema es que los amigos de lo ajeno aprovechan estas circunstancias para hacer sus fechorías, esto pasa en todo el mundo cuando hay aglomeraciones por festejos y, como en este caso, por demandas sociales.

Al día siguiente, al ver el periódico La Jornada, estaba la nota y, entre las fotos, mi calle. Necesité dos días para recuperar mi energía y seguir escribiendo después de la pérdida del implante. El plantón no cambió mi rutina, supe que cerraron el aeropuerto, también la terminal ADO de la colonia Reforma, que es la que yo usaba. No me gustaba ver basura entre las carpas, pero me movía y pensaba: ha de ser peor para quienes, temporalmente, están ahí. Me atreví a abordar a un grupo, quienes tenían aspecto de ser dirigentes, necesitaba saber cuándo liberarían el aeropuerto, la llegada de Diana estaba a la vuelta de la esquina, yo sabía que estaban en pláticas con el gobernador. "Es cosa de horas", me dijeron. A veces las malas noticias vienen en cadena. Hablé con Carmelita, no lo hacía desde diciembre, cuando le pedí ayuda para buscar alojamiento en Valle de Bravo. Estoy en México, me dijo, no he regresado a Valle, me diagnosticaron cáncer en el páncreas y estoy comenzando un tratamiento de radiaciones. El siguiente eslabón fue la muerte de Gloria, esposa de Fernando, también tenía un cáncer terminal desde hacía meses. Es triste perder a un ser querido con quién has caminado tantos años, no quiero parecer insensible, pero en los casos en los que la vida es de tanto sufrimiento y es imposible recuperar la salud, la muerte trae calma tanto al paciente como a la familia.

Esperaba ver a Fernando a mi regreso, ofreció ayudarme a revisar mi borrador, ojala esto le sirva de distracción, pensé.

Esos cuatro meses no puedo decir que fueron unas vacaciones, para mí fue una experiencia maravillosa, un cambio de vida, el buen sabor de boca me acompaña todavía; sigo en contacto con los amigos que hice. Dentro de mí hay una lucha, la Ciudad de México me tiene atrapada, mi casa, ¡me gusta tanto!, mis plantas, mi hija, a quién veo poco, pero me niego a alejarme de ella, mis amigos de tantos años. Y del otro lado, Oaxaca, con su vida tranquila, su cultura a golpe de piedra. Debe haber una solución que incluya todo: sí, soy ambiciosa, lo quiero todo.

EPÍLOGO

¿Quién soy a mis 77 años? A lo largo de mi vida, mi cuerpo y mi mente han evolucionado, qué bueno, no me agradaría tener mente infantil y cuerpo de anciana. Estoy viviendo una etapa maravillosa, tengo salud física y mental, todavía me asombran muchas cosas nuevas y tengo para los frijoles. Como dirían en España: "Llego a fin de mes".

Soy española por nacimiento, mexicana por elección.

Soy ordenada, para algunos una cualidad, para otros un defecto. Siempre fui apreciada en mis trabajos por esta cualidad, aunque envidio la espontaneidad de algunos de mis amigos, me privé de muchos placeres por ser tan organizada y planeada; ellos envidian mi orden, así es la vida, un juego de *pin-pon*, ansiamos lo que otros tienen. A lo largo de los años he aprendido a, sin dejar de ser ordenada, no sufrir por el desorden, a convivir con los desordenados. Ya no me importa salir de casa corriendo y dejar los trastes sin lavar.

Soy generosa, llevado al extremo. Qué difícil era para mí recibir, hasta que Erich Fromm me enseño que "el placer está en dar sin esperar recibir", de modo que además de disfrutar cuando doy, permito a quién me da sentir el mismo placer.

Soy amante del arte. Mi vida profesional fue impuesta, no elegí qué estudiar ni en qué trabajar, pero la balanza se equilibró, pude elegir con qué alimentar mi espíritu. Historia y Filosofía de religiones, desde "Dioses romanos", "Judaísmo", "Religión musulmana" y "Cristianismo". Arqueología a través de "Viajes Culturales INAH". No una sino varias veces he disfrutado Teotihuacan, Xochicalco, Cacaxtla, Tajín, todo el Sureste de México, comenzando en Oaxaca, pasando por Chiapas y recorriendo la península de Yucatán, no nada más las ruinas prehispánicas, también las iglesias virreinales. Y durante estos maravillosos viajes disfruté otra de mis pasiones, la comida, que en estas regiones es tan variada como exótica.

Mi pasión por la lectura fue el camino para hacer maravillosos amigos. Me integré al taller "Buenaventura", este año celebramos nuestro 28 aniversario. Con ellos aprendí no nada más a leer una historia, sino a apreciar y disfrutar cómo esa historia está contada.

La ciudad de México tiene problemas de tráfico, contaminación y una lista interminable para sus detractores, para mí, una oferta de arte en todas sus expresiones, a veces inalcanzable. Visitar museos, exposiciones, teatros, conciertos, es mi alimento preferido.

Soy amiga. Mi familia es pequeña, tan sólo tengo una hija, que vale por 10, pero he logrado una gran familia: mis amigos, de todas las edades, colores y sabores. Con ellos disfruto momentos maravillosos y a veces los acompaño en momentos difíciles. Me falta tiempo para asistir a tantos planes que los diversos grupos organizan, en ocasiones me divido, la comida en el sur, el postre y café en el norte de esta gran ciudad.

Ya les he contado que me gusta salir a comer, no importa si es a una fonda o a un elegante restaurante en Polanco, lo importante es la calidad de la cocina y la compañía, todo aderezado con una buena conversación.

Odio el plástico. Puede ser muy práctico, pero prefiero lavar vasos y platos de barro y vidrio que comer en desechables. No necesito una vajilla de Limoges, no quiero ahorrar usando plástico, prefiero cuidar mis platos de cerámica y mis vasos de vidrio soplado. Me encanta la artesanía mexicana, busco a los mejores artesanos, nunca regateo. Me encantan los manteles que dan colorido a mi mesa. Por supuesto, mi casa está llena de plantas y flores, todo natural. Claro, requiere de esfuerzo, hay que alimentarlas y amarlas, pero son agradecidas, me regalan su aroma y belleza.

De religión y política, son temas no recomendables para ninguna sobremesa. Mi familia, tradicionalmente, republicana, yo, por propio convencimiento. Tengo amigos de todas las ideologías, admiro a quienes son congruentes. No puedo relacionarme con quienes son insensibles a la precariedad de otros. Soy voluntaria de la Fundación Comparte Vida, ayudamos a enfermos con cáncer en la sangre (leucemia y otros).

No soy religiosa, pero sí espiritual. Por circunstancias, a veces de trabajo, me he relacionado con gente de iglesia y no me gustan, hay excepciones, pero a mí me han tocado los dueños de intereses obscuros.

La intención al escribir sobre mi vida, es dejar

testimonio a mis descendientes, no tengo nietos, y parece que no los voy a tener, mi hija y su pareja han decidido no tener hijos, pero los veo tan felices después de 15 años que para mí eso es lo importante.

Mi frase preferida es: "Vinimos a este mundo a ser felices".